Kalle Kniivilä

I0220843

La strato de Tanja
Vivo en Rusio 1917-2017

Nevo

Vasilij-insulo

N

Kajo de Makarov

12

13

11

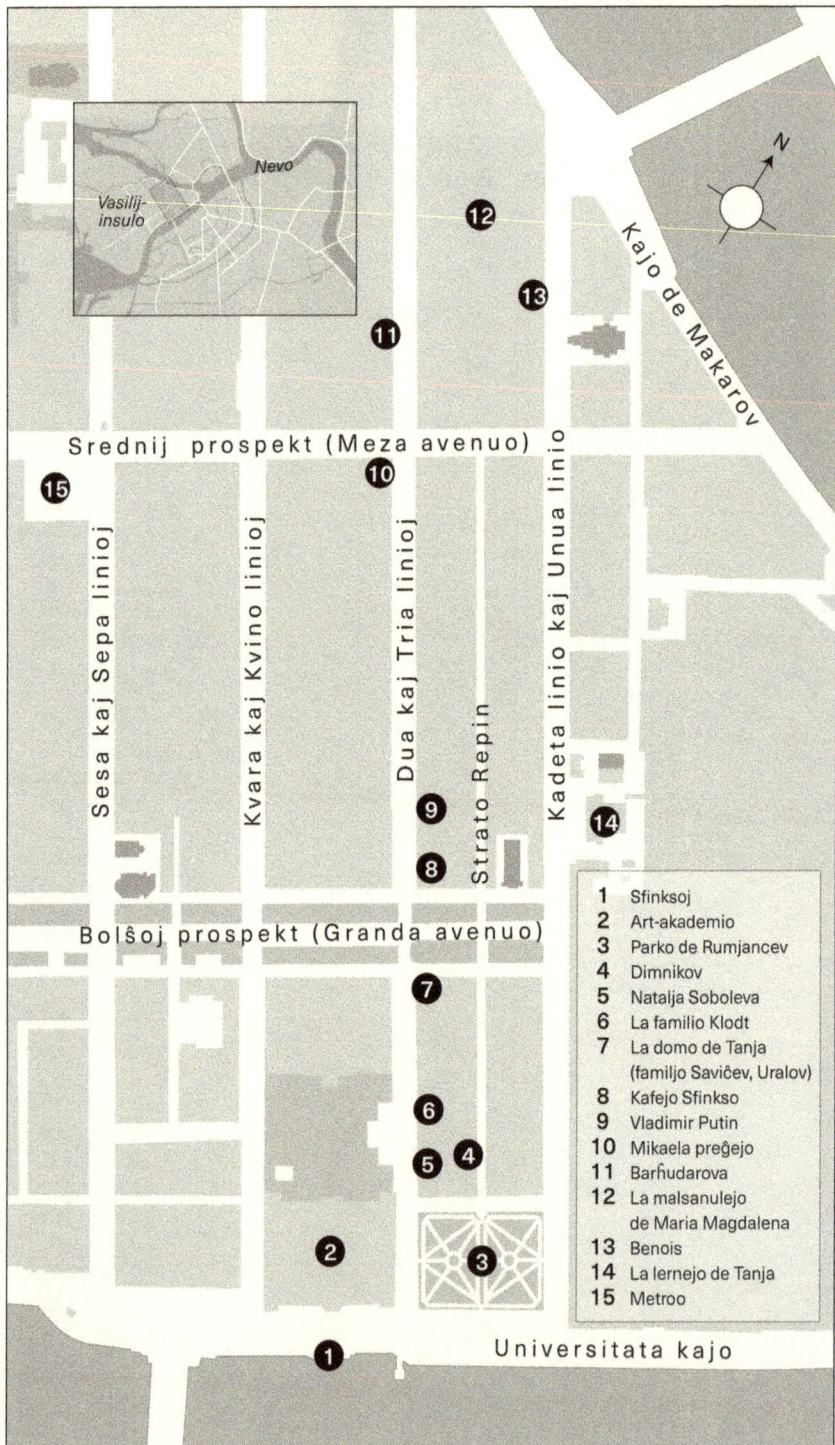

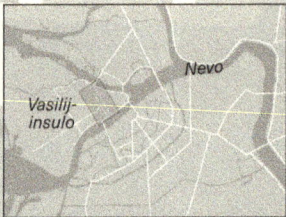

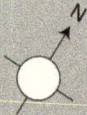

Srednij prospekt (Meza avenuo)

15

10

Sesa kaj Sepa linioj

Kvara kaj Kvino linioj

Dua kaj Tria linioj

Strato Repin

Kadeta linio kaj Unua linio

9

8

14

Bolŝoj prospekt (Granda avenuo)

7

6

5 4

2

3

1

Universitata kajo

1	Sfinksoj
2	Art-akademio
3	Parko de Rumjancev
4	Dimnikov
5	Natalja Soboleva
6	La familio Klodt
7	La domo de Tanja (familjo Savičev, Uralov)
8	Kafejo Sfinkso
9	Vladimir Putin
10	Mikaela preĝejo
11	Barĥudarova
12	La malsanulejo de Maria Magdalena
13	Benois
14	La lernejo de Tanja
15	Metroo

Kalle Kniivilä

La strato de Tanja
Vivo en Rusio 1917-2017

❖

Mondial
Novjorko

Mondial
Novjorko

Kalle Kniivilä
La strato de Tanja
Vivo en Rusio 1917-2017

Kovrilfoto: La aŭtoro. La fotoj kaj notoj sur la kovrilo estas el la familia albumo de Natalja Soboleva, kiu travivis la sieĝon de Leningrado.

Mapo: Stig Söderlind

Tiu ĉi libro aperas samtempe en la sveda, finna kaj en Esperanto.

ISBN 9781595693556

www.librejo.com

Enhavo

La tago de la revolucio

La neĝa blovado trafas la okulojn. La muzikistoj en la blovorkestro verŝadas alkoholon en siajn instrumentojn por eviti, ke iliaj fajraj batalkantoj subite glaciiĝu. Malvarme ventas kontraŭ la ruĝaj flagoj de la komunista partio. Kiam la polico baras la trafikon en vojkruciĝo, kelkaj el la aŭtoj hupas. Malfacilas scii, ĉu la ŝoforoj volas partopreni la festivalon, aŭ ĉu ili koleras pro la halto. Estas la tago de la revolucio, la 7-a de novembro 2016, kaj la vintro venis frue al Sankt-Peterburgo.

Ĵus mi staris sub la pordoarko de la preĝejo Sankta Mikaelo kaj atendis la 40-jaran komuniston Jevgenij, kiu malfruis al nia renkontiĝo. Kiam li fine venis, li sakradis pri la loĝantoj en la domo en Tria linio, kie li estas la prezidanto de la domkomitato.

– Mi ne povas kompreni, kial ili devis rompi la serurringon sur la kortpordego. Ni ja mem instalis la pordegon por ke eksteruloj ne uzu la korton kiel necesejon. Ne estis bezono rompi ĝin por enlasi la ambulancon, eblis ja eniri la korton kun brankardo se necese.

Nun la ringo ajnakaze estas denove veldita sur la pordegon, kaj eblas ŝlosi ĝin. Sed ne tio estas la ĉefa problemo. Pli serioza aĉaĵo estas tio, ke la domprizorga kompanio fraŭde alproprigas la monon de la domanoj, kiun ĝi devas pagi al la hejtfirmao. Jevgenij plu sakras pri la koruptaj burokratoj, kiuj forbalais ĉiujn konkurantajn domprizorgajn firmaojn por sekurigi bonan gajnon al siaj kunuloj. Nek la polico nek la kortumoj volas okupiĝi pri la trompuloj, ĉar ili amikas kun la potenculoj.

– Sed tiel ja funkcias la kapitalismo, nur la mono gravas, klarigas Jevgenij.

La metroa trajno estas plenŝtopita, ĉiuj rapidas hejmen post la unua labortago de la semajno. Dum multaj jaroj la tago de la revolucio estis la ĉefa ŝtata festo, solenata dum du tutaj tagoj, kaj dum la sovetia epoko ne malmultaj havis kapdoloron la 8-an de novembro. Nun oni jam apenaŭ memoras pri la malnova festotago, kaj la rusia ŝtato laŭeble kontribuas por konfuzi la publikon pri tio, kion oni festas kaj kial. La revolucian feston en la oficiala kalendaro nun anstataŭis la tago de popola unueco, kiun oni solenas la 4-an de novembro.

Ĉar la oficiala festotago ne plu ekzistas, la solenado de la revolucio povas komenciĝi nur post la fino de la labortago. En la metroo Jevgenij provas konvinki min, ke Markso pravis pri ĉio – li ja eĉ antaŭvidis la grandajn imperiismajn militojn longe antaŭ oli ili okazis. Poste li scivolas, ĉu oni en Svedio kredas, ke la tria mondmilito jam proksimas. Ĉar tion li mem kredas.

– Rigardu nur, kio okazas en Sirio kaj en Irako. Kaj NATO puŝis sin senpere al la limo de Rusio, kun siaj misiloj. Ili nun estas en Estonio kaj en Rumanio, kvankam ili kune kun Gorbaĉov subskribis interkonsenton pri tio, ke NATO ne disvastiĝu orienten.

Tia papero efektive ne ekzistas, sed pri bagatelaj detaloj Jevgenij ne interesiĝas. Li ja konfesas, ke la komunistoj en Rusio troviĝas en malfacila situacio – unuflanke ili volas kontraŭi Putin, ĉar li estas oligarkia kapitalisto, aliflanke ili volas subteni lian politikon, ĉar la sola alternativo estas, ke Usono regu Rusion same kiel ĝi regas la ceteran mondon. Putin ja almenaŭ provas kontraŭlabori la influon de Usono.

– Kiam NATO tiom proksimas, sufiĉas eta erareto, kaj ĉio eksplodegos. Poste jam tute ne gravos, kiu kulpis pri la eraro. Sed Mao diris, ke eĉ se du trionoj el la loĝantaro de la mondo mortos en nuklea milito, la restanta triono poste vivos en komunismo.

Tial eble ne tro malbonos, se fakte iĝos milito, opinias Jevgenij.

– Se nur efektive iĝos komunismo poste. Alikaze ja ne indus.

Kiam ni alvenas al la Finnlanda stacidomo, kien alvenis ankaŭ Lenino en aprilo 1917, tie jam staras grupo kun ruĝaj flagoj. Ili brave kantas revoluciajn kantojn en la blovego sur la stacidoma placo. Sed ni iros ne tien. Tiuj estas komunistoj el malĝusta partio, diras Jevgenij.

Post la disfalo de Sovetio la kvanto de komunismaj partioj en Rusio multobliĝis, dum la suma kvanto de membroj en la partioj kolapsis. Jevgenij membras en la granda komunisma partio KPRF. Ĝi estas la posteulo de KPSU, la Komunisma Partio de Sovetunio.

En strato kun la nomo Finskij pereulok, Finna strateto, kelkcent metrojn de la Finnlanda stacidomo, jam kolektiĝis klare pli granda kaj aĝa aro kun la ĝusta speco de ruĝaj flagoj. La ĉeesto de la polico estas diskreta kaj la policanoj ne surhavas kirason por protekti sin kontraŭ ribelanta popol-amaso. Ili havas ne kaskojn, sed ordinarajn peltajn ĉapojn. Evidente oni ne atendas, ke ĝuste nun okazos revolucio. Kiam la procesio ekmarŝas, akompanate de Komsomola marŝmuziko el la tempo de Stalino, ĝi estas preskaŭ ducent metrojn longa.

En vojkruciĝo, kie la polico haltigis la trafikon, staras kelkaj tramoj, buso, kaj longa vico da aŭtoj. La procesio turniĝas maldekstren kaj preteriras en kontraŭa direkto laŭ la haltinta aŭtovico. Iu en staranta tramo fotas la procesion. En la aŭtoj la plej multaj ŝajnas tute ne interesiĝi. Bone vestita, pli ol mezaĝa viro en nigra Mercedes fiksrigardas antaŭen kaj ŝajnigas, ke li ne vidas la ruĝajn flagojn, dum virino en pale griza Lexus mallevas la flankan vitron, ĝoje mansvingas kaj krias: "Bonan festotagon!"

La muzikantoj verŝas iom pli da alkoholo en siajn instrumentojn. Ĝia akra odoro sentiĝas en la aero, kiam ili ekludas la Marseljezon kaj tuj poste la Internacion. Ili marŝas kontraŭvente trans ponto al la Petrograda flanko kaj pluen al la kirasita krozoŝipo Aŭroro. Ĝi laŭ la sovetia legendo antaŭ 99 jaroj per sia kanonsignalo ekigis la oktobran revolucion.

"La tutan potencon al la sovetoj!" krias la ruĝa tuko fone de la scenejo antaŭ Aŭroro. La enormaj laŭtparoliloj skuiĝas pro malnovaj sovetiaj tonoj, sed kiam la tuta procesio alvenis kaj la kunveno komenciĝas, aŭdiĝas io tute alia. Malfacilas ne ekridegi.

– Ni komencas per disdonado de membrokartoj al novaj partianoj, anoncas loka partiestro de sur la scenejo, kaj super la ruĝaj flagoj eĥas fanfaro.

Estas la rekonmelodio de la televida serio *Dallas*.

Subite la tuta aranĝo ekhavas komikan koloron. La ruĝa tuko sur la scenejo ja estas nura kuliso, malantaŭ ĝi videblas enorma, blua reklamŝildo de Samsung, sur la tegmento de grandega banko. La akra pinto de novkonstruita domego lumas tra la neĝa blovado en la koloroj de Rusio – blanke, blue kaj ruĝe.

Virino kun ŝira voĉo, la prezidanto de unu plia loka organizaĵo, kriadas de sur la scenejo pri la sukcesoj de la soveta potenco kaj pri la venko en la Granda Patriota Milito, kiun povis atingi nur la nova sovetia homo. La vento forblovas ŝiajn vortojn. La junaj viroj en malnovstilaj maristaj uniformoj antaŭ la scenejo estas figurantoj en malbone reĝisorita sapopero.

Brazila komunisto en sovetia militista uniformo grimpas sur la scenejon kaj gloras la grandan laboristan ŝtaton Sovetio. Li estas tro juna por povi memori ĝin. "Vivu Sovetio!" li finas sian paroladon.

– Hura, hura, hura! respondas la areto de komunistoj, kiujn la vento ankoraŭ ne forblovis.

Poste Jevgenij pozas kun viro, kiu vestis sin kiel revoluciulo de 1917 – en alta pelta ĉapo kun ruĝa rubando, fusilo kaj sabro. Por la foto la revoluciulo duone eltiras la sabron el la ingo por aspekti vere danĝera. Samtempe li ridetas al la fotilo.

En la vico al la biletgiĉeto en la plej proksima metrostacio ni renkontas partian kamaradon de Jevgenij, kiun minacas eksigo. Li kontraŭis la linion de la partia estraro dum la elekto de kandidatoj por la lasta parlamenta balotado. Ja ne povas esti, ke eblas aĉeti lokon sur la balotilo, tio estas kapitalismo kaj ne komunismo, la viro opinias.

Post la renkontiĝo Jevgenij aspektas severa. Multaj aferoj estas ne en ordo en la komunisma partio, li diras.

– Ju pli mi aĝas, des pli mi komprenas Stalinon. Mi ne diras, ke tio plaĉas al mi, sed se mi rajtus decidi, kelkaj homoj ekhavus kuglotruon.

Ĝuste tio ja okazis en 1937, laŭ Jevgenij – dudek jarojn post la revolucio la partia aparato iĝis koruptita kaj potencavida, tial necesis purigoj. Sume proksimume 1,5 milionoj da homoj estis arestitaj dum la granda teroro en 1937–38, kaj preskaŭ duono el ili estis ekzekutita.

Sed ja ne vere necesis mortigadi tiom da homoj sendiskriminacie, mi klopodas kontraŭdiri.

– Ha, tio ja estis homoj, kiuj prenis la potencon kun sabro enmane. Ĉu vi vere kredas, ke ili fordonus sian potencon tiel simple, se oni nur petus ilin demisii, diras Jevgenij, kiam ni ĝisas ĉe la preĝejo Sankta Mikaelo.

* * *

La geedza paro Vladimir kaj Alisa Klodt tamen ne kaptis la potencon kun sabro enmane. Ili tute malhavis ajnan potencon. Li estis librotenisto, ŝi helpis sian patron, kiu estis tajloro. Kiam la nigra aŭto de la sekurservo unu malhelan nokton en la komenco de marto 1938 haltis ekster ilia pordo ĉe Dua linio, ili estis proksimume tridekjaraj. Ili havis filinon, kiu ĵus iĝis trijara.

La nomo de la filino estas Korina Klodt. Kiam mi renkontas ŝin, ŝi proksimiĝas al sia 82-a naskiĝtago. Ĝis ŝi estis 23-jara, ŝi sciis nenion pri tio, kiuj estis ŝiaj gepatroj aŭ kio okazis al ili. Restis ĉe ŝi nur svaga memoro pri nigre vestitaj viroj, kiuj forportis panjon kaj paĉjon meze de la nokto.

"Obeu la avon, ni baldaŭ revenos!" ŝia patrino diris. Sed ili neniam revenis. "Ekzekutita la 23-an de oktobro 1938, rehabilitita 1958", estas skribite sur la du malgrandaj metalaj platoj ĉe la enirejo de la domo. Korina Klodt mem mendis tiujn.

– Ja estas nenio alia. Estas neniu tombo, kiun mi povus viziti, ŝi diras.

La sola krimo de ŝiaj gepatroj estis ilia germana deveno. Jes, kaj krome la patro venis el nobela familio. Evidente germaniaj spionoj kaj kontraŭrevoluciuloj do. Kaj oni ja devis plenumi la kvoton de ekzekutoj.

La rehabilito en 1958 signifas, ke oni oficiale konstatis ilian senkulpecon. Sed mortintaj ili restas.

La familio Klodt loĝis ĉe Dua linio 7, en apartamento 9. La preĝejo Sankta Mikaelo, kie mi ĵus atendis la komuniston Jevgenij, havas la adreson Tria linio 32. Tamen la konstruaĵoj situas ĉe la sama strato, nur kelkcent metrojn unu de la alia. La domoj sur la orienta flanko de la strato havas neparajn ciferojn kaj la adreson Dua linio, tiuj sur la okcidenta flanko havas parajn ciferojn kaj la adreson Tria linio. En domo 17 cetere loĝis iu Vladimir Putin, kiam li en la 1990-aj jaroj estis konsilanto de la urbestro de Sankt-Peterburgo.

Antaŭ cent jaroj la strato estis pavimita per rondaj ŝtonoj, nun ĝin kovras asfalto. Sed grandparte ĝi aspektas simila nun kiel en la revolucia jaro 1917. La luterana preĝejo Sankta Mikaelo, konstruita en la 1870-aj jaroj, estas unu el la plej novaj konstruaĵoj ĉe la strato. En la teretaĝo de la kontraŭa domo estas malgranda manĝaĵvendejo. En la sovetia tempo tie situis la butiko, kie la tiam 14-jara Natalja Soboleva ricevis siajn unuajn proprajn ŝuojn post la milito.

– Estis nigraj knabŝuoj de la grandeco 37. Ili estis iom tro grandaj, sed tial mi povis havi ilin ĝis mi iĝis 18-jara.

Natalja estis klaskamarado de Tanja Saviĉeva, kies tuta familio malsatmortis dum la sieĝo de Leningrado. Ankaŭ la patro de Natalja mortis, kaj ĝis la fino de la milito ŝi uzis la malnovajn, disfalantajn ŝuojn de sia patro. Estis nenio alia.

En la 1960-aj jaroj la mallongaj taglibrecaj notoj de Tanja Saviĉeva el la sieĝata Leningrado iĝis konataj, kaj nun sur la domo de la familio Saviĉev ĉe Dua linio 13 estas memortabulo. Iu pendigis ruĝan plastan floron sur la hoko sub la tabulo, kiu montras unu folion el la taglibro de Tanja. La lastan folion. "Restas nur Tanja", ŝi skribis. Sed ankaŭ Tanja ne transvivis.

La strato de Tanja longas nur unu kaj duonan kilometron, sed ĉi tie havas lokon la tuta historio de Sovetio, kaj tiu de la postsovetia Rusio. Tuta jarcento da neordinaraj sortoj de ordinaraj homoj.

❖

1917

La kolapso

Baldaŭ venos fino al la malnova mondo.

Estas la unua de januaro 1917. La unua tago de la nova jaro en la ĉefurbo de la Rusia imperio estas frosta kaj klara. Meze de la nokto la termometro montras preskaŭ dek naŭ gradojn sub nulo. Estas mallume, sed facilas trovi la vojon. La loko, kie la strato de Tanja komenciĝas, aspektis preskaŭ same ĉiam dum la lastaj cent jaroj. Same ĝi aspektos ankaŭ post pliaj cent jaroj. Se oni stariĝas kun la dorso al la rivero Nevo, oni vidas la straton rekte antaŭ si. Maldekstre staras la monumenta konstruaĵo de la Artakademio kun siaj pilastregoj. Ekde la jaro 1788 ĝi regas la lokon. Malmultaj scipovas legi la longan epigrafon sur la du egiptiaj sfinksoj, kiuj gardas la kajon antaŭ la Artakademio. La unua hieroglifo signifas "vivo", la lasta estas "eterno".

La rusa teksto pli facile legeblas: "Sfinkso el praa Egiptio portita al la urbo de Sankta Petro en la jaro 1832", ĝi diras. Ĝin oni kapablos legi ankaŭ post cent jaroj, kiam ne plu ekzistos Rusia imperio, nek Sovetio. Kelkaj el la literoj ne plu estos en la rusa alfabeto, sed ĉi tie ili restos, cizelitaj en ŝtono.

Dekstre, transe de la strato, kontraŭ la Artakademio, troviĝas la negranda Parko de Rumjancev, kie ekde la jaro 1818 staras granda obelisko, memore al la heroaĵoj de marŝalo Pjotr Rumjancev. En la domo numero 1, tuj apud la parketo, fine de la 19-a jarcento troviĝis negranda eldonejo, kiu publikigis popularajn manlibrojn pri terkulturado kaj periodaĵon pri ĝardenumado. En la sekva domo loĝos Natalja Soboleva dum la sieĝo de Leningrado, preskaŭ apud la domo, kie la malgranda Korina Klodt printempe de 1938 vekiĝos meze de la nokto, kiam la sekreta polico de Stalin forportos ŝiajn gepatrojn.

Ĉe la sekva stratangulo situas la bakejo de la familio Saviĉev. Sur la alia flanko de la ortanta strato post sesdek jaroj malfermiĝos la mojosa kafejo Sfinkso, kie junuloj el la tuta urbo kolektiĝos por paroli pri libroj kaj roko. Pli for, ĉe la kruciĝo kun Meza avenuo, maldekstre staras la preĝejo Sankta Mikaelo. Tuj antaŭ ol ni atingas la malsanulejon Maria Magdalena, ni turniĝas dekstren, al Magdalinskij pereulok.

La strateton oni fermos por trapasado en la 1920-aj jaroj, sed en 1917 ĝi ankoraŭ estas malfermita. Poste ankoraŭ ĉirkaŭ unu domangulo, kaj ni povas grimpi al la tria etaĝo en la domo n-ro 56 ĉe Unua linio. Aŭ eble ni uzu la lifton, la konstantaj interrompoj de la kurento ankoraŭ ne komenciĝis.

Ĉi tie loĝas la pentristo Alexandre Benois, kiu ĵus vekiĝis post la novjara festado kun la familio kaj la plej proksimaj amikoj. La festmanĝo estis rostita kokidaĵo.

Alexandre Benois apartenas al bonstata francdevena parencaro en Sankt-Peterburgo. Lia patro Nicholas Benois estis konata arkitekto. Li mem estas elstara pentristo, arthistoriisto kaj teatra dekoraciisto. Nun li sidiĝas ĉe la skribtablo kaj kolektas siajn pensojn en taglibro: "Kion alportos la nova jaro? Se nur iĝos paco, ĉio aranĝiĝos. Por paco necesas, ke la homoj ekpensu racie, ke estiĝu volo al paco. Kaj ŝajnas ke jam aperas signoj de tia volo."

Li profunde eraras. Rusion atendas amasbuĉado.

* * *

Komence de la unua mondmilito, aŭtune de 1914, la germaneca nomo de la rusia ĉefurbo, Sankt-Peterburgo, estis rapide ŝanĝita al Petrogrado. La germanoj ja subite iĝis malamikoj. Suferis eĉ tiuj germanoj, kies familioj dum generacioj loĝis en Rusio. Kelkajn oni ekopiniis nefidindaj kaj ekzilis el la ĉefurbo. Iĝis malpli dense en la benkoj de la preĝejo en la kruciĝo de la strato de Tanja kaj Meza avenuo, kie la germanlingva luterana paroĥanaro de Vasilij-insulo kolektiĝis.

Eĉ pli aĉe, la imperiestrino havas germanajn radikojn. Oni flustras, ke pri la malsukcesoj ĉe la fronto kaj pri la manko de nutraĵoj ĉi tie hejme kulpas ŝi kaj ŝia favorato, la predikanto Grigorij Rasputin. Antaŭ nur kelkaj semajnoj la hatata Rasputin estis murdita de konspirintaj nobeluloj. La murdo restas grava temo de interparoloj, sed la plej grava estas tamen io, kio tuŝas ĉiujn: la daŭra manko de pano.

La forigo de Rasputin ne forigis la mankon de nutraĵoj. Ĝi ja dependas ne de ia sekreta konspiro de mavaj fortoj, sed de la nekompetenteco de la cara registaro kaj de mankanta kapacito ĉe la fervojoj. Jam frue dum la milito la registaro enkondukis ŝtatan monopolon de grenkomercado – kaj kompletan malpermeson de alkoholaĵoj. La kamparanoj ne profitas vendante grenon kontraŭ la malaltaj ŝtataj prezoj. Eblas gajni multe pli, se oni distilas brandon el la greno. La grenon, kiun la ŝtato tamen sukcesas aĉeti, oni ofte ne povas transporti al la grandurboj, ĉar la fervoja reto unuavice estas bezonata por la transportado de trupoj, armiloj kaj provizoj al la fronto. Tial la vicoj antaŭ la bakejoj en Petrogrado iĝas ĉiam pli longaj. La bakejo de la familio Saviĉev do situas en la angula domo ĉe Granda avenuo. Tanja Saviĉeva ankoraŭ ne naskiĝis. La bakejon jam la sesan jaron prizorgas ŝiaj estontaj gepatroj – Nikolaj Saviĉev kaj lia edzino Maria Saviĉeva. La familio loĝas en la sama domo.

La strato estas unu el la plej malnovaj en Sankt-Peterburgo – ĝia konstruado komenciĝis jam en la 1710-aj jaroj. Laŭ la origina plano de Petro la Granda la "linioj" sur Vasilij-insulo devis iĝi kanaloj, kiel en Venecio, sed tio neniam realiĝis. La ciferoj, kun du nomoj por ĉiu strato, donitaj en 1718, tamen restis – de Unua linio, plej proksime al la universitato, ĝis 27-a linio ĉe la Balta ŝipfarejo, kie oni en 1904 konstruis la unuan submarŝipon de Rusio. La alia flanko de Unua linio tamen nomiĝas Kadeta linio, laŭ la konstruaĵo de la Kadetaro, kiu regas la straton.

La trietaĝa domo, en kiu troviĝas la bakejo de la familio Saviĉev, staras en la kruciĝo de Dua linio kun Granda avenuo. La pompeta trietaĝa konstruaĵo pretiĝis fine de la 1790-aj jaroj. La bakejo de Saviĉev ne apartenas al la plej grandaj en la urbo, kaj ĝi ne mendis luksan anoncon en la telefonkatalogo de la jaro 1914. Ĉiuj necesaj informoj troviĝas sur du mallongaj linioj sub la rubriko "Bakejoj": *Saviĉev Nikolaj Rodionoviĉ, Vasilij-insulo, 2-a linio 13, tel. 54576*.

Oni povas do telefoni al la bakejo, se oni havas telefonon, kaj eble oni sukcesos igi ilin flankenmeti iom da pano – almenaŭ se oni konas la bakiston kaj povas krompagi iomete. Tian aranĝon ĉiukaze havis kelkaj el la loĝantoj en la domo de Alexandre Benois kun alia proksima bakejo. Sed kiam la manko de greno iĝas pli severa, tiaspecaj favoroj ne plu eblas. La bakistoj timas la koleron de la popolo, kaj la sola maniero havigi panon iĝas starado en la multhoraj atendovicoj en la morda frostego. Panvicoj baldaŭ iĝas tuttempa okupo por unu el la servistinoj de la familio Benois.

Ordinaraj homoj ne havas servistinojn kaj devas mem stari en la vicoj. La vicoj iĝas eĉ pli longaj, kiam oni la 19-an de januaro anoncas la enkondukon de porciumado. Multaj, unuavice virinoj, staras en panvicoj kvin horojn tage por havigi manĝaĵon al la familio. Okazas, ke popolamasoj sturmas bakejojn kaj rompas fenestrojn por ekhavi panon. Fine la malkontento eksplodas en la formo de strikoj, manifestacioj kaj tumultoj. Policanoj kun pezaj maŝinpafiloj aperas sur tegmentoj. La maltrankvilaĵoj daŭras, ribelado komenciĝas en la armeo kaj aŭdiĝas disaj pafoj el diversaj direktoj, sed ĉefe el la urbocentro. La 26-an de februaro la maŝinpafiloj de la polico estas uzataj kontraŭ enorma manifestacio sur la ĉeftstrato de la urbo, Nevskij prospekt. Almenaŭ kvardek homoj estas mortigitaj nur ĉe la placo Znamenskaja, antaŭ la ĉefa fervoja stacio. Poste, en la sovetia epoko, la placo ekhavos la nomon Ploŝĉad Vosstanija, Placo de la Popolleviĝo.

La masakro, kaj la decido de la caro provizore dispeli la ŝtatan dumaon, la parlamenton, kaŭzas plenan kaoson en la ĉefurbo. Malfacilas scii, kio okazadas, skribas Alexandre Benois en sia taglibro la 27-an de februaro:

"Oni diskonigas amason da famoj per telefono. Oni diras, ke la ŝtata dumao estas sieĝata (de kiu?), eĉ ke ĝi estas sturmita (de kiu?). Ajnakaze ŝajnas, ke io serioza okazas tie. [...] Nun estas la dekunua horo. Neniu homo estas ekstere, sed oni diras ke antaŭ kelkaj horoj estis pafado proksime al ni, en Meza avenuo. Mi mem ĝis nun ne aŭdis eĉ unu pafon. Cetere mi ja ne estis ekstere dum du tagoj."

La sekvan tagon aŭtoj kun soldatoj kaj ruĝaj flagoj komencas veturadi laŭ Meza avenuo, preter preĝejo Sankta Mikaelo kaj la strato de Tanja al Unua linio kaj trans la ponto, pluen al la nordaj urbopartoj, notas Alexandre Benois la 28-an de februaro:

"La popolamaso salutas ilin per kuraĝigaj krioj. Unue ni spertis ĉi tion kiel ion eksterordinaran kaj terure minacan, sed jam meze de la tago ĉi tiuj revoluciaj triumfaj procesioj iĝis tiel ordinaraj, ke ili perdis la allogon de novaĵo kaj eĉ iĝis tede ĝenaj. Ankaŭ en ĉi tiu momento kamiono brue preterveturas en la klara, frosta vintra aero kaj oni aŭdas hurakriojn. Evidente temas pri unu plia el ĉi tiuj senfinaj grupoj de soldatoj kaj laboristoj, kiuj rapidas preter nia domo kun fusiloj kaj eltiritaj sabroj enmane."

Iom pli malfrue en la sama tago Alexandre kuraĝas eliri kaj aŭdas distancan pafadon. "Sed estas rimarkinde, ke la senfinaj vicoj daŭre kaj same obeeme staras en la malvarmo ĉe bakejoj kaj butikoj. De malproksime oni povas kredi, ke temas pri manifestacio, sed kiam oni aliras, oni rimarkas sian eraron."

Post la masakro la 26-an de februaro ĉiuj policanoj malaperas el la stratoj.

La popolamasoj ekbruligas policejojn, detruas ĉiujn troveblajn dokumentojn kaj batas aŭ mortigas policanojn, kiuj ne kaŝis sin ĝustatempe. Ankaŭ la plej proksima policejo en Meza avenuo estas disrabita, kio igas la servistinon Motja ĝoja.

"Motja komence estis ege terurita de la maltrankvilaĵoj kaj eĉ pentis, ke ŝi ne veturis hejmen al Voroneĵ, sed kiam ŝi kun aliaj servistoj vidis, kion homoj faras al la polico, ŝi revenis hejmen feliĉega: 'Nun mi ne plu timas! Ĉi tio estas bona! Ne, nun mi ne timas'", ŝi laŭ Alexandre Benois diris en la lasta tago de februaro.

La sekvan tagon iuj restantaj policanoj ankoraŭ pafas per sia maŝinpafilo el la turo de la preĝejo Sankta Mikaelo, kaj kelkaj kugloj falas en la korto de la domo kie loĝas la familio Benois. Dum daŭras la pafado, la pordisto rifuzas porti brullignon al la apartamentoj. Sed baldaŭ tute ne estos brulligno.

La 2-an de marto caro Nikolao la 2-a abdikas. Provizora registaro estas kunmetita kaj ĝi entreprenas demokratiajn reformojn: libereco de esprimado, de religio kaj de la gazetaro estas enkondukita. Dum la unua tempo post la februara revolucio en Petrogrado regas eŭforia etoso, sed baldaŭ evidentiĝas, ke eble tamen ne ege multaj aferoj iĝis pli bonaj. La caro estas for, sed la mondmilito daŭras. La trupoj de Germanio ĉiam pli proksimiĝas al la malsatanta ĉefurbo, kie la revolucia ebrio komencas transiri al kaoso, kaj kie la krimado rapide kreskas. Ĉiaspecaj kondamnitaj krimuloj estis liberigitaj dum la revoluciaj tagoj, armiloj estis disdonitaj sen ajna kontrolo. Nun rabistoj vestitaj kiel revoluciaj soldatoj povas en ajna momento aperi en la apartamento, deklari ke ili serĉas kaŝitajn armilojn aŭ nutraĵojn, kaj poste preni kion ajn ili volas havi. Eble ili eĉ estas revoluciaj soldatoj.

La nutraĵa situacio iĝas eĉ pli malbona, ĉar kaoso regas ankaŭ en la kamparo. Trajnoj kun manĝaĵoj estas ofte disrabitaj longe antaŭ ol ili atingas la ĉefurbon. Homa vivo ne multe valoras en Petrogrado en ĉi tiu jaro. La franca diplomato Louis de Robien rakontas en sia taglibro pri okazaĵo kiun li mem vidis. Du soldatoj ekdisputas kun aĝa virino, kiu vendas verdajn pomojn surstrate. Laŭ la soldatoj la pomoj estas tro kostaj. Kiam ili ne povas interkonsenti pri la prezo, unu soldato pafas la virinon tra la kapo dum la alia puŝas sian bajoneton tra ŝia korpo.

Neniu kuraĝas diri ion ajn al la soldatoj, kiuj prenas la pomojn kaj pluiras. La korpo de la morta virino ankoraŭ longe kuŝas sur la tero apud ŝia standeto.

La ĉiam pliiĝanta krimado, la facila haveblo de armiloj kaj la manko de policado kaŭzas ankaŭ, ke suspektataj krimuloj riskas esti mortigitaj surloke pro la plej malgranda misfaro – aŭ tute senkiale. La brito Henry Keeling, kiu loĝas en Rusio dum la revolucio, rakontas pri virino, kiu en plenŝtopita tramo en Petrogrado akuzas bone vestitan junan viron pri ŝtelo de ŝia monujo kun kvindek rubloj. La viro protestas, sed nenio helpas: revoluciaj soldatoj kondukas lin surstraten kaj mortpafas lin. Tamen troviĝas neniu monujo en la poŝoj de la mortpafito. Fine la "priŝtelita" virino trovas la monujon en sia propra jako: tra truo en la poŝo ĝi falis malantaŭ la subŝtofon.

La proprainiciataj gardantoj de publika ordo trovas nur unu manieron korekti sian eraron, skribas Keeling: "Jam eblis fari nenion por la bedaŭrinda viktimo de la 'justeco', do ili elektis la solan solvon, kiun ili opinis taŭga, ili prenis ankaŭ la virinon eksteren kaj mortpafis ŝin."

Fine de junio la situacio en Petrogrado plimalboniĝas, kiam revoluciaj soldatoj rifuzas veturi al la fronto por partopreni en la nesukcesa provo de granda ofensivo, kiun entreprenas la milit-ministro Kerenskij. Preskaŭ same aĉe kiel ĉe la fronto statas la aferoj ankaŭ en la registaro. La freŝa koalicio inter socialistoj kaj burĝoj estas krevanta. Komence de julio la ribelantaj soldatoj pretas faligi la tutan registaron, sed la bolŝevistoj hezitas.

La familio Benois luis somerdomon en la kamparo, sed tie estas pedikoj en la sofo, la pluvo rifuzas ĉesi, estas malvarme kaj humide eĉ endome. Alexandre Benois ekhavas dentodoloron kaj reveturas al Petrogrado por viziti sian dentiston. Vespere la 3-an de julio li estas hejme en Unua linio. Je la naŭa vespere estas ankoraŭ tute lume. Subite aŭdiĝas intensa pafado el la urbocentro. La vizitanta pentristo Jakovlev ne povas bridi sin kaj elkuras por ekscii, kio okazas, Benois skribas en sia taglibro. La pafado estas ĉe Nevskij prospekt.

"Kiam li venas al la loko de la ĉefa batalo antaŭ la Publika biblioteko, li devas kune kun ĉiuj aliaj longe kuŝi plate sur la strato, dum la pafado estas aparte danĝera kaj aroj da mortintoj kaj vunditoj falas sur la teron post intensaj salvoj."

La surstrataj bataloj inter trupoj fidelaj al la registaro kaj la senestraj, ribelantaj soldatoj daŭras du tagojn. Fine la registaraj trupoj siegas la luksan domegon de la balerino Matilda Kŝesinskaja, kiun la bolŝevistoj konfiskis por sia propra uzo. Lenino fuĝas kaj kaŝas sin.

La malordo kaj la kreskanta kvanto de dizertintoj kaŭzas plian malfortiĝon de la fronto, kaj kreskas la timo, ke la germania armeo baldaŭ konkeros Petrogradon. La famoj iĝas pli insistaj fine de aŭgusto, post kiam la germanoj prenis Rigon. La poeto Aleksandr Blok notas en sia taglibro:
"Estas ekscito sur la stratoj. Homoj staras en grupoj ĉe stratanguloj, en la tramoj damoj disvastigas panikon, ĉie oni parolas pri tio, ke la germanoj venas, aŭdiĝas voĉoj, kiuj diras ke 'ni ajnakaze malsatmortos'."
Estas ĉiam pli evidente, ke la malforta provizora registaro ne regas la situacion. La polico estas abolita. La novrekrutita milico, kiu devus gardi la ordon, ne elvokas respekton. Milicanoj uzas la alkoholmalpermeson kiel pretekston por konfiski vinon kaj brandon kie ajn ili trovas ĝin. La plej bona maniero neniigi la brandon estas fordrinki ĝin, ili ŝajnas opinii. La milicanoj ofte aperas ebriaj en publikaj lokoj. Ne malofte ili disvendas konfiskitan brandon.

La kaoso kreskas, kaj fine de oktobro la bolŝevistoj sukcesas kapti la potencon. Kompare kun la sanga februara revolucio, kiun komencis la maŝinpafila buĉado de manifestaciantoj, la oktobra puĉo de la bolŝevistoj en Petrogrado estas malgranda afero. La granda sangoverŝado komenciĝos poste.

– Mia avino rakontis, ke la revolucio ĉefa okazis en la centro, diras Ljudmila Ĥabĉik, kiu kreskis kun sia avino Olga Aleksandrova kaj siaj gepatroj en Tria linio, kontraŭ la malsanulejo Maria Magdalena.

Ĉar en Petrogrado estis maltrankvile, Olga Aleksandrova sendis sian fileton Vasilij, la estontan patron de Ljudmila, al parencoj en la urbeto Staraja Russa, ducenton da kilometroj sude de la ĉefurbo. Ŝi mem restis en Petrogrado kaj laboris en la malsanulejo. Sed kiam venis la revolucio, ŝi portempe forlasis sian laboron kiel flegistino kaj anoncis sin kiel volontulon al virina bataliono.

– Ŝi estis patrioto kaj volis helpi sian patrolandon. La plej multaj viroj estis ĉe la fronto kaj neniu povis defendi la landon kontraŭ la revoluciuloj. Tial ŝi aliĝis al la virina bataliono, ankaŭ ili ja bezonis flegistinojn. Ŝia bataliono partoprenis en la defendo de la Vintra palaco, diras Ljudmila Ĥabĉik.

La sturmo de la Vintra palaco, kie troviĝis la provizora registaro, en multaj priskriboj simbolas "La Grandan Socialisman Oktobran Revolu-

— 19 —

cion", kiel ĝi poste nomiĝis dum la sovetia tempo. Efektive tamen apenaŭ estis sturmo, kaj la "granda revolucio" dum multaj jaroj ankaŭ oficiale nomiĝis "la oktobra puĉo".

La pensiulo Aleksandr Uralov, kiu cent jarojn poste loĝas en la malnova apartamento de la familio Saviĉev, memoras ke li kiel infano estis malkontenta pri sia patro, malnova kavaleria oficiro. Ial la patro ne volis rakonti pri la sturmo de la Vintra palaco, kvankam li mem partoprenis la revolucion.

– Oni ja montris al ni ĉiaspecajn fantaziajn filmojn, en kiuj la revoluciaj maristoj rompis la pordegon de la Vintra palaco kaj tiel plu. Sed li neniam volis rakonti, kiel ĉio tio okazis. Nur multe pli poste mi komprenis, ke li ne volis rakonti, ĉar efektive ne estis sturmo.

En la realo la bolŝevistoj sukcesis eniri la palacon tra malantaŭa pordo, kaj granda parto el la pafoj estis direktita al la ĉielo. Laŭ kredeblaj informoj mortis unu soldato el la virina bataliono kaj ses viraj soldatoj inter la defendantoj de la Vintra palaco. Se efektive la avino de Ljudmila Ĥabĉik estis en la Vintra palaco dum la decida vespero, ŝi ne estis trafita de kugloj. Baldaŭ ŝi denove laboris kiel flegistino en la malsanulejo Maria Magdalena.

Precize kiel dum la unuaj tagoj de la februara revolucio, la amuzejoj de la ĉefurbo funkciis senĝene en la tago de la puĉo, la 25-a de oktobro laŭ la malnova rusia kalendaro. Alexandre Benois skribas en sia taglibro, ke li veturis hejmen per tramo preter la Vintra palaco kaj provis vidi, ĉu io okazas tie.

"Tio estis je la tria, komencis jam mallumiĝi, kaj mi ne povis vidi, ĉu sur Palaca placo estis io neordinara. La sola afero, kiun mi kredis vidi, estis, ke inter la altaj stakoj de brulligno moviĝis iaj malhelaj homamasoj, sed ne eblis vidi, kiuj ili estas. Ajnakaze mi neniel atendis, ke 'okazos hodiaŭ', kaj ke ni nun vivas la lastajn horojn de 'la burĝa socia ordo'. Kaj eĉ pli, kiam niaj knabinoj Atja kaj Nadja esprimis sian deziron iri al baleto vespere, nek mi nek mia edzino provis konvinki ilin ne fari tion."

Atja (Anna) estis la 21-jara filino de Alexandre Benois, Nadja estis lia 20-jara nevino.

Dum la knabinoj estis en la baletejo, komenciĝis pafado ĉe la Vintra palaco, la pontoj trans Nevo estis malfermitaj por tralasi militŝipojn, kaj la knabinoj decidis tranokti ĉe parenco en la centro. De tie ili telefonis hejmen kaj informis ke ĉio estas en ordo, rakontas Benois.

"Tiam ni decidis enlitiĝi pli frue ol kutime – eĉ ne estis la deka horo – sed tiam ekaŭdiĝis pafado, kiu ĉiun minuton iĝis pli densa kaj laŭta.

Oni povis rimarki, ke ne temis pri hazarda interpafado, kiaj en ĉi tiuj tagoj estis ordinara kaj ĉiutaga afero, sed longdaŭra batalo, vera kunpuŝiĝo de armeoj, kaj de tempo al tempo estiĝis stranga iluzio, kvazaŭ temus pri densaj hajlotorentoj, kiuj sporade trafis nian tegmenton. El niaj fenestroj al la nordo oni povis vidi, kiel en la nigra, nokta ĉielo senhalte eksplodadas io simila al sentondraj fulmoj, kaj kontraŭ ilia lumo oni povis vidi la siluetojn de la statuoj kaj vazoj sur la balustrado."

Fine aŭdiĝis kelkaj pli fortaj eksplodoj, verŝajne de la kirasita krozoŝipo Avrora, skribas Benois.

"Matene ni eksciis, ke ĝuste tiam finiĝis la sieĝo de la palaco, post ĉi tiuj kelkaj kanonpafoj, ke la palaco grandparte estas nedifektita, kaj ke la membroj de la registaro estas arestitaj kaj portitaj al la Fortikaĵo (inter ili mia kara Vladimir Nabokov)!"

Vladimir Nabokov estis unu el la fondintoj de la liberala Kadet-partio kaj la patro de la konata verkisto kun la sama nomo. Li estis liberigita kelkajn tagojn poste kaj kaj la familio povis fuĝi al Krimeo, kiu poste dum la rusia interna milito restis en la manoj de la blankuloj ĝis la printempo de 1920. La socialista ĉefministro Aleksandr Kerenskij, kiu ĝis la lasta momento asertadis ke la registaro plene regas la situacion, sukcesis fuĝi el la sieĝata Vintra palaco en aŭto de la usona ambasado kaj forlasi la landon.

La bolŝevistoj faligis la provizoran registaron, sed tio ne signifis, ke ili nun havis la plenan potencon en la disfalanta imperio. Multaj kredis, ke la bolŝevista potenco iĝos nur unu plia mallonga interludo, kaj efektive en la unua tempo ne multe ŝanĝiĝis en la ĉiutaga vivo sur Vasilij-insulo. Sendependaj gazetoj ne estis tuj fermitaj, kaj jam du semajnojn post la oktobra puĉo la gazeto *Večernjaja počta* (Vespera poŝto) povis raporti pri malkonsento inter dekstraj kaj maldekstraj bolŝevistoj en la nova registaro.

Sed en alia teksto de la sama gazeto la bolŝevistoj jam avertas la riĉulojn kaj admonas ilin ne bari la vojon:

Ni avertas ilin – ili ludas per fajro. La landon kaj la armeon minacas malsato. Por kontraŭbatali la malsaton nepre necesas ekstreme zorgeme fari ĉiujn laborojn de la proviz-aŭtoritatoj, fervojoj, poŝto kaj bankoj. La registaro de la laboristoj kaj kampar-

anoj entreprenas ĉiujn necesajn paŝojn por provizi la landon per ĉio bezonata. Rezisto kontraŭ ĉi tiuj paŝoj estas krimo kontraŭ la popolo. Ni avertas la riĉajn klasojn kaj iliajn subtenantojn, se ili ne ĉesigos sian sabotadon sed kaŭzos halton de la nutraĵliveroj: ili mem iĝos la unuaj kiuj sentos la seriozan situacion pri kiu ili kulpas. Al la riĉaj klasoj kaj iliaj priservantoj estos rifuzita la rajto je nutraĵoj. Ĉiuj iliaj rezervoj estos konfiskitaj.

Miloj da oficistoj efektive decidis saboti la laboron de la nova registaro. La gvidantoj de la sabotista movado estas arestitaj, kaj la plej multaj sabotantoj poste reiras al siaj laboroj. Sed la manko de manĝaĵoj kaj brulaĵo nur akriĝas. La manko de petrolo signifas, ke loĝejoj kaj butikoj en novembro 1917 eĉ en plej bona kazo ricevas elektron ses horojn tage. En decembro multaj urbopartoj restas tute sen elektro multajn sinsekvajn tagojn. Eĉ ĉe Unua linio, tuj apud la urbocentro, oni ne povas fidi ke estos elektro.

"Hodiaŭ la elektro estis ŝaltita je la kvara, sed malaperis je la sepa kaj duono. Kvaronon post la oka la kurento revenis, sed je la deka ĝi tute malaperis. En ĉi tio mi vidas aŭguron de multe pli seriozaj malfeliĉoj", skribas Alexandre Benois en sia taglibro en la kristnaska tago de 1917.

Kelkajn tagojn poste li ĉirkaŭiras en butikoj por aĉeti petrollampon, sed trovas neniun.

"Ĉiuj niaj malnovaj estas rompitaj aŭ oni faris el ili elektrajn lampojn. Kiam mi venis hejmen, mi tuj sendis Motja al la apuda butiko por aĉeti la lampon, kiun mi vidis tie la antaŭan tagon (ŝin timigis la prezo, 40 rubloj), kaj nun ni havas veran majstroverkon de aĉa gusto (rozkolora supra parto, piedo en formo de persikoj), sed ĝi ĉiukaze donas lumon en la manĝoĉambro, kio ebligas al mi skribi ĉi tiujn liniojn. Nur ke ni nun sukcesu ie havigi sufiĉan kvanton da keroseno."

La postulado de keroseno kreskadis dum la interrompoj de la elektra kurento iĝis ĉiam pli longaj. Tial estas granda faciligo, kiam la aŭtoritatoj trovas kaj konfiskas grandan kvanton da keroseno en la stokejo de la firmao Nobel en la haveno. La keroseno estas distribuata al posedantoj de porciumkartoj: funto ĉiun dekan tagon. Sed tio ne longe sufiĉas, kaj jam meze de 1918 funto da keroseno kostas tutajn 800 rublojn en la bazaro, kandelo kostas 500 rublojn kaj pakaĵo da alumetoj 80 rublojn. Ordinara monata salajro estas proksimume du mil rubloj. Nur antaŭ duonjaro Motja opiniis, ke 40 rubloj estis tute tro multe da mono por terura kerosena lampo. Sed baldaŭ la hiperinflacio kaj la manko de varoj kaŭzas, ke papera mono perskaŭ komplete perdas sian signifon.

Diference de keroseno, alkoholo fluas libere en la tagoj, semajnoj kaj monatoj de la revolucio. Formale ja validas kompleta malpermeso de alkoholo jam ekde 1914, sed la severeco de la rusiaj leĝoj ĉiam estis kompensata de ilia elekta aplikado. Eĉ antaŭ la revolucio tute bone eblis ricevi alkoholaĵojn en luksaj restoracioj, kiujn plebanoj ne frekventis. Dum 1917 la revoluciaj popolamasoj rapide transprenas ĉiujn vin- kaj brandrezervojn, kiujn komercistoj kaj aliaj suspektindaj homoj kaŝis en siaj keloj. La tiel nomataj vinrabadoj komenciĝas dise en la lando jam frue dum la aŭtuno. En Petrogrado enormaj deponejoj de vino kaj brando troviĝas multloke, la plej granda en la kelo de la Vintra palaco. Por eviti, ke revoluciaj soldatoj el la proksimaj kazernoj prirabu la vinkelon, oni promesas al ili ĉiuj po du botelojn da vino ĉiutage, sed tio ne helpas. Eble la distribuado ne funkcias kontentige. Ajnakaze, la revoluciaj soldatoj kaj maristoj sturmas la vinkelon tra fenestroj kaj pordoj por preni tion, kion ili volas.

Lenino timas, ke la tuta revolucio dronos en brando, kaj ordonas unue, ke la rabantoj estu mortpafitaj surloke. La 26-an de novembro la bolŝevistoj fine decidas, ke ĉiuj rezervoj de vino kaj brando en Petrogrado estu detruitaj. Tamen ankaŭ tio ne sukcesas tute laŭplane, ĉar la soldatoj, kiuj devas disrompi la vinbotelojn en la kelo de la Vintra palaco, rapide iĝas ebriegaj. Kelkaj asertas, ke ili trinkis neniom, sed nur estis influitaj de la vaporoj. Kiel ajn, fine la bolŝevistoj vokas la fajrobrigadon kaj ordonas, ke la tuta kelo estu plenigita per akvo.

Sabate la 25-an de novembro Alexandre Benois partoprenas renkontiĝon en la Vintra palaco kaj vidas kio estas okazanta:

"Nun ili metis gardistojn ĉe la Palacan ponton. Oni devas havi paspermeson por trairi tie. Laŭ la barilo de la parko kuŝas multaj disrompitaj boteloj. En la aero (estas senvente) sentiĝas leĝera odoro de vino. [...] Precize kiam mi estis reiranta el la palaco laŭ la kajo mi vidis ke soldato, kiu eliris el la palaco, estis haltigita kaj traserĉita de du gardistoj. Sub la palto li havis malnovstilan botelon kun tre impona aspekto. Ĝin oni tuj disrompis kontraŭ la ŝtona fundamento de la barilo. Cetere hieraŭ ili ne nur vendis vinon, krome la ebriaj soldatoj pafadis ĉirkaŭ si, oni diras, ke estas vunditoj kaj mortintoj."

Leighton Rogers, kiu en ĉi tiu tempo laboras en usona banko en Petrogrado, poste rakontas pri soldato en tramo, kiu lamentis la morton de sesdek tri kamaradoj en la vinkelo – kelkaj pafitaj pro ebriaj kvereloj, aliaj tro drinkintaj por travivi kiam la akvo altiĝis. Eĉ se tute fidindaj informoj mankas, oni povas suspekti ke pli da homoj pereis dum la sturmo de la vinkeloj de la Vintra palaco ol en la fama sturmo de la palaco mem.

Kiam la palacaj keloj estas malplenigitaj, la vinrabadoj disvastiĝas al aliaj partoj de la urbo.

"Jam la duan tagon oni prirabas kelojn dise en la urbo. Nokte niaj knabinoj eĉ aŭdis sufiĉe laŭtan pafadon. Matene ĉiuj tramoj staris tie, kie ili troviĝis, kiam la kurento malaperis", Alexandre Benois skribas en sia taglibro la 2-an de decembro.

La sekvan tagon li ekscias pli: "La kulpuloj de la hieraŭa pafado kredeble estis rabistoj, kiuj strebis al la kelo de la granda vendejo de koloniaj varoj de Baskov, nur kelkajn domojn de ni, ĉe la angulo de Meza avenuo. Ankaŭ hodiaŭ la rabado daŭras tie, kun la preteksto ke la vinstoko devas esti neniigita. Sed la plej ampleksaj sovaĝumadoj okazis lige kun la prirabado de la grandioza kelo de [la komercisto] Jelisejev, kiu same situas proksime al ni. [...] Ĉiuj surloke – kaj la gardistoj kaj la soldatoj (la Ruĝa Armeo?) kaj eĉ la fajrobrigadanoj, kiujn oni alvokis – senprokraste iĝas ebriaj kaj apenaŭ povas stari sur la piedoj, sed ili restas trankvilaj, ne aŭdiĝas krioj aŭ blasfemoj. Ili "laboras" aferece kaj sisteme. Per parto el la vinbareloj oni ŝarĝis veturilojn kiuj tuj forportis ilin, sed miloj da boteloj estis disrompitaj tie surloke, la vinumita kelo poste estis malplenigita per vaporpumpiloj kaj ĉio estis kondukita al [la flanka rivereto] Nevka tra hosoj de la fajrobrigado... Iu ano de la distrikta konsilio provis haltigi ĉi tiun detruadon kaj vokis ĉiujn telefonojn, sed atingis nur, ke la fajrobrigadistoj komencis admoni la soldatojn prizorgi tiun burĝon, post kio la 'burĝo' rapidis forlasi la lokon. Laŭ Kolja la kelo etendiĝas sub la tuta enorma domo, kaj tie estos 'laboro' por multaj tagoj."

Nur post la jarŝanĝo la bolŝevistoj sukcesas haltigi la vinrabadojn, eble ĉar jam ne restas multo por rabi. Poste dum kelkaj jaroj en Petrogrado estas pli facile havigi al si kokainon ol brandon. La kokaino venas parte el privataj apotekoj, kiuj antaŭ la minacanta naciigo rapidas forvendi siajn stokojn, parte ĝi estas kontrabandata el regionoj okupaciataj de Germanio. Ĉiuj pli bonaj kafejoj kaj restoracioj en Petrogrado estas fermitaj la jaron post la revolucio, sed kokainon oni vendas libere en popolaj tetrinkejoj kaj en la bazaroj.

La vina rabado estas unu el la fenomenoj, kiuj videblas sur la stratoj de Petrogrado en la semajnoj post la oktobra puĉo. Alia rimrkinda fenomeno estas la kampanjo antaŭ la unuaj liberaj tutlandaj elektoj. La balotadon al la konstitucia asembleo, kiu devas starigi la unuan konstitucion de Rusio, iniciatis la jam faligita provizora registaro. La bolŝevistoj nun klopodas transpreni la elektokomisionon, sed kiam tio ne sukcesas sen drastaj paŝoj, ili elektas atendi kaj vidi, ĉu tamen eble la bolŝevistoj hazarde gajnos.

La balotadon partoprenas ĉiaspecaj partioj de la dekstro kaj maldekstro. Voĉdoni rajtas ĉiuj rusiaj civitanoj, kiuj estas minimume 20-jaraj, virinoj same kiel viroj. Ses virinoj eĉ estas elektitaj al la asembleo, la plej multaj el ili bolŝevistoj. Tamen ĝenerale la bolŝevistoj ne bone sukcesas en la balotado. Eble tial poste dum pli ol sepdek jaroj oni ne aranĝas liberajn elektojn en la lando. La intereso de la publiko al ĉi tiu unika elektado cetere ne estas enorma – la sfinksoj sur la kajo ne povas observi grandan fluon de voĉdonantoj al la konstruaĵo de la Artakademio, kiun ili gardas. Ĝi estas la voĉdonejo por la loĝantoj en la strato de Tanja kaj ĝia ĉirkaŭaĵo.

Ĉi tiel skribas Alexandre Benois en sia taglibro la 12-an de novembro:

"En la gazetoj estas nur polemikaĵoj, dekretoj de la registaro kaj preskaŭ neniaj faktoj. Hodiaŭ estas la unua tago de la elekto al la Konstitucia asembleo, kiun ĉiuj nun nomas mallonge "uĉredilka". Sur murojn oni gluis alvokojn kiuj admonas ĉiujn partopreni. El la kandidatlistoj oni plej ofte vidas la numeron 2 ("industriistoj"), ĝi estas zorge presita kun kolora bildo, en tri variaĵoj. Sur unu el ili oni vidas la siluetojn de vilaĝo, preĝejo kaj fabriko.... [...] Atja kaj Nadja jam estis ĉe la urno en la Artakademio kaj donis siajn voĉojn al la "kristandemokratoj". Mi morgaŭ male al mia kutimo iros tien kaj voĉdonos same – tion mi faros simple por vidi, kiel tio okazas. La etoso en la urbo estas trankvila, kaj pro la neĝofalo eĉ iel festeca!"

La sekvan tagon Alexandre Benois efektive iras al la balotejo en la konstruaĵo de la Artakademio, por vidi la unuan kaj lastan fojon en sia vivo, kiel tutlandaj demokratiaj elektoj okazas en Rusio.

Tutlande malpli ol duono el la rajtigitaj partoprenas la balotadon. La kristandemokratoj, kiujn la familio Benois subtenas, ricevas tre malmulte da voĉoj. En Petrogrado sufiĉe bone sukcesas la dekstra-liberala Kadetpartio, sed tutlande la plej multajn voĉojn ricevas la socialistoj el la Socialisma Revolucia partio. La bolŝevistoj ricevas nur kvaronon el la voĉoj – sed kun siaj armiloj ili havas la potencon en la ĉefurbo. Unue la bolŝevistoj deklaras la liberalan Kadetan partion "malamikoj de la popolo". Oni komencas aresti gvidantajn membrojn de la partio, inter ili Andrej Ŝingarjov kaj Fjodor Kokoŝkin, kiuj membris en la provizora registaro. Pro malbona sanstato ĉi tiuj du baldaŭ estas transportitaj al hospitalo. La bolŝevistoj perforte dispelas la konstitucian asembleon post ĝia unua kunveno la 5-an de januaro 1918. Tuj poste grupo de revoluciaj marsoldatoj sturmas la malsanulejon por linĉi Ŝingarjov kaj Kokoŝin. La murdo markas la komencon de kampanjo, kiu celas neniigi ajnan opozicion.

Sed en januaro 1918 ankoraŭ funkcias la amuzejoj en la urbo, eĉ se la ĉiutago iĝas ĉiam pli malfacila. La 21-an de januaro 1918 Alexandre Benois vizitas koncerton kun siaj artistaj amikoj. Multaj el ili tamen – spite la eksterordinare altajn prezojn – pli interesiĝas pri la bufedo kun raraj bongustaĵoj ol pri la muziko, li konstatas. Post la koncerto li sukcesas trovi lokon en la tramo.

"Kiam ni sidiĝis en la tramo (ĉe Admiralejo), ni aŭdis severan pafadon, sed je relative granda distanco. Supozeble denove iu linĉado, sed ni tiugrade alkutimiĝis, ke ni entute ne atentis pri tio."

La revolucia jaro en Petrogrado finiĝis. Ne iĝis paco, kiel Alexandre Benois esperis komence de la jaro. Spite mondmiliton kaj du revoluciojn 1917 tamen estis la lasta iel-tiel normala jaro dum longa tempo en la ĉefurbo de Rusio – kiu cetere baldaŭ jam ne estos ĉefurbo. Baldaŭ la manĝaĵoj tute elĉerpiĝos, kaj tiuj, kiuj ne forlasos la urbon, frostos kaj malsatos en siaj ŝtonaj grotoj. Libroj, mebloj kaj pargetaj plankoj brulos por forpeli la malvarmon, kaj gepatroj forŝanĝos sian lastan paron da ŝuoj por ekhavi ion manĝeblan por la infanoj.

1927

Paŝo reen

La unua tago de la jaro estas frosta kaj klara en la urbo, kiu nun portas la nomon Leningrado. Meze de la tago estas dek kvin gradoj sub nulo en Vasilij-insulo. Falas kelkaj neĝoflokoj. La vetero estas preskaŭ precize la sama kiel antaŭ dek jaroj, kiam proksimiĝis du revolucioj kaj longedaŭra interna milito. Sed ĉu tamen ĉio tio estis nur koŝmaro? La stratlampoj ja lumas denove, ĉe ĉiu angulo troviĝas privataj vendejoj, la gazetoj plenas je anoncoj pri varoj kaj servoj, manĝaĵon eblas aĉeti sen porciumkarto. Forigitaj estas ankaŭ la spuroj de la detrua inundo de 1924, kiam la akvo ĉi tie altiĝis duonan metron super la strata nivelo. La familio Saviĉev povis remalfermi sian bakejon ĉe la angulo de Meza avenuo. Telefonon ili ne plu havas, sed la adreso de la bakejo denove troveblas en la telefonkatalogo, kiu antaŭ kelkaj jaroj enhavis nur la adresojn kaj telefonnumerojn de ŝtataj aŭtoritatoj, oficejoj kaj distribuejoj, kie mankis manĝaĵoj por distribui.

Alkoholo ne plu estas malpermesita, sed oni severigis la punojn por vendado de drogoj. Anstataŭ aĉeti kokainon ĉe la cigaredvendisto en la bazaro oni povas nun ebriigi sin per bonaj vinoj en iu el la allogaj restoracietoj, kiuj aperis jen kaj jen. Se oni havas sufiĉe da mono. Multaj entreprenistoj havas. Aliaj povas tute laŭleĝe aĉeti botelon da ŝtata monopola brando. La plej malgranda botelo ricevis la popolan nomon "pioniro" – tiel oni nomas la membrojn de la infana organizaĵo de la reganta komunisma partio. La mezan, kvaronlitran botelon oni nomas *komsomolec*, junkomunisto, kaj la ordinara duonlitra botelo estas *partiec*, partiano.

La Vintra palaco kaj la enorma konstruaĵo de la Artakademio malantaŭ la sfinksoj estos renovigitaj antaŭ la aŭtuna dekjara jubileo de la revolucio. Eĉ la meteologoj ricevis promeson pri pli bona estonteco. La meteologia stacio, kiu ekde la mezo de la 19-a jarcento faras siajn mezuradojn en Vasilij-insulo, ricevos novan ejon, pli distance de ĉiuj loĝejoj kaj fabrikoj kiuj en la lastaj jardekoj estis konstruitaj en la proksimeco de la meteologia stacio. En ĉi tiu jaro Alisa Kuskul havos sian dudekan naskiĝtagon. Ŝi ĵus abiturientiĝis kaj plu loĝas ĉe siaj patro kaj du onklinoj en la adreso Dua linio 7. Ŝia patrino mortis frue. Duonon de la apartamento nun disponas alia familio, kiu uzas la kuirejan enirejon. Por malpliigi la mankon de loĝejoj la bolŝevistoj decidis pri tiel nomata "densigo" – se laŭ la aŭtoritatoj iu havas tro da spaco en sia loĝejo, tiam necesos fordoni la "superfluajn" ĉambrojn al aliaj. Foje oni sukcesas plenigi la ĉambrojn per parencoj aŭ amikoj, sed ofte tute fremdaj homoj estas enpuŝitaj en la loĝejon. Posedantoj de grandaj apartamentoj ofte rajtas teni nur unu ĉambron, kaj la loĝejo iĝas tiel nomata *kommunalka*, komuna apartamento.

La patro de Alisa Kuskul estis bonŝanca. Ĉar la familio konsistas el kvar personoj, ili rajtas konservi tri ĉambrojn en la nun dividita apartamento. Multaj kudromaŝinoj estis konfiskitaj aŭ ŝtelitaj dum la unuaj kaosaj jaroj tuj post la revolucio, sed li sukcesis konservi tion, kion li bezonas por daŭrigi sian laboron kiel tajloro. Li laboras en la apartamento kaj Alisa helpas lin. Nun ili povas fari tion tute laŭleĝe kaj eĉ anonci en la gazeto, se ili volas. Privata entreprenado ja ne plu estas malpermesita.

Dek jarojn post la revolucio la vivo en Vasilij-insulo denove estas eltenebla. Almenaŭ ne plu necesas malsati.

∗ ∗ ∗

Tuj post la oktobra revolucio la bolŝevistoj forigis la liberecon, kiun februaro donis. La lastaj nebolŝevistaj gazetoj estis fermitaj aŭtune de 1918.

En unu el siaj lastaj numeroj la 2-an de aŭgusto 1918 la liberala gazeto *Naŝ Vek* ("Nia epoko") skribis interalie pri la porciumado de tabako kaj teo, kaj pri malsataj fervojistoj kiuj haltigas trajnojn:

En la stacio Zvalka persontrajno numero 7 estis haltigita dum tri horoj pro tio ke la vaporlokomotivaj brigadoj rifuzis doni lokomotivon, postulante ke 1 vagono kun greno unue estu malfiksita el vartrajno kiu staris ĉe Zvalka. La revolucia komitato insistis ke la lokomotivo estu veturigita al la pasaĝera trajno. La grenvagonon, kiun la brigado postulis, oni ne malfiksis.

La novaĵoj iĝis pli bonaj, kiam tiaspecaj gazetoj estis fermitaj – sed ne la realaĵoj. La plej prema problemo por plimulto de la loĝantoj de Petrograd tuj post la revolucio estis la manko de nutraĵo, brulligno kaj varmaj vestaĵoj. Paŝon post paŝo la organizita socio ĉesis funkcii. Transportoj de manĝaĵoj el la kamparo iĝis ĉiam pli sporadaj, ne nur ĉar la fervoja sistemo kolapsis, sed ankaŭ pro tio, ke privata komerco estis abolita. La mono perdis sian valoron. Tiu, kiu provis transporti aŭ vendi manĝaĵojn, riskis minimume konfiskon de ĉiuj varoj, sed povis okazi ankaŭ pli malagrablaj sekvoj. Urbanoj komencis veturadi al la kamparo por provi ŝanĝi siajn posedaĵojn kontraŭ io manĝebla, sed la vojaĝoj estis tre penigaj. Ne haveblis biletoj kaj en la trajnoj mankis loko. Multaj veturis inter la fervojaj vagonoj aŭ sur ties tegmentoj kun siaj valizoj, plenigitaj per vestaĵoj, ŝuoj kaj valoraĵoj. Tiujn ili esperis ŝanĝi al iom da faruno, terpomoj aŭ eble eĉ peco da fumaĵita viando.

La ekonomiisto Stanislav Strumilin notis, ke la urbo en la malfrua printempo de 1918 malsategis: "El terpomŝeloj, uzita kafpulvoro kaj aliaj similaj 'delikataĵoj' oni faras krespojn kiujn oni manĝas; fiŝojn, ekzemple haringon kaj rutelon, oni muelas tutan, kun la kapo kaj la ostoj, ĉion oni uzas. Neniun putrintan terpomon, rancan viandpecon aŭ ŝiman kolbason oni forĵetas. Ĉion oni manĝas."

La sekva vintro en la malluma kaj frosta Petrograd estis eĉ pli malbona, montras la taglibro de la verkisto Zinaida Gippius: "Ĝis la printempo de 1919 la aspekto de preskaŭ ĉiuj niaj konatoj ŝanĝiĝis tiom, ke ne plu eblis rekoni ilin. Al tiuj, kiuj ŝvelis, oni rekomendis manĝi terpomojn kun la ŝelo, sed en la printempo jam tute ne estis terpomoj, malaperis eĉ nia ŝatata plado – krespoj el terpomŝeloj. Tiam regis rutelo, kaj mi ne kredas ke mi povos ĝis mia morta horo forgesi la pikan, naŭzan odoron de rutelo."

Kvankam bazara komerco estis malpermesita kiel "spekulado", ĝi ne ĉesis, sed okazis duonkaŝe. Por multaj ĝi estis la sola maniero travivi. De tempo al tempo la bolŝevistoj faris raziojn al bazaroj kie malsatantaj urbanoj provis ŝanĝi siajn lastajn posedaĵojn kontraŭ manĝaĵoj. Varoj estis konfiskitaj, kaj malbonŝanculoj povis esti arestitaj. Tamen la Petrogradanoj plu iradis al la bazaroj aŭ aliaj, pli spontaneaj varŝanĝejoj, ĉar simple mankis alternativo. Ankoraŭ aŭtune de 1922, kiam la interna milito en la kerno de Rusio jam estis praktike finita, multaj infanoj daŭre kredis, ke la ĉefa laborejo de iliaj gepatroj estas la bazaro, memoris la verkisto Kornej Ĉukovskij.

Ofte temis pri simpla interŝanĝa komerco, kaj eĉ salajroj estis dum la interna milito grandparte pagataj en varoj. Papera mono preskaŭ perdis sian valoron dum la moneroj malaperis, ĉar la valoro de la metalo estis pli alta ol la nominala valoro de la monero. Ĉiuj estis milionuloj, sed ne eblis multon aĉeti kontraŭ miliono da paperaj rubloj. En 1922 kvin nuloj esis forstrekitaj de sur la monbiletoj kaj prezetikedoj, sed tio ne longe helpis, ĉar la registaro daŭre presadis novajn, senvalorajn monbiletojn, kaj en la sekva jaro oni devis forstreki ankoraŭ du nulojn. Tiel unurubla monbileto en 1923 egalis al dek milionoj da malnovaj rubloj.

Eksterlandaj vizitantoj en Petrogrado dum la unuaj jaroj post la revolucio miris pri tio, ke ĉiuj estis vestitaj per ĉifonoj, eĉ konataj muzikistoj kaj sciencistoj. La klarigo estis simpla: ili ŝanĝis ĉiujn siajn pli bonajn vestaĵojn kontraŭ manĝaĵoj, kaj novaj vestaĵoj ne haveblis. La industrioj haltis.

Krom vestaĵoj kaj manĝaĵoj en Petrogrado dum la interna milito mankis varmo. Eĉ akvo kaj funkcianta kloako ne estis memklaraĵoj. Tie, kie ekzistis centra hejtado, ĝi ĉesis funkcii, kiam la infrastrukturo malaperis. Loĝantoj de apartamentoj kun kahelaj fornoj povis taksi sin bonŝanculoj – dum ili havis brullignon. Aliaj devis havigi metalajn stovetojn. "Burĵujka", la burĝeto, oni nomis la stoveton, kiu donis almenaŭ iom da helpo en la malvarmega loĝejo. Sed baldaŭ mankis brulaĵo eĉ por la malgrandaj fornetoj. Granda parto el la brulligno pli frue estis alportata per barĝoj el orienta Finnlando, sed nun Finnlando estis sendependa kaj la komerco trans la limo ĉesis. Krome eĉ ne estis mono por pagi la lignon. Por havi ion bruligeblan la bolŝevistoj malkonstruis longajn vicojn da lignaj dometoj.

La aŭtoro Jevgenij Zamjatin pasigis la pezajn jarojn en Petrogrado kaj memoras, kiel li unu vintran nokton de 1919 gardostaris kun frosteganta, malsata profesoro, kiu plendis ke li ne plu havas eĉ unu ligneron por bruligi.

"Nun oni povus ja eĉ ŝteli brullignon! Sed bedaŭrinde mi ne kapablas tion, mi prefere mortos ol ŝtelos!" la profesoro diris al Zamjatin.

La sekvan tagon Zamjatin verkis la nun klasikan novelon "La grotoj", en kiu glaciepoko regas en Petrogrado kaj la homoj loĝas en malvarmaj kavernoj en la frostaj montaj krutaĵoj, kiuj ĵus estis apartamentaj domoj. La glaciepokaj homoj vestas sin per ĉifonoj kaj barikadas sin plej profunde en la groto, kie staras ilia idolo – malsata dio, kiu manĝas ĉion sed ne donas multe da varmo. La du prahomoj, kiuj fuĝis al ĉi tiu rusta, gisa stoveto, iam en alia epoko estis muzikistoj.

Nun Martin kaj Maŝa estas la posedantoj de kvin terpomoj kaj hakilo, en pruntita apartamento, sed daŭre ili ne povas imagi bruligi la meblojn kaj librojn kiuj apartenas al la posedanto de la loĝejo, nur siajn proprajn.

Fine Martin ne eltenas. Maŝa estas malforta kaj kuŝas en la lito. Li ne povis rakonti al ŝi, ke la brulligno estas tute elĉerpita. Por festi ŝian nomtagon li volas bruligi ion por momente forpeli la froston el la groto. Sinturmente li superas la riproĉojn de la konscienco kaj ŝtelas kvin ŝtipetojn de la najbaro. La sorto de la pekanto estas mortosimila.

Multaj aliaj tute sen konsciencriproĉoj ŝtelas ĉion ajn, kion eblas malfiksi, por teni la varmon. Eĉ lignaj krucoj de tombejoj malaperas por esti oferitaj al la malsataj disaj idoloj.

La terura situacio en Petrogrado, unuavice la manko de manĝaĵoj kaj la ĝenerala nesekureco, kaŭzas ke multaj forlasas la urbon. Tuj antaŭ la revolucio la rusia ĉefurbo havis preskaŭ 2,5 milionojn da loĝantoj, sed la cifero komencas malaltiĝi jam aŭtune de 1917, kaj en 1920 restas nur 720 000 loĝantoj. Du trionoj el la homoj malaperis ien. Tio klarigas ankaŭ, kiel eblas malkonstrui lignajn domojn kaj uzi ilin kiel brulaĵon – dum la interna milito multo mankas en Petrogrado, sed ne loĝejoj. Vizitantaj eksterlandanoj rakontas, ke Petrogrado en ĉi tiuj jaroj aspektas kiel fantoma urbo, ĉar oni apenaŭ vidas homojn surstrate, la stratlampoj ŝajnas estingitaj por ĉiam, eĉ en la fenestroj ne videblas lumo.

Ne nur ordinaraj loĝantoj forlasas la urbon. Ankaŭ la regantoj fuĝas pro la malsekura situo de la urbo en la komenca fazo de la interna milito, kiam eĉ la milito kun Germanio ankoraŭ ne estas finita. Ĝis la lasta momento, kiam la transloĝiĝo jam estas okazanta, oni oficiale dementas ĉiujn famojn pri la baldaŭa transiro de la registaro al Moskvo. Nur kiam ĉio jam estas preta, la 12-an de marto 1918, oni anoncas ke la transiro jam okazis, kaj post kelkaj tagoj oni konfirmas, ke ekde nun Moskvo estas la ĉefurbo de Soveta Ruslando.

Komence de 1918 oni faras du pliajn reformojn, kiuj same daŭre validas: la alfabeto kaj la kalendaro estas modernigitaj. Tiuj, kiuj enlitiĝas vespere de la 31-a de januaro, vekiĝas matene la 14-an de februaro. Nun la dato subite estas la sama en Rusio kiel en la cetera mondo. Pro tiu diferenco oni solenas la revolucion, kiu okazis la 25-an de oktobro, maljam la 7-an de novembro.

El la rusa alfabeto oni forstrekas tri eksmodiĝintajn literojn. Krome oni draste limigas la uzon de kvara litero, la tiel nomata malmola signo. Por certigi, ke la malpermesitaj literoj ne plu aperu en presaĵoj, oni konfiskas ilin en presejoj. La konfiskantoj fajfas pri nuancoj kaj konfiskas ankaŭ la malmolajn signojn, kvankam tiu litero ne estas tute malpermesita. Ĝi tamen malaperas el presitaj tekstoj dum du jardekoj, kaj anstataŭ ĝi oni uzas apostrofon.

En la fino de la jaro 1920 la bolŝevistoj regas ne nur la alfabeton, sed ankaŭ la plej grandan parton de la kerna teritorio de Rusio, eĉ se la sanga interna milito en pli periferiaj regionoj daŭros ankoraŭ pli ol du jarojn kaj falĉos multajn viktimojn. Sed la milita venko ne signifas, ke la pozicio de la regantoj estas sekura. Pro la falego de la vivnivelo, pro la manko de bazaj nutraĵoj kaj pro la ĝenerala nelibereco regas vasta malkontento.

Necesas stabiligi la situacion. La ondo de strikoj en Petrogrado en februaro 1921 kaj la gradna marsoldata ribelo en Kronŝtadt ekster Petrogrado estas alarma sonorilo. Miloj da ribelantaj maristoj estas mortigitaj en la bataloj aŭ ekzekutitaj. Multaj fuĝas trans la glacio al Finnlando.

Tuj poste la bolŝevistoj sub la gvido de Lenino tute reformas sian ekonomian politikon. La konfiskadoj de nutraĵoj estas abolitaj, anstataŭe la terkulturistoj devas pagi fiksitan imposton al la ŝtato. La restantan rikolton ili rajtas vendi laŭplaĉe. Krome oni denove permesas privatajn komercon kaj entreprenadon en la priserva sektoro kaj malgrandskala fabrikado. La ŝtato konservas la monopolon nur pri peza industrio, bankoj kaj eksterlanda komerco. Eĉ malgrandskala privata eldonado estas permesita, se la presaĵoj ne havas kontraŭsovetian karakteron.

La nova ekonomia politiko, NEP, ekvalidas paŝon post paŝo dum la somero de 1921. Unue la vendado de manĝaĵoj ekde majo estas permesita ne nur en nekovritaj bazaroj, sed ankaŭ endome. Ekde la komenco de julio privataj butikoj estas permesitaj, komence en Moskvo kaj Petrogrado. La nova politiko rapide kaŭzas, ke manĝaĵoj kaj aliaj varoj aperas en grandaj kvantoj en la nove malfermitaj vendejoj. Jam la 17-an de aŭgusto la arkivisto Georgij Knjazev miras pri la rapida ŝanĝo de la stratbildo en Petrogrado: "Malfermiĝas malgrandaj butikoj en la urbo, jam estas dekoj, centoj. Oni vendas ĉion ajn, eĉ citronojn..."

La plej granda ŝanĝo rilate la situacion kun manĝaĵoj okazas komence de la aŭtuno, kiam libera vendado de grenproduktoj estas permesita. Tio ebligas ankaŭ al la familio Saviĉev remalfermi sian malgrandan bakejon ĉe Dua linio 13.

Pli frue, dum la tiel nomata milita komunismo, la loĝantoj estis dividitaj en diversaj kategorioj. Korplaboristoj ricevis la plej grandan porcion de nutraĵoj, la iamaj "ekspluatantoj" el la pli altaj sociaj klasoj preskaŭ nenion. La generala vidvino Jevgenia Silvina apartenis al la laste menciita kategorio, kaj tial dum pluraj jaroj vivis malsatege. En aŭgusto 1924 ŝi tamen povas ĝoje skribi al siaj parencoj en Parizo: "Nun mi ne plu mem manĝas la malmolajn randojn de la pano, sed donas ilin al la koloboj kaj hundoj surstrate. Legomoj estas malmultekostaj, kaj tio ĝojigas min, ĉar kiel ajn malsata mi estis, la manĝaĵoj en la publikaj kantinoj ĉiam estis koŝmaro por mi, tiu malklara, malpura miksaĵo, tiu terura milio, la pano kiu estis bakita el pajleroj... kaj la nepriskribeble naŭza rutelo! Dank' al Dio, ĉio tio nun pasis, tiu malbenita, brutala tempo. Ĉe ni nun eĉ tiaj, kiaj mi, povas ricevi freŝan panon ĉiutage kaj kiom necesas por satiĝi, terpomoj kaj kukumoj estas atingeblaj; nin ne plu sufokas la milio, ni ne plu voras haringajn kapojn el porcioj de aliaj, ni ne plu skrapas la lastajn erojn de la fetora rutelo. Ĝi malaperis ien – kaj ni nutras nin per homecaj manĝaĵoj."

Post kiam la plej malbona periodo pasis, homoj komencas revenadi al Petrogrado, sed daŭros dek jarojn ĝis la loĝantoj estos same multaj kiel antaŭ la milito. La 26-an de januaro 1924, kvin tagojn post la morto de Lenino, oni renomas la urbon laŭ la granda gvidanto, sed la malnovaj loĝantoj ankoraŭ longe nomos sian hejmurbon "Piter".

Komence de 1927, dek jarojn post la revolucio, Leningrado havas 1,6 milionojn da loĝantoj, sed inter ili ne estas la familio Benois. Male ol multaj aliaj, ili restis ĉi tie eĉ dum la plej terura malsato de la milita komunismo. Ili pretervivis dank' al siaj ŝparaĵoj, sed eble ĉefe pro tio, ke Alexandre Benois ricevis gravan taskon de la novaj potenculoj: restarigi la artkolekton de la Ermitejo. Granda parto el la muzeaj eksponaĵoj estis evakuita al Moskvo, sed kiam la situacio en la malnova ĉefurbo post 1920 stabiliĝis, la artaĵoj estis reportitaj.

Post kelkaj jaroj la pacienco da la familio Benois tamen elĉerpiĝas, kaj en 1927 ili decidas ne reveni post restado en Francio. Ĉi tiel skribas Alexandre Benois en la finaj vortoj de sia taglibro:

"Mi neniam aliĝis al 'la blanka gvardio' (kiel oni asertas en diversaj sovetiaj publikaĵoj), sed mi ne povis imagi reveni al tiuj cirkonstancoj de 'anima sklaveco', pro kiuj nia patrolando iĝis konata – kaj tamen tie plu estas aferoj, kiuj daŭre logas kaj ravas min, kaj tamen mi ne povis alproprigi al mi tion, kio daŭre restas por mi *fremda* en fremda lando."

La prapatro de la familio Benois, la sukeraĵisto Louis Benois, translokiĝis al Rusio en 1794, dum la franca revolucio, kaj iĝis la ĉefsukeraĵisto de la imperiestrino Maria Fjodorovna. Nun alia revolucio igis lian nepon reiri al Francio.

* * *

Kvankam Alexandre Benois plendas pri "anima sklaveco", januaro 1927 efektive estas pinto de libereco en la historio de la ĵus fondita Sovetunio. Antaŭ nur kelkaj jaroj la aŭtoritatoj povis kiam ajn konfiski kion ajn – monon, valoraĵojn aŭ tutajn domojn. Nun denove estas permesite gajni kaj posedi monon grandkvante, kaj dum mallonga tempo estos permesite eĉ aĉeti kaj posedi nemoveblaĵojn.

La ekonomio rapide leviĝas el la morta profundegaĵo de la interna milito. Ankaŭ en la artoj regas radikalaj tendencoj. La muta filmo *Krozoŝipo Potjomkin* de Sergej Ejzenŝtejn ĵus havis sian premieron. Kune kun la pentristo Aleksandr Rodĉenko la poeto Vladimir Majakovskij kreas tute novan bildolingvon por la reklamo, en kiu la sloganoj kaj bildoj formas modernismajn artaĵojn. Sur unu el la klasikaj afiŝoj de la jaro 1925 bela, flulinia bierbotelo pafas ruĝajn sagojn kontraŭ du malbelaj botelaĉoj kiuj rompiĝas, tiel ke la naŭza enhavo disfluas. La rima rusa slogano diras: "Trimonta biero finas la regon de surogato kaj hejma brando".

La alkohola akcizo siatempe estis unu el la plej grandaj enspezfontoj de la cara registaro, sed laŭ Lenino la proletaro ne bezonos brandon. Bolŝevistoj neniam fabrikos brandon por gajni monon, ĉar tio estus la vojo reen al kapitalismo, li diris. Malpli ol unu jaron post la morto de Lenino, en decembro 1924, oni tamen permesas la fabrikadon de trinkaĵoj kun maksimume 30 procentoj da alkoholo, kaj en la aŭtuno de 1925 la ŝtato mem komencas fabriki la rusian nacian trinkaĵon, 40-procentan vodkon.

La vendado de alkoholaĵoj rapide iĝas unu el la plej gravaj enspezfontoj de la ŝtato, kaj la postulado ne mankas. La 1-an de septembro 1925, kiam la vendado de vodko komenciĝas, en Leningrado regas festa etoso. Homoj ploras, interkisiĝas kaj brakumas unu la alian sur la stratoj, la popolamasiĝo ĉe la vendejoj estas kiel ĉe pandistribuo dum la malsato antaŭ kvin jaroj, rakontas ĉeestintoj.

Dum la brando fluas libere, la libereco de la gazetaro restas strikte limigita. Oni permesas la eldonadon de kelkaj sendependaj periodaĵoj, kies enhavon oni taksas sendanĝera, sed ĉiuj tagaj ĵurnaloj estas komunismaj kaj strikte sekvas la partian linion. Tamen, kompare kun la burokratia prozo de postaj jardekoj, kun artikoloj pri la laŭplana progresado de la planekonomio kaj intervjuoj de ekzemplaj laboristoj kiuj gloras la partion, la artikoloj en *Krasnaja gazeta* ("Ruĝa gazeto") de 1927 daŭre donas relative multflankan bildon pri la vivo en Leningrado. La ĵurnalistoj ankoraŭ ne estas timigitaj al kompleta, senvaria disciplino, kaj la cenzuro estas multe pli permesema ol ĝi baldaŭ iĝos. Oni raportas pri akcidentoj, krimoj kaj epidemioj, aferoj kiuj baldaŭ malaperos el la oficiala sovetia realo.

Interalie ĉi tiuj noticoj troveblas en *Krasnaja gazeta* en la rubriko "Mallonge pri ĉio" la 25-an de aŭgusto 1927:

Ekde hodiaŭ la trajno kiu ekveturas el la stacio Detskoje Selo je la 9-a horo matene havos 4 vagonojn kun rekta ligo al Odeso.

La 27-an de aŭgusto la lignotransporta ŝipo Stalino faros sian unuan vojaĝon al Anglio.

Hieraŭ oni registris 42 kazojn de gripo kaj 38 kazojn de skarlatino.

La purigo de la stukaj ornamaĵoj de la Vintra palaco estis finita kaj laboroj pri farbado komenciĝis.

53 kazoj de rabio ĉe katoj kaj hundoj estis registritaj de la gubernia veterinara sekcio de Leningrado dum la someraj monatoj.

La kvanton de laboristaj esperantistoj en Leningrado oni taksas je unu milo.

En la rubriko "Okazaĵoj" oni povas la sekvan tagon legi interalie jenon:

Nekonataj ŝtelistoj eniris tra la fenestro al apartamento n-ro 1 en Pavlenskij prospekt 27. Ili ŝtelis varojn kun entuta valoro de 700 rubloj kaj fuĝis la saman vojon.

Malaperinta kasisto. En la stacio Dunaj de la Oktobra fervojo la deĵoranta agento de la stacio, Zavjalov, defraŭdis 1 100 rublojn kaj malaperis.

La novaĵoj pri la stukaĵoj de la Vintra palaco, pri la kvanto de rabiaj katoj kaj pri enŝteliĝoj en apartamentoj montras, ke la urba vivo dek jarojn post la revolucio multrilate revenis al normaleco. Krimojn oni anoncas al la aŭtoritatoj, kiuj esploras ilin. En anoncetoj privataj kuracistoj reklamajs siajn servojn. Tre multaj anoncoj aparte mencias seksajn malsanojn kaj erektoproblemojn. Privata kuracistejo "kun partopreno de profesoroj" logas per konstantaj kuŝlokoj, spertuloj pri ĉiuj specialaĵoj kaj nove ekipita sekcio de fizikoterapio. La kuracistejo troviĝas ĉe Avenuo de la 25-a de oktobro, "ĉe la angulo kun la iama Litejnij prospekt. La iama Nevskij prospekt nun havas novan nomon laŭ la dato de la oktobra revolucio. Tiun nomŝanĝon ĉiuj konas, ĉar daŭre temas pri la ĉefstrato de la tuta urbo. La nova nomo de Litejnij prospekt ne estas same vaste konata – tial en la reklamo preferindas mencii ĝian malnovan nomon.

Precipe la kuŝlokoj de la privata kuracistejo estas postulataj de la pli bonstataj pacientoj, ĉar la publikaj malsanulejoj estas plenŝtopitaj. La 21-an de septembro *Krasnaja gazeta* anoncas, ke ambulancoj nun portos pacientojn al malsanulejoj nur, se la respondeca kuracisto unue per telefono ricevis konfirmon de la malsanulejo, ke tie estas loko por la paciento. Tia promeso pri malsanuleja lito validas ne pli longe ol ses horojn, la artikolo atentigas. Tiel komprenebl statas la afero ankaŭ en la malsanulejo en Dua linio. La preĝejo de la malsanulejo estas jam delonge fermita kaj malplenigita fare de la bolŝevistoj, kiuj vendis la valoraĵojn por ŝveligi la ŝtatan kason. La malsanulejo ne plu havas la nomon Maria Magdalena. Religia nomo ja estus komplete maltaŭga. Anstataŭe sian nomon al la malsanulejo donis la pereinta bolŝevisto Vera Sluckaja.

Unu kialo de la lokomanko en malsanulejoj en la somero kaj aŭtuno de 1927 estas nova epidemio de tifoida febro, bakteria malsano, kiun disvastigas nezorge traktitaj nutraĵoj. Sed kvankam loko mankas, la ĝeneralaj cirkonstancoj en la malsanulejoj estas multe pli bonaj ol dum la jaroj de la interna milito, kiam ofte tute mankis eĉ akvo, brulligno kaj manĝaĵoj, kaj estis rimedoj nur por la plej primitiva flegado.

Dum la interna milito pluraj landoj sendis trupojn al Rusio por batali kontraŭ la ruĝuloj, kaj kvankam la milito finiĝis jam antaŭ longe, la sinteno al la ĉirkaŭa mondo restas tre suspektema. Oni atendas novan atakon de la okcidento en ajna momento, kaj milita histerio trafas grandan parton de la popolo, precipe post kiam la rusa elmigrinto Boris Koverda la 7-an de junio 1927 murdas la ambasadoron de Sovetio en Pollando. La ambasadoro Pjotr Vojkov naŭ jarojn pli frue, dum la interna milito, partoprenis la decidon murdi la tutan caran familion. La soveta registaro venĝas la murdon de Vojkov ekzekutante dudek hazarde elektitajn reprezentantojn de la nobelaro sen proceso.

La brita ministro de eksterlandaj aferoj, Austen Chamberlain, en la komenco de 1927 en diplomatia noto al la soveta registaro postulas finon al la sovetia propagando direktita al Britio, kaj al la sovetia subteno al la revoluciuloj en Azio. Austen Chamberlain estis pli aĝa frato de Neville Chamberlain, kiu poste kiel ĉefministro de Britio iĝos konata pro sia politiko de cedado al Hitlero.

Tuj post la noto de Austen Chamberlain "nia respondo al Chamberlain" iĝas konstanta titolo por ĉiaj kampanjoj kiuj celas fortigi la defendon de Sovetio. Post la murdo de Vojkov ĉiaspecaj metiistaj kaj aliaj grupoj aliĝas al la fortostreĉo, inter ili ankaŭ frizistoj en la norda parto de Leningrado, kiel rakontas *Krasnaja gazeta* la 27-an de aŭgusto:

Frizistoj al Chamberlain

La kunlaborantoj en la frizejoj en la Viborga distrikto decidis labori en sia libera tago favore al la fondaĵo "Nia respondo al Chamberlain". Por ĉi tiu celo en la lundo, la 29-a de aŭgusto ĉiuj frizejoj en la Viborga distrikto estos malfermitaj, kaj la tuta neta enspezo de ĉi tiu tago iros al la konstruado de la aviadilo La Ruĝa Municipa Laboristo".

Sed Sovetio iras al daŭre novaj venkoj ne nur sur la milita fronto, oni povas legi en *Krasnaja gazeta* la 11-an de septembro 1927:

Nova venko por la sovetia alumeto

La nordokcidenta alumeta trusto, kiu lastatempe sendis la unuan liveron de alumetoj al Anglio, post mendo de angla firmao, ricevis oficialan konfirmon pri nova venko por la sovetia alumeto.

En la alventago de la alumetoj al Londono ilin senprokraste inspektis reprezentantoj de la angla firmao, kiu faris la mendon. La trusto ricevis la informon, ke la kvalito de la alumetoj, la aspekto de la skatoleto, la surfaco kaj la pakado de la alumetoj estis rekonita kiel bona kaj tute akceptita de la angloj.

* * *

La 1920-aj jaroj estas en multaj manieroj absurda tempo en Sovetio, ĉar neniu scias, kien la lando survojas. Ĉu por imponi la anglojn oni fabriku altkvalitajn alumetojn – aŭ militaviadilojn? Kio okazis al la komunisma utopio, al la monda revolucio, al la baldaŭa forvelkado de la ŝtato? Ĉu bonaj komunistoj povas aĉetumi en privata butiko? Kaj se ne, kial la sola permesita partio do permesas privatajn butikojn? Neniu scias. Eĉ ne la partio mem, ĉar kiel ajn stranga tio ŝajnas, ene de la partio daŭre troviĝas pli ol unu opinio. Sed tio baldaŭ ŝanĝiĝos.

Dum ĉi tiu tempo la elmigrinta monarkiista gvidanto Vasilij Ŝulgin lasas kontrabandi sin al Sovetio, kie li sub falsa nomo vizitas ankaŭ Leningradon. Por ke oni ne rekonu lin, li kreskigis al si barbon kaj havigis vestaĵojn, kiuj laŭ lia imago devus esti nerimarkeblaj. Sed en Leningrado li vidas, ke la revolucia modo ne plu validas. Dum NEP denove eblas aĉeti ĉiaspecajn vestaĵojn, kaj jam pasis la kaoso de la interna milito – ne plu necesas vesti sin kiel revoluciulo por eviti malagrablan atenton, prefere male:

"La tramo preterflugis sur la ponto, kaj dum momenteto la homoj en ĝi scivole rigardis 'lastan mohikanon', kiu sola marŝis ĉe la barilo, komisarecan viron en altaj botoj, rajdpantalono kaj blua kepo kun flava viziero. Tiu malnovmoda ulo, kiu daŭre sekvas la eluzitajn ordonojn de la komunismo, estas mi. Kia ironio de la sorto."

Ŝulgin konstatas, ke la plej multaj aferoj nun dum la NEP-politiko statas preskaŭ kiel en la malnovaj tempoj, nur iom pli malbone.

"Mi marŝis sume jam eble dek kvin kilometrojn, kaj ne plu havis fortojn. Kun granda ĝuo mi eniris la tramon 2, kiu veturadis ĉi tie jam en praaj tempoj. Baldaŭ la tramo iĝis plenplena, iu virino pendis super mia kapo, sed ĝenerale ĉio estis tute civilizita, neniuj skandaloj, neniuj krudaj vortoj, ĉio estis proksimume kiel antaŭe. Nur ke la homoj estis multe pli malriĉaj, pli simplaj, pli malbone vestitaj."

En vendejego eblis aĉeti ĉion, kion oni deziris, se oni havis la monon, li rimarkis.

"Eĉ ikonoj estas vendataj. En kostaj ŝirmiloj. Kaj krucoj, kian ajn oni volas. Malbonas nur, ke foje en la sama butiko oni havas en la dekstra fenestro ikonojn kaj ĉiaspecajn preĝejajn aĵojn, kaj en la maldekstra fenestro ĉiajn kvinpintajn stelojn, ruĝajn flagojn kaj ĉion tian komunisman, kion oni same fabrikas el oro kaj brokaĵo."

Ŝulgin vizitas ankaŭ sukeraĵejon, kie ĉio estas preskaŭ kiel antaŭe.

"La pargeto estis bone ŝlifita kaj la fraŭlinoj puraj kaj bele vestitaj, kiel ili devas en tiaj ejoj. Ili donis al ni tre bonan kafon kun tre bonaj bakaĵoj, kontraŭ tute senhonta prezo: la tuto kostis ĉirkaŭ unu rublo kaj duono. En ĉi tiu respubliko oni vere ne hontas preni pagon." Sed bedaŭrinde mi vidis neniujn laboristojn aŭ kamparanojn ĉe la marmoraj tabloj. Ĉiuj vizitantoj ŝajnis esti iaspecaj rafinitaj spekulantoj."

Ŝulgin devas memorigi sin pri tio, ke ĉi tio daŭre estas la malamata Sovetio, ne la iama cara Rusio, kien li sopiras. Malantaŭ la relative bonfarta fasado daŭre gvatas la sekreta polico de la bolŝevistoj.

La 25-an de aŭgusto *Krasnaja gazeta* publikigas tutpaĝan artikolon el la ĉeforgano de la partio, *Pravda*, kun la titolo "Interparolo de kamarado Trockij kun usona delegitaro". La dua estro de la revolucio, la kreinto de la Ruĝa Armeo, Lev Trockij jam perdis sian potencon kaj troviĝas en opozicio al Stalino, sed en aŭgusto 1927 liaj vidpunktoj daŭre povas aperi en la gazetaro, eĉ se *Krasnaja gazeta* sur la apuda paĝo presas klarigan tekston el *Pravda*, kiu konstatas ke Trockij eraras en pluraj decidaj punktoj. Kelkajn tagojn poste la gazeto aperigas la artikolon "Interparolo de kamarado Stalino kun usona laborista delegitaro" kun la ĝustaj respondoj al la demandoj de la usonanoj.

Dum la aŭtuno de 1927 Stalino sufokas ĉian restantan opozicion en la partio, kaj proksimas ankaŭ la fino de NEP. La partio opinias, ke la aĉetprezo de greno estas tro alta kaj malpermesas "spekuladon", kio en la praktiko signifas ke privata komercado iom post iom estas abolata. Ankaŭ la familio Saviĉev baldaŭ estos devigita fermi sian bakejon en la angula domo ĉe Granda avenuo, kaj kiel iamaj kapitalistoj ili poste perdos siajn civitanajn rajtojn. Tio signifas, ke la infanoj ne rajtas studi en altlernejoj, sed antaŭ ĉio, ke la familianoj trovas sin en la plej malalta kategorio de la reenkondukita porciuma sistemo. Ili apenaŭ havas ion por manĝi, kiam la nuligo de la merkata ekonomio kaj la konfiskado de greno ĉe kamparanoj ankoraŭfoje kaŭzas amasan malsaton. Kvazaŭ tio ne sufiĉus, la familio estas ekzilata el Leningrado kiel iamaj kapitalistoj, sed fine tamen sukcesas reveni al la apartamento ĉe Dua linio. La plej juna filino de la familio, Tanja Saviĉeva, naskiĝas en januaro 1930.

Ankaŭ en preĝejo Sankta Mikaelo ĉe la la angulo de Meza avenuo la fino de la 1920-aj jaroj signifas grandajn ŝanĝojn. Tuj post la revolucio la ŝtato konfiskis la konstruaĵon, sed la luterana paroĥo rajtis ĝisplue uzi ĝin. La paroĥo tiam devis elekti "dudekopon", administran komitaton el dudek personoj. Tiuj, kiuj lasis sin elekti, prenis konscian riskon – la aŭtoritatoj pludonis la nomliston al la laborejoj de la dudekopanoj, kio povis signifi perdon de la posteno – aŭ pli malbonajn aferojn.

— 39 —

En januaro 1929 la partio decidas intensigi la kontraŭreligian laboron. En septembro de la sama jaro oni forigas la tagojn de la semajno – jam ne plu ekzistos lundoj, mardoj aŭ ĵaŭdoj, kaj precipe ne ekzistos dimanĉoj. Anstataŭe ĉiuj laboros kvar tagojn kaj estos liberaj en la kvina tago. La ripoztago ne estas komuna por ĉiuj – tio laŭdire efikigas la uzon de la produktrimedoj kaj tiel ebligos realigon de la unua kvinjara plano en kvar jaroj. En la ĉiutaga vivo la aranĝo antaŭ ĉio kaŭzas, ke amikoj kaj eĉ familianoj malofte renkontiĝas, ĉar ĉiuj havas malsamajn ripoztagojn. Post kelkaj jaroj oni ŝanĝas la sistemon tiel, ke ĉiuj laboras la samajn kvin tagojn kaj la sesa tago estas komuna ripoztago. Sed daŭre ne ekzistas dimanĉoj – la semajno ja longas nur ses tagojn. Por ne devi ŝanĝi la kvanton de tagoj en monatoj oni jen kaj jen enmetas supertagojn, kiuj ne estas parto de la sestagaj semajnoj.

Eĉ la solenadon de novjaro oni nun ekopinias religia festo, la vendado de novjaraj abioj estas ĉesigita, kaj tiuj, kiuj tamen kuraĝas havigi abion, faras tion sekrete kaj festas malantaŭ fermitaj kurtenoj. Sed antaŭ ĉio oni kompreneble suspekteme kontrolas la ankoraŭ ekzistantajn religiajn grupojn, inter tiuj ankaŭ la luteranojn en preĝejo Sankta Mikaelo. La germanlingva paroĥo nun estas kunigita kun ruslingva luterana paroĥo, ĉar jam restas malmultaj germanoj. Sed ankaŭ la ruslingvaj luteranoj kutime havas germanajn radikojn, kaj tial estas duoble suspektindaj en la okuloj de la sovetia sekreta polico.

Ĉar ĉiu dimanĉo estas ordinara labortago por kvar el kvin paroĥanoj, oni nun aranĝas la diservojn en la vespero. Tamen ne multaj povas aŭ kuraĝas veni, kaj la diservoj iĝas intimaj kunvenoj. Tiel ankaŭ en preĝejo Sankta Mikaelo ĉe la strato de Tanja. La nova pastro, Kurt Muss, ne plu predikas el la alta katedro, sed staras sube inter la benkoj, proksime al la paroĥanoj.

Jam en 1922 Kurt Muss, kiu tiam ankoraŭ nur studas teologion, estis arestita kaj kondamnita al tri jaroj en punlaborejo. En 1926 li sukcesas reveni al Leningrado, kaj en marto 1927 li pastriĝas. Ekde la printempo de 1929 li laboras kun infanoj kaj junuloj en preĝejo Sankta Mikaelo, kvankam tio nun estas oficiale malpermesita – nur plenkreskuloj rajtas partopreni religiajn aktivaĵojn, la infanojn oni ne lezu. Sed tiun paragrafon Kurt Muss decidas ignori. La paroĥo aranĝas interalie somerajn tendarojn por infanoj el senrimedaj familioj kaj donas al ili metian trejnadon. Kurt Muss multe parolas pri tio, ke oni spite la kreskantan persekutadon de kredantoj ne kaŝu sian kredon. Tiel oni apartigas la bonan grenon disde la grenventumaĵo, li opinias. Li eĉ mendas malgrandajn insignojn kun literkombino el la unuaj vortoj de germana psalmo: "Ĝis la morto ni kredos je Li".

La insignojn oni disdonas al novaj paroĥanoj lige kun la konfirmacio, kaj multaj portas ilin malferme. Tion faras ankaŭ Kurt Muss mem en la sola konservita foto de li. En la studia portreto la iom pli ol tridekjara viro kun zorge kombita hararo rigardas kun serioza sed esperplena mieno rekte en la fotilon, tra siaj bone poluritaj, senkadraj okulvitroj. Li apogetas la mentonon sur sia dekstra mano, la maldekstran li metis en la poŝon de la pantalono. Li estas vestita en bonorda nigra kompleto, blanka ĉemizo kun amelita kolumo kaj stile nodita unukolora kravato. El la poŝo de la veŝto pendas leda horloĝa bendo kun metala ornamaĵo, kaj sur la faldo de la jako li havas la elegantan insignon kun kvar literoj kaj emblemo, kiu ne klare videblas en la foto.

La enigma literkombino iĝas graviga indico, kiam Kurt Muss kaj pli ol 80 aliaj paroĥanoj estas arestitaj en decembro 1929. Kurt Muss estas kondamnita al dek jaroj en punlaborejo pro "gvidado de kontraŭrevolucia organizaĵo, kiu prilaboris junulojn en kontraŭsovetia spirito". Ankaŭ pluraj aliaj paroĥanoj estas kondamnitaj al pli mallongaj punoj.

La plej multaj el ili travivas, eĉ se multaj neniam plu kuraĝas reveni al Leningrado. Kurt Muss estas unue sendita al la fifama koncentrejo en la malnova monaĥejo en la Solovecaj insuloj, kien la bolŝevistoj komencis sendadi siajn kontraŭulojn jam en 1923. Li estas poste movita al diversaj punlaborejoj, ĝis li dum la granda teroro en 1937 estas mortkondamnita kaj ekzekutita. Li eble estas la unua paroĥano el la preĝejo ĉe la strato de Tanja, kiu devas morti pro sia kredo, sed apenaŭ la lasta.

La paroĥo plu ekzistas ankoraŭ plurajn jarojn post la razioj de 1929. Tiuj, kiujn oni arestis tiam, ankoraŭ kredis, ke ĉio aranĝiĝos, se nur ili rakontos la veron. Ili ja efektive ne estis membroj de iu subtera kontraŭrevolucia organizaĵo, ili mem opiniis. En propramane skribitaj atestoj la akuzatoj malferme rakontas pri la someraj tendaroj kaj cetera agado de la paroĥo – tie ja estas nenio kaŝinda, ili ŝajne pensas.

Kiam la granda teroro venos, neniu plu interesiĝos pri tio, kion la arestitoj povas rakonti. La plano ja devos esti plenumita, kaj ĝi difinas, kiom da homoj estu ekzekutitaj kaj kiom kondamnitaj al punlaboro.

Sed tio estas alia historio, kiu venos poste. En 1927 la plej multaj ankoraŭ kredas, ke la estonteco estas luma. La dekjariĝo de la revolucio la 7-an de novembro estas festata kun muziko, spektakloj kaj artfajraĵoj sur Nevo. Reprezentantoj de la enpartia komunisma opozicio, kiuj provas partopreni la solenaĵojn kun siaj propraj sloganoj, estas atakataj. Grupoj de homoj ĵetas pecojn de glacio, terpomojn kaj lignoŝtipojn kontraŭ la opoziciaj manifestaciantoj kaj krias: "Batu la opozicion! For la judan opozicion!"

Ĉiuj havu la saman opinion. Tiun, kiun havas la kartvelo Stalino, kaj definitive ne tiun de lia plej danĝera kontraŭulo, la judo Trockij.

❖

1937

La granda teroro

La unua tago de januaro 1937 estas nekutime varma en Leningrado, tutaj kvar plusgradoj meze de la tago. Nur meze de januaro la frosto atakas, kun pli ol dek minusaj. Fine de la monato la temperaturo falas sub dudek minusgradojn. Nokte la steloj klare brilas, sed la aero ne kalmas. La ventoj fortas en Vasilij-insulo.

Eĉ pli severaj estas la ventoj en la politiko. Post la murdo de la partiestro de Leningrado, Sergej Kirov, en decembro 1934, la sekreta polico de Stalino serĉas kaj trovadas malamikojn, spionojn kaj danĝerajn opoziciulojn ĉie. En la unua Moskva proceso en 1936 Grigorij Zinovjev, Lev Kamenev kaj pluraj aliaj antaŭaj opoziciuloj estas per torturo devigitaj konfesi, ke ili starigis "unuigitan trockisman-zinovjevisman centron", teror-organizaĵon kun la celo kapti la potencon en la lando. Ĉiuj dek ses akuzatoj estas poste mortkondamnitaj kaj ekzekutitaj.

Tio estas nur la komenco. La 5-an de aŭgusto 1937 komenciĝas la granda teroro. Tiam ekvalidas la ordono numero 00447 de NKVD, kiu estis subskribita la 30-an de julio 1937. La ordono de la sekurservo titoliĝas "Pri operaco de subpremaj paŝoj kontraŭ antaŭaj kulakoj, krimuloj kaj aliaj kontraŭsovetiaj elementoj" kaj ĝi enhavas detalan planon pri tio, kiom da homoj estu malliberigitaj kaj ekzekutitaj en ĉiu unuopa regiono de Sovetio. La kvoto por Leningrado estas 4 000 ekzekutoj, sed la rezulto estos dekoble tiom. Ĉi tiun fojon ja estas facile superi la planon, kaj tion ĉiuj en Sovetio ĉiam strebas fari jam ekde la unua kvinjara plano de 1928, kiu devis esti plenumita en kvar jaroj.

La aŭtoj de la sekreta polico veturadas kiel navedoj, sed la malliberejoj baldaŭ iĝas plenŝtopitaj, kvankam la kortumoj stampas mortkondamnojn en industria takto. Tial daŭras ĝis unu nokto en la komenco de marto 1938, kiam nigra aŭto haltas antaŭ la domo ĉe Dua linio 7, kia la trijara Korina Klodt loĝas kun siaj gepatroj Alisa kaj Vladimir, kun sia avo kiu estas tajloro, kaj kun du fratinoj de la avo. La familio havas tri ĉambrojn en apartamento sur la kvara etaĝo.

Korina Klodt ne memoras, kiel la nigre vestitaj viroj eniris. La gepatroj ne protestis al la NKVD-anoj, sed klopodis silenti, kaj ŝi vekiĝis nur, kiam ili jam estis elirontaj.

– Estis meze de la nokto, ĉiuj ja estis arestataj nokte. La ĉambro, kie mi loĝis kun miaj gepatroj, havis fenestron al Dua linio. Avo havis ĉambron kun fenestro al la korto. Kaj estis tria ĉambro, kie liaj fratinoj loĝis. Mi kredas, ke li kudris en sia ĉambro. Mia lito ne estis precize ĉe la pordo, sed oblikve kontraŭ ĝi. Supozeble aŭdiĝis iu bruo, kiu vekis min. Mi estis trijara, kaj mi vekiĝis, ĉar la lumo estis ŝaltita meze de la nokto. Mi verŝajne komencis plori, ĉar mi vidis fremdajn, nigre vestitajn virojn. Miaj gepatroj jam estis vestitaj, ili eble forirus silente se mi ne vekiĝus. Panjo diris: "Korinjo, faru kiel avo diras, ni revenos baldaŭ." Tio estas ĉio, kion mi memoras.

La frua memoro supozeble estas influita de tio, kion la avo de Korina rakontis poste, sed estas fakto, ke la Alisa kaj Vladimir estis forportitaj de la sekreta polico la nokton de la 3-a de marto 1938. Post tio Korina neniam plu vidis siajn gepatrojn. Baldaŭ ŝi forgesis kiel ili aspektis, ŝi forgesis iliajn nomojn, ŝi preskaŭ forgesis, kio okazis en tiu stranga nokto en marto, pri kiu la avo apenaŭ volis paroli.

– Post tio la avo prizorgis min, kaj unu el liaj fratinoj. La alia fratino laboris en malsanulejo ie proksime. Oni nenion konfiskis ĉe ni, eble eĉ ne estis traserĉado, ĉar matene ĉio aspektis kiel kutime. Krom ke forestis miaj gepatroj. Kaj mi kredas ke mia avo kaj liaj fratinoj faris ĉion, por ke mi ne pensu pri tio. Infanoj ja rapide forgesas.

La patrino de Korina, Alisa Klodt-Kuskul, havis estonan devenon sed naskiĝis en Sankt-Peterburgo en 1907. Ŝi frekventis la germanlingvan lernejon Petrischule, kaj tie ŝi renkontis sian estontan edzon. Kiam ŝi estis arestita, ŝi estis 31-jara kaj ne havis fiksan dungon. Ŝi helpis sian patron, kiu estis tajloro, kaj prizorgis Korina. Krome ŝi pli frue kantis en la ĥoro de la luterana preĝejo Petri-Kirche ĉe Nevkij prospekt, sed la preĝejo estis fermita en 1937. Ambaŭ pastroj, la fratoj Paul kaj Bruno Reichert, estis arestitaj, mortkondamnitaj kaj ekzekutitaj. La historia preĝejo ĉe la ĉefstrato de la urbo estis poste uzata kiel legomtenejo.

La patro de Korina, Vladimir Klodt, havis germanan fonon, sed kreskis en Sankt-Peterburgo, kie li naskiĝis en 1908. Liaj gepatroj mortis frue, kaj kiam li estis infano, lin prizorgis lia onklino. Post la lernejo li studis por iĝi libroteisto, kaj poste estis dungita ĉe ŝtata lampfabriko, kie li prizorgis la kontojn.

Supozeble ili estis arestitaj pro la etna deveno – por trafi la liston de suspektindaj eksterlandanoj sufiĉis havi fremdsonan nomon, aŭ simple scii fremdan lingvon.

Ankaŭ la mil laboristaj esperantistoj de Leningrado, pri kiuj rakontis *Krasnaja gazeta* dek jarojn pli frue, estis en danĝero – ili ja havis eksterlandajn kontaktojn, eĉ se la plej multaj rapide ĉesigis ajnan korespondadon kun eksterlando tuj, kiam tio iĝis riska. La samo validis ankaŭ pri filatelistoj kaj ĉiuj aliaj, kiuj havis ajnan kontakton kun eksterlandanoj.

La 14-an de oktobro la gepatroj de Korina estis mortkondamnitaj pro krimoj kontraŭ la paragrafoj 58-6, 58-8, 58-9 kaj 58-11 de la krimnala kodo de la Rusia Socialisma Soveta Respubliko. La tri unuaj, rutine aplikitaj paragrafoj signifis, ke la "kortumo" trovis ilin kulpaj pri spionado, teroro kontraŭ la soveta potenco kaj kontraŭrevolucia sabotado de komunikoj aŭ de akvoprovizado. La paragrafo 58-11 dekretas, ke preparado de la menciitaj krimoj estas punata egale al realigo de la sama krimo. Laŭ la kortuma konkludo la gepatroj de Korina estis "membroj de germana naciisma spiona kaj sabota organizaĵo kaj agentoj de la germania sekurservo".

Alisa Klodt-Kuskul kaj Vladimir Klodt estis ekzekutitaj la 22-an de oktobro 1938, sed tion Korina Klodt eksciis nur dudek jarojn pli malfrue, post la morto de Stalino. Daŭre ne estas sciate, kie ili estis enterigitaj, sed en 2015 Korina Klodt partoprenis ceremonion, dum kiu du simplaj memortabuletoj kun iliaj nomoj estis fiksitaj ĉe la stratpordo de Dua linio 7. "Rehabilitita 1958", estas skribite sur ambaŭ tabuletoj. En tiu jaro la milita tribunalo en Leningrado konstatis, ke Alisa Klodt-Kuskul kaj Vladimir Klodt estis senkulpaj pri la imputitaj krimoj.

Poste ankoraŭ unu tabuleto estis fiksita apud la stratpordo, memore al Stanislav Stankeviĉ, kiu loĝis en la teretaĝo de la sama domo. Li estis arestita la 5-an de oktobro 1937, supozeble ĉar li havis polajn radikojn, kaj ekzekutita jam naŭ tagojn poste, mortkondamnita pro spionado, sabotado kaj kontraŭsovetia propagando. Li aĝis 42 jarojn.

Pli alte en la sama domo loĝis la 53-jara Ivan Akimov, kiu estis ĉarpentisto ĉe la teatro Kirov. Lin oni arestis la 10-an de decembro 1937, mortkondamnis pro kontraŭsovetia propagando la 25-an de decembro, kiam la tuta okcidenta mondo estis festanta kristnaskon, kaj ekzekutita la 28-an de decembro. Li ne havas memortabuleton, ĉar neniu postvivanto mendis tian.

La arestoj ĉe la strato de Tanja komenciĝis jam en aŭgusto 1937 kaj daŭris kun varia intenso ĝis julio 1938. En la angula domo ĉe Dua linio 13, kie la familio Saviĉev iam havis sian bakejon kaj daŭre loĝis, oni arestis du personojn kiuj estis poste mortkondamnitaj. Unue venis la vico de la estonoj, poste tiu de la poloj. NKVD, la sekreta polico, sisteme tralaboris la listojn. La 40-jara Alfred Püvi estis membro de la partio ekde 1919 kaj estis mem serĝento de NKVD. Tio ne helpis lin. Li estis naskita en Estonio, kaj sekve kompreneble estonia spiono. Li estis arestita inter la unuaj la 13-an de aŭgusto, mortkondamnita pro ŝtatperfido kaj ekzekutita la 11-an de novembro.

Lia najbaro, la 37-jara fabrika laboristo Valeria Morĥat-Gorbovskaja, havis polajn radikojn kaj loĝis en apartamento 3 en la teretaĝo de la domo de Tanja. Ŝin la nigra aŭto prenis la 1-an de septembro. La 2-an de novembro ŝi estis mortkondamnita pro spionado kaj la 10-an de decembro ekzekutita.

La iama posedanto de la bakejo, Nikolaj Saviĉev, almenaŭ ne bezonis timi ke oni arestos lin kiel kapitalistan ekspluatanton. Li ĝustatempe mortis pro kancero en la printempo de 1936, en la aĝo de 52 jaroj. La bakejon oni ja jam pli frue naciigis kaj dum iom da tempo la "kapitalista familio" estis ekzilita el la urbo. La plej juna infano de la familio, Tanja, estis sesjara kiam ŝia patro mortis.

Nur en la strato de Tanja almenaŭ 79 homoj estis mortkondamnitaj kaj ekzekutitaj dum la jaroj 1936–38. La strato estas 1,5 kilometrojn longa, do mezume estis unu mortkondamnito ĉiun dudekan metron. Proksimume unu mortkondamnito en ĉiu domo.

Inter la plej junaj estis la 23-jara studento Lev Izrailit. Li studis en la instituto de komunikado, kiu daŭre ekzistas, apud preĝejo Sankta Mikaelo, kaj loĝis en studenta ĉambro en la sama konstruaĵo. Lin la sekreta polico prenis la 14-an de oktobro. Li estis mortkondamnita pro ŝtatperfido kaj pafita la 24-an de novembro.

Inter la plej aĝaj estis la 61-jara pensiulo Stanislav Baranovskij, kiu loĝis en domo numero 1, la angula domo ĉe Parko de Rumjancev, tuj apud la Artakademio. Lia malbonŝanco estis, ke li naskiĝis en Vitebsk en Belorusio kaj havis polaj radikojn. Tial oni mortkondamnis lin pro ŝtatperfido kaj ekzekutis la 24-an de novembro 1937.

Handikapo ne malhelpis iĝi ŝtatperfidulo. La handikapita 55-jara pensiulo Jekaterina Britova loĝis en Dua linio 42 kaj estis arestita jam en 1935, suspektata pro ŝtatperfido – eble pro tio, ke ŝi pli frue estis la ĉefo de la oficira manĝejo de la aerarmeo. Tiam oni mortkondamnis ŝin, sed la puno estis ŝanĝita al dek jaroj en punlaborejo. Kiam ŝi jam trairis du jarojn el sia puno, la verdikto estis ŝanĝita denove, ĉar la ordono de NKVD pri "operaco de subpremaj paŝoj" dekretis, ke ankaŭ tiaj malamikoj de la popolo, kiuj jam pli frue estis arestitaj, nun estu ekzekutitaj. La 1-an de oktobro 1937 ŝi estis pafita en la karelia urbo Kem ĉe la Blanka maro.

Unu el la germanoj, kiujn NKVD trovis ĉe la strato de Tanja, estis la 42-jara Aleksandr Muss. Li loĝis ĉe Dua linio 39, laboris kiel tradukisto en la teknika sekcio de la kablofabriko Sevkabel, kaj estis arestita la 4-an de novembro. Aleksandr Muss kredeble estis malproksima parenco de la pastro Kurt Muss, kiu estis arestita jam ok jarojn pli frue. La saman tagon en kiu Aleksandr Muss estis arestita, Kurt Muss estis ekzekutita en punlaborejo en Karelio. Tri semajnojn poste estis ekzekutita ankaŭ Aleksandr Muss.

* * *

Kio do en nur kelkaj jaroj tiom ŝanĝiĝis en la socio, ke oni nun subite povas esti mortpafita pro malĝusta familia nomo?

Preskaŭ ĉio.

Per lerta manovrado Stalin rapide neniigis ĉian opozicion en la partia gvidantaro kaj kolektis la potencon en siaj propraj manoj. La nova ekonomia politiko, kun ecoj de merkata ekonomio, estis abolita kaj anstataŭita per kvinjaraj planoj, kiuj celis urĝe industriigi la landon per konstruado de peza industrio unuavice por la bezonoj de la defendo. La rimedojn por la investoj oni havigis konfiskante la posedaĵojn de la kamparanoj kaj devigante ilin aligi al kolektivaj bienoj. La rikolton prenis la ŝtato, kaj la granda kampara loĝantaro devis malsati dum greno estis eksportata al la okcidento por havigi pli da valuto por investoj.

En Leningrado la privataj butikoj rapide malaperis – la impostoj kaj aliaj devigaj pagoj estis altigataj ĝis la posedantoj rezignis.

Natalja Soboleva, kiu estis klaskamarado de Tanja Saviĉeva fine de la 1930-aj jaroj, loĝis preskaŭ najbare kun ŝi, en Dua linio 3. Ŝia avo antaŭ la revolucio estis komercisto, kaj dum kelka tempo en la 1920-aj ŝia patrino havis bakejon. Sed poste venis fino al la nova ekonomia politiko. Natalja Soboleva memoras, kion ŝia patrino rakontis, kiam ŝi estis malgranda:

– Ili sukcesis starigi malgrandan entreprenon kiam NEP komenciĝis. Mia patrino gajnis monon, ŝi eĉ povis aĉeti malgrandan germanan kudromaŝinon. Ne estis granda butiko, sed ja bakejeto. Tio tamen daŭris nur kelkajn jarojn, poste venis la fino. Ĉiun monaton ili altigis la imposton, poste ili altigis ankoraŭ pli, kaj eĉ pli. Panjo tiam estis juna kaj bela. Ŝi iris al inspektisto kiu ŝajnis simpatia kaj demandis, kion ili faras. "Ni ja vivtenas nin per ĉi tio, ni havas ok infanojn por prizorgi, kion ni faru?" ŝi demandis. La inspektisto respondis: "Precize tion ni ja volas, ke vi ne vivtenu vin per ĉi tio. Nia celo estas ruinigi vin ekonomie, ĉu vi ne komprenas tion?" Tiam la kudromaŝino kaj ĉio alia jam estis konfiskita por pagi la imposton. Nenio restis de la entrepreno.

La plej multaj loĝantoj de Leningrado tamen iel sukcesis vivi eĉ sen la privataj butikoj kaj aliaj entreprenoj, sed manko de ĉiaspecaj veroj denove iĝis la normala stato de la aferoj, kaj tiel daŭros ĝis la disfalo de Sovetio.

La porciuma sistemo signifis, ke la urbanoj momente ne bezonis malsatmorti, eĉ se la nutraĵoj estis malmultaj kaj senvariaj. En la kamparo, kie pli ol duono el la loĝantaro de Rusio daŭre loĝis, la situacio estis multe pli malbona. Post kiam privataj bienoj estis abolitaj en 1930–1931, la kamparanoj ne plu rajtis libere vendi sian rikolton al tiu, kiu proponis la plej bonan prezon. Ili jam ne havis kialon strebi produkti aparte multe pli ol ili mem bezonis – ĉio ja ĉiel estos konfiskita de la stato. La plej sukcesajn bienulojn oni krome nomis kontraŭrevoluciaj "kulakoj" kaj ekzilis al foraj, neloĝataj regionoj.

La deviga kolektivigo de la terkulturo komprenebe kaŭzis protestojn kaj ribelojn. Per la deportado de potencialaj kontraŭuloj oni montris al ĉiuj aliaj, kio okazos, se ili ne "libervole" aliĝos al la kolektivaj bienoj. Nur dum la jaroj 1930 kaj 1931 estis deportitaj almenaŭ 1,8 milionoj da kamparanoj.

La rezulto de tiu politiko komprenebe estis, ke la rikoltoj ŝrumpegis. Tamen la ŝtato insiste sekvis la planojn kaj konfiskis de la novaj kolektivaj bienoj tiom da greno, kiom estis preskribite. La sekvo estis vasta malsatego en la terkulturaj regionoj de Ukrainio, en norda Kaŭkazio kaj en grandaj partoj de centra Rusio. Oni taksas ke inter ses kaj ok milionoj da kamparanoj malsatmortis dum la jaroj 1932–33. La loĝantaroj de tutaj vilaĝoj formortis, ĉar la kompleta rikolto estis konfiskita kaj la armeo malhelpis la vilaĝanojn proksimiĝi al la urboj, kie estis manĝaĵoj. Kiam trajnoj el Moskvo al Kievo veturis tra la malsatanta regiono oni fermis la kurtenojn.

Tiel la pasaĝeroj ne vidis la skeletsimilajn kamparanojn, kiuj staris ĉe la fervojo, esperante je panpeceto. Samtempe trajnoj plenaj de greno plu veturadis al okcidenta Eŭropo por doni al Sovetio eksportajn enspezojn por la industriigo.

Lige kun la deviga kolektivigo de la terkulturo komence de la 1930-aj jaroj estis enkondukitaj ankaŭ la car-epokaj enlandaj pasportoj. En la pasporton oni stampis la lokon de loĝregistriĝo, kie oni rajtis vivi kaj labori. La kamparanoj, kiuj loĝis en la novkreitaj kolektivaj bienoj, ne ricevis pasportojn kaj ne rajtis forlasi sian loĝlokon sen aparta permeso. Tiel Stalino en la praktiko reenkondukis la servutecon, kiun Aleksandro la 2-a forigis en 1861. Nur en la 1970-aj jaroj la kampara loĝantaro ricevos la saman rajton kiel la urbanoj, libere vojaĝi ene de Sovetio.

Fortigante la subpremon Stalino volis certigi, ke malkontento en grandaj popoltavoloj ne povu minaci lian aŭtokratan regadon kaj ke veraj aŭ elpensitaj malamikoj ne povu saboti lian grandan industriigan projekton. La disvastiĝinta spionomanio en Sovetio eble ne estis tute senkiala en la 1920-aj jaroj. Ja estis vero, ke dum la interna milito aliaj landoj faris diversajn fortostreĉojn por faligi la sovetan registaron. En la 1930-aj jaroj la paranojo tamen perdis ĉiajn proporciojn, kiam laborantoj en la sekurservoj, esperante mem eviti suspektojn, konkure inter si malkaŝadis laŭeble multajn asertatajn spionojn kaj sabotantojn.

Samtempe oni povis en la ĵurnaloj legi pri la nova, Stalina konstitucio, "la plej demokratia en la mondo", kiu ekde decembro 1936 garantiis egalajn rajtojn al ĉiuj sovetiaj civitanoj. Eĉ pastroj kaj eksaj nobeluloj nun ricevis la balotrajton. Kompreneble oni ne povis elekti, ĉar estis nur unu listo por kiu oni povis voĉdoni – tiu de la komunista partio – sed oni ja rajtis baloti. La 23-an de oktobro 1937, dum daŭris la amasaj arestadoj kaj ekzekutadoj, la loka partia gazeto *Leningradskaja Pravda* sur sia unua paĝo rakontis pri la okazanta elektokampanjo:

Kun enorma entuziasmo publikaj kunvenoj de laboristoj kaj oficistoj en la plej grandaj entreprenoj de la Kirov-distrikto al la sekreta balotado pri deputito de Sovetio kandidatigis la estron de la popolo, la kreinton de la plej demokratia Konstitucio en la mondo, kamaradon Stalino.

La anoncoj pri privataj bakejoj, kuracistaj servoj kaj butikoj ne plu aperas en la ĵurnaloj. Anstataŭe oni povas en *Leningradskaja Pravda* legi anoncon de LENOKOGIZ, la Leningrada gubernia sekcio de la unuiĝo de ŝtataj eldonejoj, por luksa kolekto de 21 duflankaj gramofondiskoj kun prelego de Stalino pri la projekto de la nova konstitucio de Sovetio, "la plej demokratia en la mondo".

"Iĝis pli bone vivi, iĝis pli ĝoje vivi, kamaradoj. Kaj kiam oni vivas ĝoje, la laboro iras bone", la granda Stalino diris en unu el siaj senfinaj paroladoj. Kaj en la sama spirito esprimas sin dekoj da "ordinaraj Leningradanoj", kiam ili sojle al la dudekjara jubileo de la revolucio en *Leningradskaja Pravda* rakontas, kiel multe pli bona ilia vivo estas pro la revolucio. La militisto A. Lobaĉov rakontas, ke li naskiĝis ekster geedzeco, devis eklabori en drinkejo kiel sepjarulo, kaj ne lernis legi. Post la revolucio li ricevis lokon en infanejo kie li frekventis lernejon, kaj en 1919 li anoncis sin kiel volontulon por la Ruĝa Armeo, li rakontas, kaj daŭrigas:

Nun mi studas la lastan jaron en la militpolitika akademio Tolmaĉov. En 1925 mi edziĝis al laborista virino, filino de mineja laboristo.

Mia edzino estis analfabeto. Ŝi komencis en la alfabetiga kurso, nun ŝi finis siajn studojn en la Instituto Herzen kaj laboras kiel instruisto de historio en lernejo numero 43 en la Oktobra distrikto.

Ni havas malgrandan filinon. Ŝi estas pioniro, frekventas lernejon kaj krome ricevas instruadon pri muziko. Ŝi havas feliĉan infanaĝon – ŝi ne povas eĉ imagi la teruran infanaĝon de sia patro.

Ĉu la faŝistoj kaj iliaj helpantoj – la aĉaj trockistoj-buĥarinistoj kaj aliaj fiuloj – povas kredi, ke ni fordonos tion, kion ni atingis? Tio neniam okazos! Nian feliĉan vivon neniu povos preni de ni.

La ĝenerala lerneja instruado estis unu el la ekstreme malmultaj sovetiaj reformoj, kiuj efektive signifis plibonigon por multaj. Antaŭ la revolucio proksimume duono el la loĝantaro de Rusio estis analfabetoj, kaj la plej multaj knabinoj en la kamparo ne frekventis lernejon. Lerneja reformo estis diskutata de multaj jaroj, sed mankis konsento pri tio, kiel ĝi estu realigita kaj kie oni prenu la monon por financi ĉies senpagan instruadon. La bolŝevistoj ignoris tiajn bagatelojn. Libervola "kulturarmeo", kiu grandparte konsistis el studentoj, estis sendita al la kamparo por alfabetigi plenkreskulojn, kaj en 1932 estis enkondukita komuna, dekjara "laborista lernejo" por ĉiuj. En la fino de la 1930-aj jaroj jam preskaŭ 90 procentoj el la loĝantaro kapablas legi.

Ankaŭ la lernejaj konstruaĵoj estas parto de la defend-preparoj de Sovetio – defendo estis centra parto de la unuaj kvinjaraj planoj. En Leningrado oni ekde la komenco de la 1930-aj jaroj konstruis plurajn similajn lernejojn, kiujn oni okaze de milito povu uzi kiel militajn hospitalojn. Unu el tiuj lernejoj estas inaŭgurita aŭtune de 1937 en Vasilij-insulo, nur kelkcent metrojn de la strato de Tanja. Ĉi tie Tanja Saviĉeva kaj Natalja Soboleva ekfrekventas la unuan klason en la aŭtuno de 1938. Natalja Soboleva jam delonge atendis la lernejon, kaj ŝi daŭre memoras, kion la instruisto diris dum la unua lerneja tago.

– Ni eksciis, ke ni ĉiuj estas feliĉaj infanoj, ĉar ni rajtas vivi sub la soveta potenco kaj frekventi lernejon. Se ni vivus dum la cara tempo, ni iĝus plank-lavistoj aŭ stratbalaistoj, ni ne rajtus lerni ion ajn. Mi estis ege ĝoja kiam mi venis hejmen, kaj mi kriis: "Panjo! Paĉjo! Kiel bone, ke estas soveta potenco nun, kaj mi rajtas iri al la lernejo!" Sed mia patro rigardis al mi strange kaj diris, ke se ni ne vivus sub soveta potenco, mi rajtus frekventi la plej bonan gimnazion de Sankt-Peterburgo.

Kiam Natalja demandis kial, ŝia patro respondis, ke li estis honora civitano de Sankt-Peterburgo, ĉiuj pordoj estis malfermitaj al li.

– Sed tiam panjo komencis krii: "Fedja, kion vi diras, kion vi diras? Ne aŭskultu paĉjon!" Ĉar tio, kion li diris, estis danĝera. Ĉiuj liaj amikoj estis nobeluloj. Mi speciale memoras baronon von Franz, li havis germanajn radikojn, kaj lin ni vizitis plurfoje kiam mi estis malgranda. Sed poste venis la jaro 1937, kaj tiu lavango ekruliĝis.

Kiam Natalja estis en la dua klaso 1939, komenciĝis la vintra milito kontraŭ Finnlando. Ĝin ŝi tre bone memoras.

– Komence de decembro oni eksciis, ke komenciĝis milito. Ni tiam ankoraŭ havis neniom da neĝo ĉi tie, nur pluvis kaj pluvis, kaj la tuta urbo estis nigrumita. Kiam oni eliris, ĉio estis malluma. En nia klaso estis knabino, kies patro estis mortigita en la milito. Pereis ankaŭ la frato de iu alia. En ĉiu klaso estis unu aŭ du infanoj, kies patro estis mortigita. En tiu tempo tio ankoraŭ estis io eksterordinara, ke ies patro mortis en milito. Kaj estis tiel mallume. Iuj havis tiajn insignetojn kiuj briletis en la mallumo, ili estis el Germanio, sed ne multaj havis tiajn. La gepatroj laŭvice venis preni la infanojn el la lernejo, ili kriis: "Dua linio! Tria linio!" Foje oni povis distance aŭdi la kanonojn. Kaj subite en januaro iĝis forta frosto, akvotuboj krevis kaj la lernejo estis fermita.

En marto ni eksciis, ke la milito finiĝis. Panjo estis tiel ĝoja, kiam ŝi rakontis tion. Kaj mia frateto Boris demandis: "Panjo, ĉu nun la finnoj parolos kiel ni?"

Poste, kiam Germanio konkeris Francion kaj komenciĝis la divido de orienta Eŭropo inter Sovetio kaj la nazia Germanio, en la klaso de Natalja Soboleva aperis pola knabino.

– Ni sidiĝis, kaj la instruisto demandis al ŝi: "Kiam vi pasintfoje estis en lernejo?" Ŝi respondis: "En ĵaŭdo." Tio estis vera sensacio por ni. Ni ja ne havis ĵaŭdojn, ni havis nur la unuan tagon de la kvinopo, la duan tagon de la kvinopo... Ni estis tute konsternitaj. Kelkaj tute ne sciis, pri kio ŝi parolis, sed iu memoris, ke en Robinsono Kruso estas io tia, en la libro pri tiu ulo kiu loĝis sur izolita insulo. Tie ja estis iu Vendredo. Sed en Pollando ili plu havis ĵaŭdojn kaj vendredojn.

Tanja Saviĉeva, la filino de la bakisto, havis malfacilaĵojn en la lernejo. Tial la diligenta lernanto Natalja Soboleva ne multe interrilatis kun ŝi. Sed ili ja renkontiĝis jam kelkajn jarojn antaŭ ol ili ekfrekventis la lernejon, Natalja Soboleva rakontas.

– Estis malfacile trovi petrolon, tio estis granda problemo en la komenco de la 1930-aj jaroj. Panjo devis kunpreni min kaj mian frateton, mi estis trijara kaj li dujara. Ni marŝis longan vojon, preter la Kadetejo. Sed poste oni subite malfermis vendejon en Dua linio, tuj apud ni. Tiam mi malkovris, ke mi amas la odoron de petrolo. Eĉ pli mi ŝatis tiun enorme profundan kuvon, kiu estis plena je petrolo. La surfaco briletadis en diversaj koloroj, viola, blua, estis nekredeble bele, kaj mi volis daŭre stari tie. Tiam venis alia samaĝa knabino, kiu stariĝis apud mi. La plej multaj ja ne ŝatas la odoron de petrolo, sed ni staris tie tute sorĉitaj. Estis Tanja, kaj ankaŭ ŝi ŝatis rigardi tiun brilantan, violkoloran maron de petrolo. Mi eble estis kvarjara.

La petrolon oni bezonis por kuirado, kaj la petrolan stoveton oni povis kaze de nepra neceso uzi ankaŭ por doni iom da varmo en la loĝoĉambro, kiam la frosto estis neeltenebla, Natalja Soboleva memoras.

– Ni ja ne havis urban gason. Estis granda fornelo kun kelkaj platoj, sed por uzi ĝin oni devis havi brullignon. Kaj ĉiuj apartamentoj kompreneble estis komunaj. En nia apartamento loĝis tri familioj. Se oni fajrigu en la fornelo, oni devis havigi lignon. Sed kies vico estis uzi sian lignon? Neniu volis bruligi lignon por la aliaj, nur por si mem. Tio estis komplika. Tial oni uzis petrolan stoveton.

Pli oportune estus ja kuiri uzante primuson, ĝi estis pli rapida kaj pli pura. Sed denaturigitan alkoholon estis eĉ pli malfacile trovi ol petrolon.

– Iun fojon avino sukcesis. Sed malofte. Do ĉefe oni uzis la petrolan stoveton. Oni enverŝas duonan litron da petrolo, oni fajrigas la meĉon, kaj poste oni rigardas tra luketo kaj malgrandigas la flamon se bolas tro. Kaj la kaserolo staras tie, horon, horon kaj duonon. Foje oni portis la petrolan stoveton en nian ĉambron. La ĉambro estis humida kaj malvarma, sed kun la stoveto oni havis almenaŭ iomete da varmo.

Ĉirkaŭ 1936, kiam Natalja estis proksimume sesjara, ŝi jam estis tiel granda ke ŝi rajtis sola iri al la bakejo en la angula domo, tiu, kiu iam apartenis al la patro de Tanja, sed nun estis Kooperativa bakejo numero 211. Tiam ŝi komencis paroli iom pli kun Tanja.

– Ne estis multaj domoj inter ni, do foje mi rajtis iri aĉetumi tie. Mi kunprenis valizeton, kien mi devis meti la panon. La patro de mia avo sur la patrina flanko ja iam antaŭ la revolucio estis riĉulo, li posedis plurajn sukeraĵejojn kaj du bakejojn. Kiam mia avo edziĝis, li ricevis de sia patro unu bakejon kaj du sukeraĵejojn. Kaj la patro de Tanja ja iam posedis tiun malgrandan bakejon. Do ni parolis unu kun la alia pri la kukoj, kiujn ili vendis tie. Ŝi diris, ke la kukoj de ŝia patro estis alispecaj. Pri kukoj mi ne sciis multon, sed mi bone memoris la kringojn, kiujn mia avo bakis.

Natalja neniam renkontis la patron de Tanja, kaj ŝi neniam vizitis la loĝejon de la familio Saviĉev, kvankam ĝi troviĝis en la sama domo kiel la bakejo. La knabinoj ĉefe ludis sur la strato.

– La patro ja estis persekutita, ĉar li posedis bakejon. Li poste rajtis reveni, sed li mortis frue, jam antaŭ ol Tanja ekfrekventis lernejon. Ŝian patrinon mi vidis nur preterpase, mi supozas ke oni opiniis ŝin simpla virino, ne samnivela kun miaj gepatroj. Ni interrilatis kun la familio Lesnikov, kiu loĝis en la sama domo kiel ni. Ilia patro estis en eksterlando, en Germanio.

Dum preskaŭ du jaroj, de aŭgusto 1939 ĝis junio 1941, la nazia Germanio estis la plej proksima aliancano de Sovetio. Laŭ la pakto Molotov-Ribbentrop la du landoj dividis inter si orientan Eŭropon. Rilate Finnlandon ne ĉio iris laŭplane, sed baldaŭ Estonio, Latvio, Litovio kaj duono de Pollando estis aneksitaj de Sovetio. Natalja Soboleva memoras ke ŝi seniluziiĝis, kiam la pakto kun Germanio iĝis konata.

– Mi estis preskaŭ dekjara kaj jam legis ege multe, amason da eksterlandaj libroj pri okazaĵoj en Germanio, Francio kaj aliaj intere-

— 53 —

saj lokoj. Mi pensis, ke se iĝos milito, oni povus fuĝi trans la limon. Sed nun ili interkonsentis, do ne iĝos milito, kaj sekve ne estos ajna ŝanco ekvidi la eksterlandon.

La 22-an de junio 1941 la nazia Germanio rompis la pakton kun Moskvo kaj komencis fulman militon sur la orienta fronto. Stalino ignoris ĉiujn avertojn, ĝis la lasta momento sovetiaj krudmaterialoj estis liverataj al la germania militindustrio, kaj la preteco ĉe la limo estis malbona. Ene de semajno Germanio avancis tricent kilometrojn kaj prenis la ĉefurbon de Belorusio, Minskon, dum la sovetiaj trupoj fuĝis en paniko.

Kiam la novaĵo pri la milito venis, la familio de Natalja Soboleva libertempis en kampara vilaĝeto sudokcidente de Leningrado.

– Ni luis ĉambron tie. Mi memoras, ke mi staras sur sablomonteto, kaj subite estas milito! Mi iĝis feliĉega, komencis saltadi sur la sablomonto kaj krii: "Milito! Milito! Milito komenciĝis!" Tiel infaneca mi estis tiam.

❖

1942

La sieĝo

La sfinksoj ekster la Artakademio estas kaŝitaj en du senformaj konstruaĵoj el krudaj tabuloj. La celo de la kovraĵo estas protekti la trimiljarajn statuojn de bombofragmentoj. Kaze de rekta trafo ĝi ne multe helpos. La 1-an de januaro 1942 la monda milito ruliĝas antaŭen je plena forto. La germanoj avancas orienten, precize kiel ili faris 25 jarojn pli frue. Sed ĉi tiel proksimen al la urbo ĉe Nevo la malamiko neniam atingis tiufoje. Jam en septembro 1941 la linio de la fronto preterpasis Leningradon kaj ĉiuj fervojaj ligoj kun la ekstera mondo estis rompitaj. Ankaŭ la vojo norden estas barita – Finnlando aliĝis al la atako de Germanio kaj reprenis tiun parton de la Karelia istmo, kiun Sovetio konkeris dum la vintra milito.

Nokte la termometro montras 26 gradojn sub nulo, kaj multe pli varme ol tiom ne iĝos dum la unua tago de la jaro. Preskaŭ ĉiun nokton dum januaro la temperaturo falas sub 20 gradojn, kelkajn noktojn eĉ sub 30 minusgradoj. La frosta vetero ja malfaciligas la avancadon de la germanaj trupoj, sed ĝi signifas ankaŭ, ke la Leningradanoj same devas frosti. Ĉar la urbo estas sieĝata, ne eblas enveturigi brullignon. Pli gravas la manĝajoj. Sed kiel oni havigu nutraĵojn al du kaj duona milionoj da homoj, kiam ĉiuj vojoj en la urbon estas tranĉitaj? Neniel.

La baldaŭ sepjara Korina Klodt estas orfa, post kiam ŝiaj gepatroj estis ekzekutitaj kiel germanaj spionoj. Kiam la milito komenciĝas, ŝia kuratoro sukcesas aranĝi, ke ŝi estu evakuita. Ŝia avo, ĉe kiu ŝi loĝas, volas ke ŝi restu hejme, sed la kuratoro decidas.

– La avo ne rajtis iĝi mia kuratoro, li estis tro aĝa. Tiun lokon prenis iama klaskamarado de mia patrino, onklo Artur. Kiam la milito komenciĝis, li ene de kelkaj tagoj aranĝis, ke mi estu evakuita kune kun tuta infanvarteja grupo. Jam komence de julio ni estis portitaj al la urbo Nereĥta en la regiono de Kostroma, nordokcidente de Moskvo. Sed ĉiuj pensis, ke la milito baldaŭ pasos, kun la finnoj ja ne longe daŭris. Kaj tien komencis venadi gepatroj, kiuj volis reporti la infanojn hejmen. Avo tre volis, ke ankaŭ mi venu hejmen. Li sendis leteron al la estrino kun la avino de iu knabo. Ŝi legis la leteron al mi. Avo skribis, ke li riparis ĉiujn miajn pupojn kaj la lulilon, tiun, en kiu mi iam kuŝis, kaj kiun mi nun havis por miaj pupoj. Li skribis, ke li atendas min. Korina mem volis reveturi hejmen, kaj onklo Artur konsentis pri tio. Kune kun la fremda knabo kaj lia avino Korina sidiĝis en la trajnon al Leningrado. Sed ŝi denove estis bonŝanca. La vojaĝo reen daŭris longe, kaj subite la trajno haltis. La antaŭan tagon la fervojo al Leningrado ankoraŭ estis en uzo, sed nun la trafiko estis haltigita. La infanoj devis reveturi al la evakuejo. Malfrue aŭtune, kiam jam estis neĝo sur la tero, ĉiuj evakuitaj infanoj estis senditaj pli foren orienten, ĉar la fronto proksimiĝis. Post plia trajnvojaĝo ili venis al infanejo en la vilaĝeto Lariĥa, proksime al la limo de Kazaĥio, pli ol du mil kilometrojn oriente de Leningrado. Tie Korina subite ekciis, ke ŝi estas germano – ŝia familia nomo ja estas Klodt.

– Mi naskiĝis ĉi tie en Leningrado, mi vivis mian tutan vivon en Leningrado. Kiel mi povus esti germano? Kiam ĉiuj aliaj parolis pri siaj gepatroj, mi komprenis, ke mi neniam faru tion. Tion mi elpensis mem, kvankam mi estis tiel malgranda. Subite mi komprenis, ke ili estis arestitaj, neniu diris tion al mi. Mi ja vidis, ke du nigre vesitaj viroj forkondukis ilin. Mi pensis, ke ili eble ŝtelis ion. Mi tute ne komprenis kial, sed mi tre klare sciis, ke mi ne parolu pri miaj gepatroj. Kiam la aferoj trankviliĝis kaj la aliaj infanoj ĉesis nomi min "la germanino", mi denove forgesis ĉion tion. Se mi ne havas gepatrojn, do mi ne havas, nun mi loĝas ĉi tie en la infanejo.

* * *

La dekunujara Natalja Soboleva restis en Leningrado kun siaj gepatroj kaj sia dekjara frato, kiam la fronto preterpasis la urbon kaj la kontaktoj kun la ekstera mondo ĉesis. La lernejo estis fermita, ĉar la konstruaĵo nun estis uzata kiel milita hospitalo, sed post kelkaj monatoj oni trovis provizorajn instruejojn diversloke laŭ la strato.

– Ni rajtis esti en malgranda kunvenejo en la kelo. La plafono estis malalta, kaj Tanja Saviĉeva ne estis tie, oni kolektis tie la infanojn el nur du domoj, Dua linio 1 kaj 3, ĉar loko mankis. Ni tre serioze sintenis al la lernejo. Ni havis instruiston el germana familio, kiu estis tre severa kaj pedagogia. Ni jam malsatis, sed ŝi postulis, ke ni koncentriĝu. "Ekstere oni militas, kaj kion vi faras?" ŝi povis diri. Ŝi kunportis sian hundeton al la lecionoj, ĝi estis tute, tute malgranda. Ĉiuj malsatis, ankaŭ la instruisto kaj ŝia hundo, kaj dum paŭzo ŝi foje zorgeme elpakis nukseton kaj donis ĝin al la hundo. La malsata hundo stariĝis sur la malantaŭaj piedoj kaj glutis la nukseton. Ni ĉiuj rigardis, kiam ŝi faris tion. Ŝiaj larmoj fluis, kaj la hundeto manĝis. Sed post nur kelkaj semajnoj iu surstrate ŝtelis la hundon el ŝiaj brakoj, por manĝi ĝin. Tion ŝi ne eltenis, la lecionoj ĉesis, kaj ni pensis ke jam ne estos lernejo.

La instruisto ne plu venis, kaj aliaj instruistoj ne estis, multaj estis evakuitaj. Sed subite venis letero, laŭ kiu la infanoj de Unua linio 1 kaj 3 iru al alia provizora instruejo, en la korto de la angula domo, kie loĝis Tanja Saviĉeva.

– Tie troviĝis bomboŝirmejo, oni devis grimpi suben laŭ ŝtuparo. En la ŝirmejo oni starigis longajn, mallarĝajn tablojn. Ankaŭ Tanja estis tie, ni sidis preskaŭ rekte unu kontraŭ la alia. Estis malvarme. Ne tiel infere malvarme, kiel povis iĝi, ja estis elteneble, sed Tanja daŭre frostis, ŝi estis tiel malgranda, pli eta ol mi. Ŝi havis sur si ŝalon, kaj mi foje tiretis ĝin, oni volis ja petoli iom.

La patrino de Tanja Saviĉeva, Maria, estis 52-jara. Post kiam la bakejo de la familio estis konfiskita, ŝi laboris kiel kudristo. La dekunujara Tanja estis la plej juna el la kvin infanoj de la familio. Ŝiaj du grandaj fratinoj, la 32-jara Jevgenia (Ĵenja) kaj la 23-jara Nina, laboris en la Nevskij-fabriko ĉe la alia rando de la urbocentro. Kiam la tramoj ĉesis veturi, ili ĉiun matenon devis marŝi pli ol sep kilometrojn al la fabriko. La 24-jara frato Leonid (Ljoka) ne estis vokita al militservo, ĉar li estis tro miopa. Anstataŭe li laboris en ŝipfarejo. La pli juna frato, la 20-jara Miĥail, malaperis komence de la milito, kaj la familio en Leningrado kredis, ke li estis pereinta. Efektive li batalis kontraŭ la germanoj kiel partizano kaj travivos la militon.

Ankaŭ la infanoj devis helpi defendi la urbon kontraŭ la atakantaj germanoj. Tanja kolektis botelojn, el kiuj eblis fari brulbotelojn, Natalja helpis estingi brulbombojn de la germanoj en la subtegmentoj, kune kun sia patrino.

– Panjo anis en la defendgrupo, kaj kiam la milito komenciĝis, oni sendis nin ĉiujn supren por serĉi brulbombojn. La plej malbona tempo estis ekde la komenco de septembro ĝis decembro, poste la bomboj jam ne tiel multis. Sed en septembro kaj oktobro falis fajrobomboj ĉie, ni ĉirkaŭiradis kaj estingadis ilin. Oni grimpis en la subtegmenton kun longa tenajlo. Oni aŭdis susuran sonon kaj vidis, ke io ardas, tio estis brulbombo. Ĝin oni prenis per tenajlo kaj estingis en sitelo kun akvo. Poste oni devis noti en kajero, kiom oni trovis kaj estingis, Natalja Soboleva rakontas.

Tanja Saviĉeva trovis kaj flankenmetis malnovan notkajeron, kiu pli frue apartenis al ŝia granda fratino Nina. La unua parto, kun loko por ordinaraj notoj, estis plena, sed la alfabetan adresaron en la fino de la kajero Nina ne uzis.

Fine de decembro Tanja faris la unuan noton tie, sub la rusa litero Ĵ: "Ĵenja mortis 28 dec je 12.00 matene 1941."

La 32-jara Ĵenja daŭre donadis sangon, kvankam ŝi malsategis, kaj ĉiun tagon ŝi iris la sep kilometrojn al la fabriko kaj sep reen. Ĉi tiun decembran matenon ŝi estis tiel malforta ke ŝi ne povis iri al la laboro, kaj meze de la tago ŝi forpasis en la brakoj de sia pli juna fratino Nina.

Post kvar semajnoj Tanja denove elprenis la notkajeron kaj skribis: "Avino mortis 25 jan je 3 posttagmeze 1942."

La avino de Tanja, Jevdokia, malsatmortis, ĉar ŝi volis ke la genepoj travivu. Laŭ la mortatestilo ŝi forpasis nur la 1-an de februaro – ŝi aparte petis, ke la familio ne anoncu la morton antaŭ la monatŝanĝo, por ke la aliaj povu ricevi ŝian manĝoporcion ĝis la fino de januaro.

La 28-an de februaro la fratino de Tanja, Nina, ne venis hejmen. La familio ne sukcesis ekscii, kio okazis al ŝi. Ŝi estis forportita rekte de sia laborejo al konstrua bataliono ĉe la lago Ladoga, kaj poste evakuita per boato. La familio supozis, ke ankaŭ Nina malsatmortis, sed Tanja skribis nenion en la notkajero.

Post kelkaj semajnoj ŝi tamen denove devis malfermi la libreton kaj fari noton sub la litero L: "Ljoka mortis la 17-an de marto je 5 matene 1942."

La miopa frato de Tanja malsatmortis. Lin Natalja Soboleva ankoraŭ bone memoras.

– Li estis dika knabo, ni incitis lin pro tio en la lernejo. En la unua kaj dua klasoj ni kuris post li kaj kriis: "Dika kaj grasa kiel lokomotivo!" Sed li nur iris rekte kiel trajno kaj ne lasis sin ĝeni. Kaj li mortis inter la unuaj, li ne eltenis la malsaton.

En apartamento en la dua etaĝo, super tiu de Tanja, loĝis ŝiaj du onkloj, Vasilij (Vasja) kaj Aleksej (Ljoŝa). Baldaŭ Tanja devis noti ankaŭ iliajn nomojn en sia kajero.

"Onklo Vasja mortis la 13-an de aprilo je 2 nokte 1942."
Post kelkaj semajnoj Aleksej Saviĉev estis tiel malfortigita de la malsato ke li ne plu povis marŝi.
"Onklo Ljoŝa la 10-an de majo je 4 tage 1942."
La lastan noton Tanja faris post nur tri tagoj.
"Panjo la 13-an de majo je 7.30 matene 1942. La Saviĉevoj mortis. Ĉiuj mortis. Nur Tanja restas."
La unuan tagon post kiam ŝi iĝis sola Tanja pasigis ĉe sia amiko Vera Nikolajenko. La familio de Vera loĝis en la sama domo, sed la knabinoj jam delonge ne renkontiĝis. Dum la sieĝo ĉiu familio klopodis laŭeble elturniĝi mem.

– Tanja frapis la pordon matene. Ŝi diris nur, ke ŝia panjo mortis kaj ke ŝi nun estas tute sola. Ŝi petis ke ni helpu pri la korpo. Ŝi ploris kaj aspektis tute malsana, rakontis Vera Nikolajenko multajn jarojn poste al la gazeto *Argumenti i Fakti*.

La patro de Vera estis hejme, li estis vundita ĉe la fronto kaj ankoraŭ ne plene resaniĝis. Li eliris kaj sukcesis pruntepreni ĉaron dum la patrino de Vera envolvis la mortan korpon de Maria Savĉenko en grizan, strian kovrilon, kiun ŝi fermis kudre. Vera kaj ŝia patro poste metis la korpon sur la ĉareton por porti ĝin al kolektejo.

– Tanja ne povis iri kun ni, ŝi tute ne havis fortojn. Mi memoras, ke la ĉaro saltetis sur la pavimaj ŝtonoj, speciale kiam ni pasis laŭ Malgranda avenuo. La korpo turniĝadis flanken, kaj mi devis teni ĝin en la loko. Sur la alia flanko de la rivereto Smolenka estis enorma hangaro. Tie oni kolektis mortintojn el la tuta Vasilij-insulo. Ni enportis la korpon, tie estis tuta monto da kadavroj. Kiam ni eniris, aŭdiĝis terura ĝemo. Tio estis aero, kiu eliris el la gorĝo de iu morta korpo. Mi terure ektimis.

Tanja tranoktis ĉe la familio Nikolajenko, kie ŝi ricevis pecon de haringo por manĝi. La sekvan tagon ŝi transloĝiĝis al malproksima parenco. En aŭgusto 1942 ŝi fine estis evakuita el Leningrado, sed ŝia sano estis daŭre difektita de la malsatego, kaj en julio 1944 ŝi forpasis en hospitalo en la vilaĝo Ŝatki en centra Rusio. Tanja aĝis tiam 14 jarojn.

* * *

Kiam la malsato en januaro iĝis akuta kaj la situacio en la sieĝata urbo ĉiam pli katastrofa, ĉia lerneja instruado ĉesis, rakontas Natalja Soboleva.

– En januaro la elektro malaperis komplete, la tuta urbo estis peĉe nigra. La tramoj haltis, la trolebusoj haltis, la sola maniero iri ien ajn estis marŝi. Sed plej malbone estis, ke mankis akvo. Ni devis iri al Nevo kaj preni akvon tie.

La plej proksima loko, kie estis truo en la dika glacio, troviĝis ĉe la Artakademio, proksime al la kovritaj sfinksoj. La distanco estis nur kelkcent metroj, sed tio estis multe por malsategantaj homoj, des pli, se oni krome devis porti la akvon al pli altaj etaĝoj de la loĝdomo.

– Krome oni devis unue malsupreniri al la glacio, estis glite, kaj oni devis havi taŭgan ujon. Ni urbanoj ja ne havis akvositelojn. Mi mem vidis teruran okazaĵon ĉe la akvotruo. Estis proksimume kvardekjara viro, sed li aspektis ege maljuna, li estis kaduka. Li portis kaserolon kun du teniloj, kiun li plenigis je akvo en la glacitruo. Poste li komencas iri kun ĝi, tenante ĝin per ambaŭ manoj. La manoj skuiĝas, la kaserolo estas granda. Li devas supreniri laŭ la ŝtuparo. Li sukcesas pri la unua ŝtupo. Dua, tria... Sur la sepa ŝtupo li glitfalas, la kaserolo flugas el liaj manoj kaj li falas teren. Kaj jen li kuŝas. Ĉu vi kredas, ke oni tre kompatis lin? Ne. Homoj pli ekscitiĝis pri tio, ke li elverŝis la akvon sur la ŝtuparon. Ĝi rapidege glaciiĝis, kaj nun estis eĉ pli malfacile iri tie. Iu klopodis defendi lin, sed neniu havis fortojn provi helpi lin stariĝi.

La viro kun la kaserolo restis kuŝanta ĉe la ŝtuparo. Li eble ankoraŭ ne estis morta, sed tio estis nur demando de tempo. Mortaj aŭ mortantaj homoj kuŝantaj sur la strato ne estis malofta vidaĵo dum la unua, plej terura vintro de la sieĝo.

– Pro iu kialo la kadavroj rapide nigriĝis en la frosto. Kaj okazis, ke certaj partoj de la korpoj estis fortranĉitaj. Mi mem vidis tion, kvankam panjo tiris min kaj diris ke mi ne rigardu. Unu fojon, kiam panjo jam estis tiel malforta, ke ŝi nur kuŝis en la lito, mi devis iri aĉeti manĝaĵojn kontraŭ niaj porciumkartoj. Tiam mi vidis unu aferon en la bazaro. Iu montris ĝin al mi. "Vidu tie, li vendas galantinon el homa karno. Ĉu vi vidas la ungojn tie? Estas homaj ungoj." Pri tio oni ne multe parolis poste, sed ankaŭ tiaj aferoj okazis.

Entute proksimume miliono el la 2,5 milionoj da loĝantoj de Leningrado pereis dum la 900 tagojn longa sieĝo. Ankaŭ la patro de Natalja Soboleva malsatmortis. Li ricevis nur 125 gramojn da pano tage. Ĉiutage li devis marŝi al la fabriko, kie li laboris. Fine li ne plu havis fortojn.

La manĝaĵoj en la sieĝata urbo rapide elĉerpiĝis ankaŭ pro tio, ke granda parto de la rezervoj estis koncentritaj en unu loko en la suda parto de la urbocentro.

Multaj bomboj de la aerarmeo de Germanio trafis la tiel nomatajn magazenojn de Badajev jam en la komenco de septembro 1941. Tion Natalja Soboleva vidis de la kajo ĉe la Artakademio.

– Ni ĵus vidis filmon, mi, panjo, mia frateto kaj unu kuzo. Estis la filmo *Timur kaj lia taĉmento*, populara tiutempa filmo por infanoj. Oni montris ĝin ĉe la placo Sennaja, kaj ni tre ŝatis ĝin. Poste ni reveturis, kaj precize kiam ni atingis la Artakademion aŭdiĝis terura, hurlanta bruego. Sonis kvazaŭ la bomboj estus falantaj rekte sur nin. Panjo rapidege tiris nin en ŝtuparejon. Sed montriĝis, ke tio estis niaj kontraŭaviadilaj kanonoj, kiuj pafis kontraŭ la germanoj, ili ne nin celis. Kiam ni denove kuraĝis rigardi, ni vidis ruĝan kaj oranĝkoloran brilon kontraŭ la tute nigra ĉielo. La incendio daŭris la tutan nokton.

Post kiam la provizora lernejo en la bomboŝirmejo estis fermita, Natalja Soboleva renkontis sian najbaron kaj lernejan kamaradon Tanja Saviĉeva nur unu fojon.

– Tio estis proksime al la bakejo. Ŝi diris, ke ĉiuj mortis krom ŝia panjo. Jes, same estas pri mi, mi diris. Mia avino mortis, mia patro mortis, miaj du onkloj mortis... Ĉiuj mortis, ŝi diris. Jes, mi diris.

Sed la frateto kaj patrino de Natalja Soboleva plu vivis. La patrino tamen estis tiel malforta, ke ŝi apenaŭ povis leviĝi. Tamen ŝi devis iri al la oficejo de sociala prizorgo por ricevi atestilon pri nekapablo labori, kaj la porciumkartojn. Natalja venis kun ŝi, ĉar la patrino jam ne povis marŝi sen apogo kaj perdis la vidkapablon pro la malsatego.

– Oni povus ja pensi, ke malsatanta homo volas manĝi. Sed tiel ne plu estas, kiam oni preskaŭ mortas pro la malsato, estas io tute alia. Virinoj kaj viroj tiam aspektas same, la vizaĝo iĝas tute rigida, la okuloj ne moviĝas. Mia patrino tute ne povis vidi. Kaj ankaŭ la korpo iĝas rigida, oni apenaŭ kapablas movi la gambojn. Ni devis marŝi longan distancon. Tiam la tramoj denove veturadis, sed ege malofte. Ni marŝis kaj marŝis. Ŝi estis ege rigida, kaj ŝi forte tenis mian ŝultron. Ŝi uzis min kiel apogilon, ŝi ĉiam tenis mian ŝultron. Mi havis tie enorman kontuzon, ĝi infektiĝis, ĉio tie estis nigra kaj blua, doloris. Ŝi krome havis longajn ungojn, neniu tiam havis fortojn tondi la ungojn. Ŝi estis kiel sorĉistino kiu tenis min per siaj krifoj. Fine mi pensis nur, ke mi devas liberiĝi, kaj mi tire malfiksis min el ŝiaj fingroj.

La patrino de Natalja iĝis senespera, ŝi ne komprenis, kien la filino malaperis.

- Mi pensis, ke mi almenaŭ rajtu iomete ripozi. Kaj ŝi komencas: "Kie estas tiu aĉulino, kie estas la knabino?" Tiam mi rimarkis, ke ŝi ne vidas min. Mi iĝis ĝoja. Ŝi ne vidas min, ŝi ne povas kapti min. "Kie, kie, kie?" ŝi miris. Tiam mi ekkompatis ŝin kaj faris kelkajn paŝojn direkte al ŝi. Sed kiam ŝi streĉis al mi siajn krifojn mi teruriĝis, mi ne povis. Mi flankeniris denove. Ŝi nur staris tie. Fine ŝi komencis marŝi rigide, ne levante la piedojn. Ŝi atingis la tramrelojn, sed ne povis levi la piedon trans la relon. Tio estas nur kelkaj centimetroj, sed estis tro. Ŝi longe staris tie. Fine ŝi kuŝiĝis sur la manoj kaj genuoj, kaj komencis rampi. Ŝi rampis tiel ĝis ŝi atingis la alian flankon de la strato kaj la domon tie. Ŝi apogis sin kontraŭ la muro kaj stariĝis malrapide.

Fine Natalja kaj ŝia patrino atingis la oficejon, kie ili devis ricevi la atestilon.

- En la ŝtuparo ŝi kaptis la apogrelon por grimpi supren. Sed venis viro en la alia direkto, kaj ankaŭ li tenis la apogilon. Ili haltis meze, ĉar neniu povis liberigi la apogrelon. "Mi ne povas forpreni mian manon, mi falos", diris la viro. "Ankaŭ mi falos", diris mia patrino. Ili simple staris tie. Kiam mi komprenis, pri kio temas, mi iel sukcesis malfiksi panjon kaj konduki ŝin ĉirkaŭ tiu viro. Mi ne scias kio alikaze okazus, eble ili nur starus tie.

De tempo al tempo la 11-jara Natalja iris al la vojkruciĝo ĉe preĝejo Sankta Mikaelo, kie ŝi vendis malnovajn poŝtkartojn, cigaredan paperon de sia patro kaj teon kiun ŝi prenis hejme.

- Tie estis benketo. Ne estis tiel, ke la teo superfluis ĉe ni, sed oni povis ricevi monon por ĝi. Kaj same por la bildkartoj, ni havis grandan albumon de poŝtkartoj de antaŭ la revolucio. Estis iuj svedaj inter ili, cetere. Iun fojon milicano aliris min kaj diris, ke mi ne rajtas vendi, ke tio estas malpermesita. Sed li aĉetis kelkajn kartojn kun bildoj de hundoj. Li diris, ke mi ne rajtas iri tien plu. Sed tion mi kompreneble faris. Sekvafoje alia milicano prenis min. Li kondukis min al la milicejo kaj prenis la teon kaj la cigaredpaperojn. Poste li lasis min iri. Kion li povis fari? Kaj la bildkartojn li supozeble ne bezonis.

En aŭgusto 1942 Natalja Soboleva fine estis evakuita el la sieĝata urbo kune kun sia patrino kaj frateto. Tiam la patrino jam estis tiel malforta, ke ŝi apenaŭ rimarkis, kio okazas.

- Ŝi ne kapablis moviĝi kaj ŝi estis tute indiferenta, ankaŭ al la propraj gefiloj. Ni estis evakuitaj per motorboatoj trans la lago Ladoga. Tio estis terura, oni bombardis kaj unu boato sinkis kun ĉiuj evakuatoj. Sed niaj kvar boatoj trapasis. Kiam ni atingis la alian bordon ĉiuj malaperis ien, sed panjo nur sidis tie kun la valizo. "Panjo, ni iru", mi diris al ŝi, sed ŝi nur sidas tie kaj skuas la kapon.

Nur la sekvan tagon la familio sukcesis daŭrigi la vojon. Ili trafis trajnon veturantan al oriento, kaj en ĉiu stacio ili eksciis, ke tiu urbo jam estas plena, ili devas veturi pli orienten.

– Tiuj, kiuj estis pli fortaj, povis provi ŝanĝi trajnon kaj direkton, sed panjo kuŝis tie tute letargia kaj ni estis tro malgrandaj por fari ion ajn. Ni nur kuŝis sur la bretoj de la varvagono. Fine panjo estis tiel malsana, ke ili intencis elmeti ŝin ĉe iu stacio. Ni rigardis post ŝi, kaj oni miris, kiuj estas tiuj infanoj, kiuj pendas en la pordmalfermo. "Estas ŝiaj infanoj", oni kriis el nia vagono. "Ŝi estas ja maljunulino, ŝi ne povas havi infanojn", ili respondis. Ŝi estis kvardekjara, sed aspektis kiel oldulino. Poste ili diris, ke ŝi baldaŭ mortos, kaj ke ne estas infanejo por ni en la vilaĝo. Do ili remetis ŝin en la trajnon, kiel grandan trabon.

En vilaĝo proksima al la limo de Mongolio fine troviĝis loko por Natalja, ŝiaj frateto kaj patrino. Kiam Natalja lavis sin en la banejo de la vilaĝo, la virinoj tie teruriĝis pro ŝia aspekto.

– Ĉies ventroj ŝvelegis, kiam ni ekricevis veran manĝaĵon. Mi havis groteskan ventron, kaj oni povis ja imagi ĉion ajn, sed tion mi ne komprenis, mi estis nur dekunujara. "Kompatindulino", ili diradis, "kompatindulino". Min mem la ventro ne tiom ĝenis. Pli malbone estis, ke ni ĉiuj havis teruran lakson, estis tute nekredeble. Kaj estis longa vojo al la kavo, kien ni devis kuri, ni estis malfortaj kaj ne atingis ĝin ĝustatempe. Oni ege skoldis nin!

La patrino de Natalja estis tre proksima al malsatmorto kiam ŝi estis savita, kaj ŝi ankoraŭ longe devis kuŝi en lito.

– La homoj en la domo diris, ke ili ne volas prizorgi ŝin. Ili ja bezonis laborforton, ili havis nenian utilon de ŝi. Sed mi baldaŭ komencis labori, kaj kiam mi estis dek du aŭ dek tri mi foje povis plenumi la laborkvoton de du tagoj en unu tago. Mi lernis ĉiujn labortaskojn de la kolektiva bieno, mi povis plugi, kvankam tio estis terure peza por tia malgranda knabino. Mi povis eĉ ŝofori traktoron, ĝis ili malpermesis al infanoj fari tion post akcidento. Mi povis eltiri linoplantojn el la tero, tiel oni rikoltas ilin. Tio estis peza. Ja, ĉiuj laboroj en kolĥozo estas pezaj.

En la vilaĝeto Natalja finis la kvaran klason, la lastan klason de la vilaĝa lernejeto. Alia lernejo ne troviĝis proksime. Nur kiam la milito finiĝis en 1945, la familio povis reveni al Leningrado kaj la malgranda ĉambro ĉe Dua linio. En la plafono nun estis truo ĝis la subtegmento, kaj ankaŭ la tegmento estis dispafita.

– Ĉio estis bombita, neniu havis tempon helpi nin kun la plafono. Kaj ni mem ne kapablis ripari ĝin. La truo restis tie longe, kaj kiam pluvis ekstere, la planko ĉiam estis akvokovrita. Sed panjo ĉiukaze ricevis laboron en konstrua oficejo. Ŝi laboris pri statistiko kaj provlegado. La salajro estis ege malalta, kaj krome ŝi daŭre devis aĉeti rekonstruajn obligaciojn. Pri tio ili longe okupiĝis. Mi memoras, ke iu amikino devis naski kaj jam estis en la naskejo, tio estis iam en la 1950-aj jaroj. Tiam neniu rajtis eniri la naskejon, eĉ ne la patro. Kaj tamen iu venis viziti ŝin. Ŝi tre ĝojis pro la vizito, sed montriĝis ke la vizitanto estis vendanta obligaciojn. Ili ĉien sukcesis eniri, kaj ŝi kompreneble devis subskribi.

Daŭre mankis manĝaĵoj post la milito, kaj nur ĉirkaŭ la jaro 1950 oni povis ricevi tiom da pano kiom oni volis, Natalja memoras. Ĉio alia same mankis.

– Ni tamen jam opiniis, ke la vivo estas bona. Ja ne plu estis milito, kaj ni havis ĉambron en kiu vivi, eĉ se kun truo en la plafono kaj vintre estis malvarmege. Aliaj ne havis eĉ tion. Sed mi ne havis proprajn ŝuojn, mi devis havi tiujn de la patro, en grandeco 42, kvankam mia grandeco estis 34. Estis malnovaj, eluzitaj ŝuoj, kiujn mi kunligis per ĉifonoj.

En la aŭtuno de 1945, kiam Natalja jam de kelkaj monatoj frekventis lernejon, la rektoro venis en la klasĉambron por inspekti la ŝuojn de la infanoj. La lernejo ricevis permeson disdoni kelkaj aĉetrajtigilojn al la plej bezonantaj. Estis unu rajtigilo por la kvindek infanoj en la klaso de Natalja.

– Ili starigis nin en vico kaj komencis rigardi niajn ŝuojn. Poste ili diris al eble dudeko el ni, ke ni faru paŝon antaŭen. Tion ni faris. Poste ili rigardis niajn ŝuojn, kaj ni rajtis fari ankoraŭ unu paŝon antaŭen. Tiam restis eble dek el ni. Mi ĉirkaŭrigardis kaj konstatis, ke mi ne havas ŝancon. Mi ja tamen surhavis ŝuojn, kvankam estis viraj ŝuoj en la grandeco 42, kunligitaj per ĉifonoj. Apud mi staris knabino, kiu tute ne havis verajn ŝuojn, ŝi surhavis nur galoŝojn. Mi certis, ke ŝi ricevos la rajtigilon. Sed ĝin ricevis mi. Nigraj knabŝuoj, grandeco 37, estis skribite sur ĝi. Mi ja preferus ricevi knabinajn ŝuojn de la ĝusta grandeco, sed panjo estis ĝojega, ĉar mi ricevos ŝuojn, en kiuj estis loko por kreski. Kaj tiujn ŝuojn mi poste havis ĝis mi iĝis 18-jara.

Sen rajtigilo estis neniu ŝanco aĉeti ŝuojn. Kun la valorega rajtigilo en la poŝo Natalja kaj ŝia patrino povis iri al la granda butiko, kiu antaŭ la revolucio apartenis al la komercisto Vasilij Taratin. La vendejo troviĝis ĉe Dua linio, en la angulo ĉe Meza avenuo. En la sama kruciĝo Natalja staris dum la sieĝo kaj vendis cigaredpaperon kaj bildkartojn. – Estis granda butiko, ili vendis ne nur ŝuojn. Pli malfrue en tiu vintro mi rajtis aĉeti tie ankaŭ jakon. Tio estis post kiam mia instruisto malkovris, ke mi ne havas jakon. Estis dek du minusgradoj, ŝi kuris post mi surstraten kaj kriis ke mi forgesis la jakon. "Mi ne havas jakon, sed ne gravas, Dua linio estas proksime", mi respondis. Post tio mi ricevis rajtigilon por aĉeti ankaŭ jakon. La ŝuojn oni ne rajtis elekti, sed sur la jakrajtigilo estis skribite nur, ke mi rajtas aĉeti vintran jakon. Ni povintus elekti pli bonan, dikan jakon, sed ni ne havis sufiĉe da mono, do ni aĉetis simplan, maldikan jakon. Ĝin mi havis eble kvar jarojn.

Tuj post la revolucio la lerneja uniformo estis abolita kiel burĝa restaĵo. Sed nun Stalino reenkondukis la uniformon. La knaba uniformo estis de militista modelo, la knabinoj devis havi brunan robon kun blanka antaŭtuko. Krome oni disigis la lernejojn de knaboj kaj knabinoj, eĉ se en la praktiko nur en la grandurboj eblis aranĝi apartajn knabajn kaj knabinajn lernejojn. Ankaŭ la apartaj lernejoj por knaboj kaj knabinoj estis abolitaj tuj post la revolucio, por pliigi la egalecon de la seksoj. Sed nun la revolucia periodo jam delonge estis historio. Sovetio iĝis ĝisfunde konservativa imperio, kiun stiris paranoja diktatoro. La liberan abortigon Stalino tute abolis jam en 1936. Abortigoj estis denove permesitaj post la morto de Stalino, kaj la disaj lernejoj de knaboj kaj knabinoj estis denove kunigitaj, sed la lernejaj uniformoj restos ĝis la liberalaj 1990-aj jaroj. En 1992 la lerneja uniformo estos abolita – sed kiam la politiko de Vladimir Putin en 2012 ekhavos pli konservativan kaj tradicieman direkton, uniformoj denove estos enkondukitaj.

En 1947 Natalja finis la kvaran klason en la knabina lernejo, fronte al ŝia malnova lernejo, kiun nun frekventis nur knaboj. Tiam ŝi devis decidi, ĉu plu studi tie du jarojn por ekhavi plenan gimnazian edukon kaj la rajton studi en universitato, aŭ ĉu ŝanĝi al metilernejo. Vere ŝi preferus daŭrigi la teorian edukadon, sed tio kostus monon. Krome ŝi ricevus multe malpli grandan manĝoporcion. Tial ŝi transiris al metilernejo kun direktiĝo al konstrua industrio kaj arkitekturo.

– Ni ja daŭre havis la porciumajn kartojn, kaj kiam mi studis en la metilernejo mi ricevis la porciumajn kartojn de laboristo.

En 1951, post kvar jaroj en la metilernejo, Natalja Soboleva povis eklabori en oficejo kiu planis la konstruadon de la metroo en Leningrado. Tiam Stalino daŭre vivis kaj preparis grandan kampanjon kontraŭ judoj.

* * *

Korina Klodt, kies gepatrojn la sekreta polico de Stalino forportis en 1937, ne plu havis lokon aŭ homojn en Leningrado, al kiuj ŝi povus reveni.

– Mi ja estis nur dekjara, kion mi faru? Ni, kiuj ne havis gepatrojn, restis en Siberio, en la infanejo. Tie, en la regiono de Tjumen, tiam estis multegaj infanejoj. En nia distrikto estis kvar. Sed kompreneble tie estis ne nur infanoj el Leningrado, povis esti senhejmaj infanoj, kiujn oni trovis ie, aŭ infanoj, kies gepatroj pereis dum la evakuado. Ial oni daŭre rearanĝis nin. Dum la kvin jaroj, kiujn mi pasigis tie, mi loĝis en tri malsamaj infanejoj.

En la aĝo de 15 jaroj Korina akceptiĝis en metilernejo en Tjumen en okcidenta Siberio, kaj tie ŝi iĝis tornisto. Post la finekzameno ŝi dum jaro laboris en ŝipfarejo en Tjumen. Tie oni fabrikis trenŝipojn. Sed ŝi ne fartis bone tie.

– Estis aĉega fabriko, kun nur malnovaj maŝinoj, kaj la laboristaj komunloĝejoj same estis teruraj. Krome ili ne volis havi virinojn tie. Sed tiam la ministrejo sendis delegitaron el Komsomolsko-ĉe-Amuro, tie oni bezonis laboristojn en la ŝipfarejo. Se iu volis veturi tien, nia fabrika ĉefo estis devigita doni sian permeson.

Komsomolsko-ĉe-Amuro (Komsomolsk-na-Amure) estas industria urbo, kiu estis konstruita en la rusia Fora oriento ĉe la rivero Amuro dum la 1930-aj jaroj. Laŭ la oficiala historio la urbon konstruis junaj komunistoj el la junulara organizaĵo de la partio, Komsomolo. Efektive granda parto de la laborforto venis el la multaj punlaborejoj en la regiono. Krom granda ŝipfarejo, oni konstruis ĉi tie ankaŭ aliajn pezajn industriojn, je sekura distanco de la okcidentaj malamikoj. La urbo situas proksimume ses mil kilometrojn oriente de Sankt-Peterburgo kaj pli ol kvar mil kilometrojn oriente de Tjumen en okcidenta Siberio, kie Korina Klodt loĝis. Sed ŝi tute ne hezitis, ŝi tre volis veni al la nova, sovetia urbo, kun novkonstruitaj fabrikoj.

– El nia grupo ni estis ok knabinoj, kiuj veturis, ĉar oni promesis al ni bonajn kondiĉojn. Kaj fakte estis bone. La urbo estis tre agrabla, la fabriko estis bona, kaj same la laboristaj komunloĝejoj. La rivero

Amuro estas bela, estas ravaj altaĵetoj ĉirkaŭ la urbo. Tie loĝis nur junaj homoj, neniuj maljunuloj. Estis bonege. Entute oni logis al la ŝipfarejo eble ducent knabinojn el diversaj lokoj, el Novosibirsk kaj Ĥabarovsk. Iom pigraj ni eble estis, ni ne plenumis la planon, kaj ĉiun monaton la ĉefo skoldis nin. Sed se ni bezonis monon, ŝi tamen donis al ni avancon. Diference de Leningrado, la urboj en la sovetia Fora oriento ne estis bombitaj dum la milito. Korina Klodt loĝos en Komsomolsko-ĉe-Amuro pli ol sep jarojn. Nur plurajn jarojn post la morto de Stalino ŝi la unuan fojon veturos al Leningrado kaj ekscios, kio okazis al ŝiaj gepatroj.

❖

1957

Sputniko

Estas degelo en Leningrado. La lando ŝanĝiĝis. Ne plu necesas timi. La milito finiĝis antaŭ longe. Pasis preskaŭ kvar jaroj post la morto de Stalino, kaj la nova partiestro, Nikita Ĥruŝĉov, distanciĝis de la persekutado entreprenita de lia antaŭulo. Tamen ne temas pri kompleta turniĝo. La kritiko kontraŭ Stalino estas akra, sed ĝi ne estas publika. La parolado de Ĥruŝĉov en la partia kongreso likis okcidenten kaj estis publikigita tie, sed en Sovetio oni ne rajtas presi ĝin. Anstataŭe la teksto estis sendita al la lokaj partiaj organizaĵoj dise en la lando. Tie ĝi estas voĉlegata al la partianoj. La nemembroj ne rajtas koni ĝian enhavon.

En angula domo, en la iama apartamento de la familio Saviĉev, nun loĝas Aleksandr Uralov. Li estas nur dek du jarojn aĝa, sed politiko jam interesas lin. Li iĝas scivola, kiam liaj gepatroj enfermiĝas en alia ĉambro por sekretumi.

– Mia patro tiam ankoraŭ vivis, kaj li kompreneble estis partiano. Ankaŭ panjo estis membro – aŭ eble ŝi ankoraŭ estis nur membrokandidato. Ajnakaze, ĉiuj komunistoj estis vokitaj al kunvenoj, kie oni voĉlegis la dokumentojn de la partia kongreso pri la batalo kontraŭ la kulto de personeco. Ŝi estis en kunveno kun sia partia sekcio, li kun la sia, kaj nun ili sidis tie kaj flustradis pri tio. Min ili elpelis, kvankam mi volis scii, pri kio ili parolas.

La familio de Tanja ne plu ekzistas, kaj ilia apartamento en la angulo de Granda avenuo restis neuzata dum proksimume du jaroj, ĝis subkolonelo Vladimir Uralov kaj lia freŝa edzino, la kuracisto Maria Uralova, en la printempo de 1944 ekloĝas tie kun sia novnaskita filo Aleksandr.

Dum la interna milito Vladimir Uralov servis kiel kavaleria komandanto, kaj dum la dua mondmilito li havis altan postenon en la defendorganizaĵo de Vasilij-insulo. La loka stabo troviĝis en la konstruaĵo de la Artakademio, malantaŭ la sfinksoj, kaj li havis ofican loĝejon ĉe la kruciĝo de la kajo kaj Naŭa linio. Kiam la sieĝo parte estis rompita aŭtune de 1943, Vladimir Uralov estis sendita al urĝa kurso en la milita akademio Frunze en Moskvo. Tie naskiĝis la filo, Aleksandr. Sed kiam la familio la sekvan printempon devis reveni al Leningrado, motriĝis ke la domo ĉe Naŭa linio estis trafita de grenado. La oficloĝejo ne plu ekzistis. Se la familio ne pasigus la vintron en Moskvo, eble ankaŭ ili ne plu ekzistus.

Oni taksas ke la germana artilerio ĉirkaŭ Leningrado dum la sieĝo pafis proksimume 150 000 grenadojn en la urbon. Proksimume 7 000 loĝdomoj estis trafitaj kaj almenaŭ 25 000 homoj estis mortigitaj de la artileria pafado. Sur kelkaj ĉefstratoj oni fiksis sur muroj bluajn tabulojn kun la teksto: "Civitanoj! Dum artileria pafado ĉi tiu flanko de la strato estas la plej danĝera." La germanoj provis trafi ankaŭ la pontojn tra Nevo, sed supozeble la distanco estis tro longa. Ĉiukaze ili neniam sukcesis disbombi iun ajn el la grandaj pontoj. Aliflanke multaj loĝdomoj proksime al la pontoj estis detruitaj.

Ankaŭ en la malnova apartamento de la familio Saviĉev, en la teretaĝo de la angula domo, estis obstruo en la plafono. Kiam oni en la printempo de 1944 proponis la apartamenton al la familio Uralov, oni povis vidi la ĉielon el la salono. Sed subkolonelo Uralov ricevis helpon de la armeo – soldatoj riparis la plafonon.

– Ili uzis tion, kio estis havebla, kaj la plafono iĝis tia kia ĝi iĝis. Ĝi ĉiam skuiĝis kiam iu iradis tie supre, ĝis la kompleta renovigo de la domo meze de la 1970-aj jaroj, rakontas Aleksandr Uralov.

Centra hejtado mankas en la apartamento. Ĝin oni ekhavos nur en la komenco de la 1960-aj jaroj, kiam enorma hejtcentralo estos konstruita en Vasilij-insulo kaj hejtotuboj estos instalitaj en fosaĵoj laŭ la tuto de Granda avenuo. En 1957 oni daŭre hejtas per ligno, kiun oni bruligas en du stovoj, unu en la salono kaj unu en la kuirejo. La ligno estas liverata kiel unu metron longaj ŝtipoj, tiel estas plej facile kalkuli, por kiom da kubometroj necesas pagi.

– Poste ni segis la lignon mem, tiel kostis malpli. La ŝtipetojn oni konservis en la kelo, kaj dum miaj lernejaj jaroj mi daŭre devis portadi brullignon de tie. Mia patro mortis en 1958, kiam mi estis dektrijara, kaj mia patrino laboris pli ol centprocente en malsanulejo, en la naskosekcio ĉe Dekkvara linio.

Sed eĉ se mankis centra hejtado, la angula domo ĉe Granda avenuo ne estis tute sen moderna komforto. Akvodukton kaj kloakon oni instalis en la tuto de Vasilij-insulo jam dum la cara epoko, kaj en la apartamento estis propra necesejo. Kaj ne nur tio, eĉ estis bankuvo kun akvohejtilo. Tamen mankis banĉambro.

– La bankuvo staris ĉi tie en la kuirejo, malantaŭ kurteno. En la malnova akvohejtilo oni bruligis mallongajn ŝtipetojn. Ĝi certe estis de la tempo antaŭ la revolucio. La akvo sufiĉis por ke tri personoj povu lavi sin. Poste, iam en la 1950-aj jaroj, kiam mi ankoraŭ frekventis lernejon, ni ekhavis urban gason. Tiam oni ŝanĝis la akvohejtilon, iĝis la sama hejtilo por la bankuvo kaj la kuireja lavabo. Tiam ni ekhavis ankaŭ gasfornelon, anstataŭ la malnova, en kiu oni bruligis ŝtipetojn, rakontas Aleksandr Uralov.

Tamen tute ne ĉiuj en la domo havas propran bankuvon en la apartamento. En la 1950-aj jaroj la plej multaj daŭre vizitadas banejon por lavi sin, unu fojon semajne. La plej multaj volas baniĝi en sabatoj. Jes, nun denove ekzistas sabatoj. La revolucia kalendaro kun la sestaga semajno estis abolita dum la milito. Nun oni laboras ses tagojn kaj la sepa tago, dimanĉo, estas la ripoztago. En sabatoj ĉiuj volas lavi sin post la laborsemajno, tial la vicoj ĉe la banejoj estas longaj. Ne maloftas, ke oni devas stari surstrate du horojn antaŭ ol oni rajtas eniri. Ofte oni unue sendas la infanojn al la atendovico. Kiam ili proksimiĝas al la pordo, iu el ili kuras hejmen kaj vokas la gepatrojn.

La malgranda bakejo, kiu iam apartenis al la familio de Tanja, plu funkcias en la domo, kaj en la sama domo estas ankaŭ infanvartejo, kiun Aleksandr Uralov ekfrekventas kiam li estas trijara. La plej proksima manĝaĵvendejo troviĝas ĉe Unua linio 18. Aliaj butikoj mankas en la ĉirkaŭaĵo, sed ja estas loko kie la publiko kutimas kolektiĝi en la 1950-aj jaroj: la grandaj anonctabuloj ĉe Granda avenuo, kie ĉiun matenon estas gluataj la plej gravaj ĵurnaloj. Ĵurnalo kutime havas nur kvar dense presitajn paĝojn – ankaŭ papero mankas, kaj komercaj anoncoj ja ne ekzistas.

Sovetio nun subigis al si duonon de Eŭropo kaj iĝis nuklea potenco. Spite tion en la komenco de la 1950-aj jaroj oni daŭre timas, ke nova milito kontraŭ Sovetio povas komenciĝi kiam ajn. En Koreio jam estas okazanta konflikto inter la socialisma sistemo kaj la kapitalisma Usono, eĉ se la sovetia partopreno ne estas oficiale rekonata. Aleksandr Uralov bone memoras la militon en Koreio, kvankam li tiam estis nur sepjara.

– Ĉiuj timis, ke kiam ajn povos komenciĝi tria mondmilito. Oni ĉie konstruis ŝirmejojn. Ĉi tie ĉe nia domo oni disŝiris ĉiujn lignobudojn kaj konstruis ŝirmejojn kun betonaj muroj, metalaj pordoj kaj ia ventolado. Estis preskaŭ kiel amaspsikozo, ĉiuj ĵurnaloj plenis je novaĵoj pri la milito en Koreio, oni skribis, ke tie estas uzataj biologiaj armiloj. Sed oni ne povas aserti, ke tio rekte influis nian vivon. Ni ofte havis gastojn ĉi tie, mia patrino estis kuracisto, mia patro – oficiro, kaj la edzoj de ĉiuj ŝiaj amikinoj same estis oficiroj. Do, kiam mi venis hejmen de la lernejo ĉirkaŭ la sepa horo vespere, povis okazi, ke la tuta vestpendigejo plenis je oficiraj paltoj. Nigraj paltoj de maroficiroj, nur tiu de patro estis griza, ĉar li apartenis al la terarmeo. Ni havis grandan tablon ĉi tie meze de la salono, tie ili sidis kaj festenis.

*   *   *

Antaŭ nur kelkaj jaroj mankis kialo por festenoj. Post la milito Stalino timis, ke la nova generacio de oficiroj kaj partiaj gvidantoj ricevos la honoron de la venko. Dum la milito oficiroj rajtis fari decidojn kaj agi laŭ propra iniciato. La venko kontraŭ la nazia Germanio donis enorman senton de liberiĝo, kaj multaj kredis, ke la vivo nun iĝos io tute alia ol dum la malhelaj 1930-aj jaroj. Tian etoson en la socio Stalino ne povis permesi. Marŝalo Ĵukov, kiu gvidis la sovetiajn trupojn en kelkaj el la plej gravaj kaj sukcesaj bataloj de la milito, iĝis tute tro populara, kaj tial lin trafis la malfavoro de Stalino. Oni akuzis lin pri kontraŭleĝa alproprigo de milita predo kaj li estis forigita de siaj altaj postenoj.

Kaj iĝos pli malbone. En 1949 ses partiaj laborantoj en altaj postenoj en Leningrado estis akuzitaj pro misaĵoj lige kun komerca foiro, mortkondamnitaj kaj ekzekutitaj. La esplorado de la tiel nomata Leningrada afero disvastiĝis, ĉiam pli multaj estis suspektataj, inter ili fine ankaŭ la patro de Aleksandr Uralov, Vladimir.

– Mi estis nur kvinjara, sed mi memoras, kiel li disrompis sian sabron. Li ja estis jam iom aĝa, li naskiĝis en 1897 kaj li estis en la kavalerio dum la interna milito. Kiel honoran distingon li ricevis sabron kun gratulo de la komandanto. Li forŝraŭbis la plateton, kaj poste disrompis la sabron. Sed dum li faris tion, li difektis ankaŭ la fornon, ĉar ne estis facile rompi la klingon.

Vladimir Uralov devis liberiĝi de la sabro, ĉar oni nun subite povis suspekti ĉiujn pri kompliceco en la imagita konspiro kontraŭ Stalino. La malnova sabro tiukaze povus esti graviga indico. Ĝi ja estis armilo.

– Ĉiuj oficiroj devis redoni la pistolojn, kiujn ili ricevis kiel honorajn distingojn. Ili malfiksis la plateton, sur kiu estis skribita, de kiu ili ricevis la pistolon kaj kial, poste ili redonis la armilon. Sed patro ne volis redoni la sabron, la tenilo estis impona, do li rompis la klingon kaj forĵetis ĝin. Tiam neniu povus akuzi lin pro posedo de armilo.

Pli proksime al la fino de la Leningrada afero Vladimir Uralov tamen estis arestita, eble pro tio, ke la edzino de ekzekutita partia burokrato apartenis al la amikaro de la familio Uralov. Sed en la aŭtuno de 1950 la milito en Koreio jam komenciĝis, la esplorado de eventualaj suspektinduloj en Leningrado ne plu estis prioritata, kaj Vladimir Uralov estis liberigita post kelktaga pridemandado.

Post du jaroj Stalino komencis novan kampanjon, ĉi-foje kontraŭ judaj kuracistoj. Judoj estis subite aparte suspektindaj, ĉar post la milito estiĝis juda ŝtato, kiu ne en ĉio obeis la dezirojn de Stalino. Laŭ li la judaj kuracistoj estis "usonaj kaj cionismaj agentoj" kiuj planis inside murdi la gvidantaron de Sovetio. Pluraj konataj kuracistoj estis arestitaj kaj torturitaj laŭ la ordonoj de Stalino, por ke ili donu taŭgajn atestojn. La asertata konspiro estis "malkaŝita" en artikolo en la partia gazeto *Pravda* en januaro 1953 kaj rapide levis ondon de malamo kontraŭ judoj. Disvastiĝis famoj, laŭ kiuj ĉiuj judoj estos senditaj al la distanca Birobiĝano en sovetia Fora oriento, kie "juda aŭtonomia distrikto" estis kreita jam en 1934. Sed komence de marto 1953 Stalino mortis.

Tiam Aleksandr Uralov estis naŭjara. Li memoras, ke multaj reagis histerie al la forpaso de la granda gvidanto. Sed tute ne ĉiuj.

– Mi frekventis lernejon en la centro. Mi veturis per la buso 7, kaj mi devis marŝi la lastan pecon de la vojo, trans Aniĉkov-ponto. Ĉie estis laŭtparoliloj, oni ludis funebran muzikon kaj legis iajn poemojn. Mi pensis pri tio, ke mi ne ploras. Ĉiuj ĉirkaŭe aspektis plorintaj, sed hejme ĉe ni neniu ploris. Nia servistino eĉ diris, ke ja estis bone ke li mortaĉis. Mi tamen riproĉis min pro tio, ke mi ne ploras. Kiel mi povos veni al la lernejo kaj ne plori, kiam ĉiuj aliaj ploros? mi pensis. Sed kiam mi venis tien, neniu alia ploris. Ni desegnis portretojn de Stalino kun funebra kadro en niaj lernejaj kajeroj, kaj tio estis ĉio, oni ne devigis nin fari ion alian.

Tuj post la morto de Stalino la kontraŭjuda kampanjo en la gazetaro estis haltigita kaj la arestitaj kuracistoj liberigitaj. Multaj junuloj el diversaj partoj de la lando strebis veturi al Moskvo por ĉeesti la enterigon. La trajnoj estis plenegaj.

– Mi havis kuzon, kiu tiam estis deksesjara. Li veturis al Moskvo por honori la memoron de Stalino, por partopreni la enterigon. Li ja ne sukcesis vidi ion aparte proksime, sed tamen estis vera heroaĵo. Li veturis sur la tegmento de trajno, en marto. Sed cetere miaj familianoj ne aparte funebris. Oni ja memoris la amasajn arestojn, kaj ne pasis multe da tempo de kiam ankaŭ mia patro estis arestita.

Dum la enterigo la popolamaso plenigis la centron de Moskvo, kaj centoj da spektantoj estis mortpremitaj en la interpuŝiĝo. La junuloj, kiuj veturis al Moskvo, estis resenditaj laŭeble rapide, kaj eĉ ne bezonis aĉeti bileton por la rea vojo – la aŭtoritatoj volis tuj liberiĝi de la malfacile regebla popolamaso en Moskvo.

Ĉar la patrino de Aleksandr Uralov estis kuracisto kaj la patro estis oficiro, ili povis dungi serviston.

– Multaj en nia amikaro havis hejmhelpiston. Oni skribis kontrakton kaj pagis 300 rublojn da salajro monate. Estis granda manko de loĝejoj tiam, kaj la servistino loĝis ĉi tie en la granda ĉambro, kun mi. Mi kuŝis sur sofo ĉi tie ĉe la fenestro kaj legis en la lumo de la stratlampo, ĉar mi ne vere rajtis legi tiel malfrue. Ni havis verŝajne tri aŭ kvar diversajn hejmhelpistinojn, iu estis tre simpla virino el la kamparo, dum iu alia eĉ havis universitatan edukon. La lastan hejmhelpiston ni havis en 1954, poste tio jam ne estis bezonate, ĉar mi estis tiel granda ke mi povis prizorgi min mem.

Propra apartamento kun du ĉambroj kaj bankuvo, eĉ se en la kuirejo – tio estis lukso en la Leningrado de la 1950-aj jaroj. La plej multaj aliaj en la domo ne vivis same lukse.

– Ĉiuj havis malmulte da loko. Ni havis propran apartamenton, krom ni tion havis nur tri aliaj familioj. La ceteraj apartamentoj en ĉi tiu ŝtuparejo estis komunalkoj, komunaj apartamentoj en kiuj loĝis pluraj familioj. Ni iris al la familio Kuznecov en la tria etaĝo por spekti televidon. Oni kunportis proprajn taburetojn aŭ seĝojn. Ni longe ne havis sufiĉe da mono por propra televidilo, kvankam patro estis oficiro.

La unuan propran televidilon la familio Uralov aĉetis en 1956. Tiam estis nur unu kanalo, la elsendoj komenciĝis je la sepa horo vespere kaj finiĝis je la deka kaj duono. La plej grava fonto de novaĵoj estis la radio – kaj antaŭ ĉio la gazetoj, kiuj estis gluataj sur la anonctabuloj malantaŭ la angulo, en Granda avenuo. Dum la popola leviĝo kontraŭ la komunista regado en Hungario en 1956 ofte estis hom-amasiĝo ĉirkaŭ la gazetaj tabuloj.

– Oni devis interpuŝiĝi por vidi, kio estis skribita. En tiu tempo ĉiuj havis la saman opinion: en Hungario releviĝis la faŝismo. Oni ja montris al ni fotojn de komunistoj kaj milicanoj, kiujn ili pendigis kun la kapo sube, korpojn sur kies brusto estis tranĉitaj steloj. Bildojn de ĉiaj teruraĵoj, kiuj okazis tie.

La popolaj leviĝoj en Pollando kaj Hungario en 1956 kun postuloj pri demokratio estis iasence sekvo de la iom pli liberala politiko de Ĥruŝĉov, kiu distanciĝis de Stalino kaj ellasis centmilojn da malliberuloj el la punlaborejoj. La ribeloj tamen estis brutale frakasitaj de la sovetia armeo. Tiel Ĥruŝĉov klare montris, ke oni ne rajtas atenci la kernon de la sovetia sistemo. Post kelkaj jaroj estis konstruita la Berlina muro, por malhelpi ke loĝantoj de orienta Germanio transiru okcidenten. En Leningrado same klaris, ke ĉiaj kontaktoj kun eksterlandanoj, precipe okcidentanoj, estas danĝeraj kaj evitindaj.

– Tion ni ja bone lernis. Mi estis kaptita unu fojon, tio okazis en 1955 kiam mi estis dekunujara. Tiam komenciĝis la eksterlandaj flotvizitoj. Unu fojon vizitis nederlanda militŝipo, alian jaron estis brita aviadilporta ŝipo. Ĝi nomiĝis Triumph. Kaj en tiu jaro estis tri vizitoj kun mallonga interspaco, en la somero. Ni estis en la somerdometo, sed mi kolektis monerojn kaj mi veturis al la urbo por fari interŝanĝon kun la eksterlandaj marsoldatoj. Ili ricevis insignojn kaj mi ricevis monerojn. Svedajn monerojn kun truoj. Aŭ eble danajn. Ajnakaze, la volontulaj gardistoj kaptis min kaj informiĝis, kiu mi estas. Ili eĉ volis anonci al la lernejo, kion mi faris. Ĉiamaniere oni komprenigis al ni, ke oni ne havu kontakton kun eksterlandanoj. Kaj mi ja lernis la lecionon, post tio mi ne volis tuŝi eksterlandan monon. Krome estis ja danĝere – se oni estis kaptita kun dolarbiletoj en la poŝo, oni povis esti malliberigita dum eĉ dek jaroj.

La histerio pri eksterlandaj kontaktoj iom malseveriĝis en la somero de 1957, kiam la internacia komunista junulara festivalo estis aranĝita en Moskvo. Somere de 1959, antaŭ la ŝtata vizito de Nikita Ĥruŝĉov al Usono, oni krome aranĝis en Moskvo grandan usonan ekspozicion, kiun Ĥruŝĉov mem vizitis. Tion faris ankaŭ Aleksandr Uralov, kiu tiam estis dekkvinjara.

– Ni survojis hejmen el Ukrainio kaj restadis ĉe amikoj de patrino en Moskvo. Tiam patro ne plu vivis. Oni ekspoziciis enormajn usonajn aŭtojn, nekredeblajn fridujojn, tutan usonan kuirejon. Ni ja neniam vidis ion tian, ni ne havis ĵurnalojn kun tiaj fotoj. La fera kurteno vere ekzistis.

* * *

Ekde la komenco de la unua mondmilito ĝis la mezo de la 1920-aj jaroj malmulto estis konstruita en Petrogrado, kaj dum la tempo de Stalino oni uzis la haveblajn rimedojn ĉefe por grandaj, prestiĝaj konstruprojektoj. La loĝdomoj, kiujn oni konstruis tiam, kutime estis altkvalitaj, kun altaj plafonoj kaj dikaj muroj. Sed antaŭ ĉio ili estis tute tro malmultaj. Post la militaj detruoj la manko de loĝejoj en Sovetio estis ekstrema, kaj propra apartamento en novkonstruita domo ne estis io, pri kio ordinara homo eĉ povis revi. En la jaro 1926 la mezuma loĝosurfaco en Leningrado estis 8,7 kvadrataj metroj por ĉiu urbano, sed en la jaro 1956 nur 5,2 kvadrataj metroj.

Tion Nikita Ĥruŝĉov volis ŝanĝi, kiam li ekhavis la potencon post la morto de Stalino. Dum lia tempo estis komencita la programo de industria, rapida kaj ekonomia konstruado de loĝdomoj. En junio 1957 la centra komitato de la komunisma partio decidis, ke la manko de loĝejoj estu forigita ene de 10–12 jaroj. Tio devis esti realigita per konstruado de pli simplaj kaj malmultekostaj domoj. La decidon oni rapide rimarkis ankaŭ en Leningrado, kie oni dum nur kelkaj jaroj konstruis centmilojn da novaj apartamentoj kun suma loĝareo de pli ol dek milionoj da kvadrataj metroj. La malmultekostaj kvinetaĝaj apartamentaj domoj, kiuj rapide ekkreskis ne nur tie, sed en tuta Sovetio, estis nomataj "ĥruŝĉovka", Ĥruŝĉovaĵoj.

En la hierarkia sovetia sistemo tamen ankaŭ la strebado al laŭeble malmultekosta maniero konstrui loĝejojn facile iĝis troigita. La ĉefoj komencis konkuri pri tio, kiu povas konstrui la plej malgrandan apartamenton. En tiu tempo Natalja Soboleva laboris en la arkitekta oficejo de la urbo, kaj ŝi memoras, kiel la aferoj funkciis.

– Ĉio devis iĝi laŭeble malmultekosta. Oni konstruis ege malvastajn apartamentojn, la kuirejo havis kvin kvadratajn metrojn, unu dormoĉambro ses kaj la alia ok, kaj la salono dek kvin. En la banĉambro estis loko nur por neceseĝo kaj bankuvo, por lavabo loko mankis. Kaj tamen homoj estis feliĉegaj, kiam ili ricevis tian apartamenton. Sed poste oni devis konstrui ankoraŭ pli malmultekoste, kaj la kuirejo devis esti nur 4,5 kvadratajn metrojn. Poste iu elpensis, ke oni povas malgrandigi la kuirejon eĉ pli, ĝis 4,2 kvadrataj metroj. Ju pli malgranda kuirejo, des pli bone! Tute nekredeble.

Kiam Nikita Ĥruŝĉov fine de la 1950-aj jaroj vizitis lokon, kie estis konstruataj novaj domoj, la estroj tie laŭdire miris pri la malgrandaj banĉambroj kaj demandis, ĉu ne eblus igi ilin pli grandaj almenaŭ je unu kvadrata metro. Absolute ne, Ĥruŝĉov laŭdire respondis – tio kaŭzus, ke 2,5 milionoj da kvadrataj metroj da loĝospaco perdiĝus.

Poste Ĥruŝĉov mem eniris la malgrandegan banĉambron kaj kriis:
– Ĉio estas en ordo, estas loko por mi ĉi tie, estos loko ankaŭ por aliaj!

La 27-jara Natalja Soboleva mem daŭre loĝis en la malnova ĉambro ĉe Dua linio kaj laboris pri la konstruado de la unua linio de la metroo, kiel desegnisto en la arkitekta buroo. La unua metroa trajno veturis en la komenco de novembro 1955, kaj ŝi estis inter la unuaj pasaĝeroj, jam antaŭ ol la metroo estis malfermita al la publiko. La metroaj stacioj estis prestiĝa projekto, ellaborita ankoraŭ dum la tempo de Stalino, kaj kiu devis videbligi la potencon de la venkinta soveta ŝtato.

– Ĉiuj stacioj estis belaj, kaj plej bela estis Narvskaja, kie ĉio briletis kiel en kastelo el fabelo. Ĉio estis nova, ĉio rebrilis kaj reflektis la lumon. Ĉio estis kosta kaj pompa, oni devis demonstri al ĉiuj... En la laborejo ni faris lotumadon pri tio, kiu rajtos partopreni, rigardi la staciojn kaj veturi inter la unuaj. Mi ricevis la gajnantan loton. Iuj estis pli meritaj, ili malkontentis pri tio, ke veturos juna knabino. Sed la estro de la grupo demandis, ĉu mi volas veturi. Kompreneble mi volis. Tiam li diris: "Vi ja aŭdas, ŝi volas veturi. Kiel mi povus forpreni de ŝi la bileton?" Kaj mi veturis kiel unu el la honoraj gastoj, laŭ la tuta linio.

* * *

Unu el la plej gravaj objektoj de la jaro 1957 estis aluminia sfero kun diametro de 58 centimetroj kaj kun kvar antenoj, kiuj dissendis malfortan pepan sonon. La sfero estis Sputnik 1, la unua artefarita satelito de Tero. Sputnik (la nomo signifas "akompananto", aŭ simple "satelito") estis enorbitigita el Bajkonur en suda Kazaĥio la 4-an de oktobro, kaj ĝi estis la eka signalo en la spaca vetkurado de Usono kaj Sovetio, kiu iom pli ol dek jarojn poste kaŭzos, ke usonano marŝos sur Luno. Sed nun la unuan lokon en la konkurso ankoraŭ havis Sovetio. Eĉ pli klara la gvida pozicio de Sovetio iĝis en 1961, kiam la unua homo en spaco iĝis malalta sovetia militista piloto kun la nobela nomo Gagarin. Li estis preskaŭ malakceptita en la pilota lernejo, ĉar li ne estis sufiĉe alta, sed en la malgranda spacveturilo estis avantaĝo, ke li ne bezonis multe da loko.

La sukcesoj en spaco estis plia signo, kiu montris, ke la pezaj jaroj de Stalino finfine pasis, kaj la vivo turniĝis en bonan direkton.

Aleksandr Uralov estis en la sesa klaso, kiam li aŭdis la novaĵon pri Sputniko en la radio.

– Ni ja legis multe pri spacesplorado en diversaj magazinoj, sed tio tamen sonis kvazaŭ ia sciencfikcio. Oni ne kredis, ke tio havas ajnan rilaton al la realo. Sed subite ili anoncas, ke ili enorbitigis sputnikon. Tio iĝis enorma travivaĵo. Ĉiuj gazetoj estis plenaj de bildoj de tiu sfero kun kvar antenoj, kaj en la ĝustaj cirkonstancoj oni povis eĉ vidi ĝin per la binoklo de mia patro, kiam ĝi pasis malfrue en la vespero, kiam la radioj de la suno ankoraŭ lumigis la superajn tavolojn de la atmosfero. Eĉ pli granda sensacio estis, kiam oni en 1961 anoncis, ke homo, Juri Gagarin, estis enorbitigita.

– Mi estis en la deka klaso kaj ne havis lecionojn en merkredoj. Tio okazis en merkredo, la 12-a de aprilo, kaj mi estis hejme. Onklino Vera telefonis kaj diris: "Ŝaltu la televidilon, estas homo en la spaco!" Poste ĉiuj elkuris surstraten. Estis tute freneza tago de feliĉo. Sed tamen ni iel jam estis avertitaj. Io ŝanĝiĝis en 1957 kun Sputniko, nova tempo komenciĝis, post ĉiuj jaroj, dum kiuj oni timis, ke la milito revenos.

* * *

Korina Klodt estas dudekjara kaj daŭre laboras en la ŝipfarejo en Fora oriento. Meze de la 1950-aj jaroj ŝi fine vizitas malnovan amikon de la familio, kun kiu ŝi korespondis ekde kiam ŝi estis portita al la infanejo. Ŝi ne estis en eŭropa Rusio post la komenco de la milito. Kiam samĉambrano en Komsomolsko-ĉe-Amuro estas sendita al Moskvo por daŭrigi siajn fakajn studojn, ŝi volas, ke Korina venu viziti. Ĉar ŝi povas loĝi en la studenta ĉambro de la amikino, ŝi kaptas la okazon kaj elprenas la ŝparitajn libertempajn tagojn de du jaroj, kaj aldone iom da nepagata libertempo. Jam la trajnvojaĝo al Moskvo postulis ja tutan semajnon, kaj ĝi ne estis malmultekosta.

– Kiam mi jam estis en Moskvo, mi decidis viziti ankaŭ Ribinsk, kie loĝis onklino Ŝura, ja ne estis tro distance. Kaj tiam mi demandis ŝin, kio okazis al miaj gepatroj. Ŝi diris, ke ili mortis dum la sieĝo de Leningrado. Mi komprenis nenion, ja estis neniu sieĝo tiam, la milito eĉ ne komenciĝis. Mi ne komprenis, kial ŝi mensogas, sed eble ŝi timis diri la veron, ŝi pensis ke tio estas danĝera.

Lige kun la milito kaj la evakuo la dokumentoj de Korina estis perditaj. En la novaj dokumentoj, kiujn la infanejo preparis kiam ŝi iĝis plenkreska, eĉ ŝia naskiĝtago estis hazarde elektita – ŝi ja sciis nur, en kiu jaro ŝi naskiĝis. Nur nun ŝi eksciis, ke ŝi havas kuratoron, onklon Artur. Ne estis konate, kio okazis al li, sed Korina eksciis, ke unu lia parenco plu loĝas en Leningrado. Ŝi sendis telegramon al la personara sekcio de la ŝipfarejo en Komsomolsko-ĉe-Amuro por longigi sian nepagatan libertempon, kaj veturis al Leningrado.

– La unua afero, kiun mi faris tie, estis trovi mian malnovan hejmon. Mi supozas ke avo igis min parkeri la adreson, ĉar mi daŭre memoris ĝin: Dua linio 7, apartamento 9. Mi staris tie momenton kaj ploris. Poste mi foriris. Estis peza sento, mi sciis ja, ke ĉiuj, kiuj iam loĝis tie, mortis. Mia avo kaj ambaŭ liaj fratinoj.

Post komplika serĉado Korina ekhavis kontakton kun onklo Artur, kiu en tiu tempo loĝis en Ukrainio kun sia edzino Nataŝa. La unua edzino de Artur malsatmortis dum la unua sieĝa vintro, kaj baldaŭ poste Artur estis informita, ke li kaj multaj aliaj Leningradanoj kun germanaj radikoj estos ekzilitaj al distancaj lokoj, ĉar oni ne opinias ilin fidindaj. La ekzilo estis savo, ĉar ĝi signifis ke li povos forlasi la malsatantan, sieĝatan urbon. Nataŝa estis amiko de la familio, ŝia fratino ĵus mortis pro malsato, kaj Artur volis savi ŝin per fikcia geedziĝo, tiel ke ankaŭ ŝi povu forlasi Leningradon kun li. Ili estis ekzilitaj kune, kaj restis kune la tutan vivon.

Nur plurajn jarojn post la morto de Stalino, en 1957, ili povis forlasi sian ekzilejon kaj ekloĝi kie ili volis, sed Moskvo kaj Leningrado daŭre estis malpermesitaj al ili. Ili ekloĝis en Krivoj Rog en suda Ukrainio, kaj baldaŭ poste ili ekhavis kontakton kun Korina.

– Onklo Artur rakontis al mi pri miaj gepatroj – kiuj estis iliaj nomoj kaj kio okazis al ili. Li diris al mi ankaŭ, ke mi skribu al la prokurorejo en Leningrado por ricevi atestilon pri ilia rehabilito, ke ili estis senkulpaj. Tiam mi ankoraŭ loĝis en Komsomolsko. Mi iris al juristo tie por ricevi helpon, sed ili tute ne sciis, kiel procedi. Do mi mem sendis leteron al la prokurorejo. De tie ili plusendis ĝin al la milita tribunalo, Dio mia, sed ili ja ne estis militistoj! Mia patrino entute ne estis dungita, mi supozas ke ŝi helpis sian patron kiu estis tajloro. Kaj mia patro laboris en lampfabriko, same en Vasilij-insulo. Sed la respondon mi ĉiukaze ricevis de la milita tribunalo. En ĝi estis skribite, ke ili nun estas rehabilitaj kaj ke se iliaj posedaĵoj estis konfiskitaj, mi havas la rajton ricevi ilin. Sed estis skribita nenio pri tio, ke mi rajtus ricevi loĝejon en Leningrado.

La gepatroj de Korina estis rehabilititaj en 1958, kaj en la sama jaro ŝi ankaŭ eksciis sian veran naskiĝtagon: la 23-a de januaro 1935.

En 1960 Korina transloĝiĝis de Fora oriento al Krivoj Rog en suda Ukrainio, al Artur kaj Nataŝa. La sekvan jaron ili fine sukcesis ekloĝi en Leningrado, kie Korina ja ne havis loĝejon, sed tamen lokon en la loĝeja vico. Ĝin ŝi ricevis kompense pro tio, ke ŝiaj senkulpaj gepatroj estis mortkondamnitaj kaj ekzekutitaj. Artur kaj Nataŝa ŝanĝis sian loĝejon en Ukrainio al ĉambro kun 18 kvadrataj metroj en Leningrado, kaj la plano estis, ke Korina loĝu tie kun ili ĝis ŝi sukcesos havigi propran loĝejon. Sed estis pli facile plani ol fari. La aŭtoritatoj rifuzis registri ŝin en la ĉambreto, kaj sen la ĝusta stampo en la pasporto ŝi ne rajtis restadi en la urbo.

– La ĉambro havis 18 kvadratajn metrojn, kaj laŭ la normo oni devis havi naŭ kvadratajn metrojn por ĉiu loĝanto. Do laŭ la normo ne estis loko por mi en tiu ĉambro. Ne helpis klarigoj pri tio, ke la afero estas nur portempa, ĝis mi ricevos propran loĝejon. En ĉiuj instancoj oni diris nur ne, ne, kaj ankoraŭfoje ne. Mi jam pretis rezigni kaj reveturi al Komsomolsko-ĉe-Amuro. Tiam onklo Artur diris, ke li provos.

Onklo Artur iris al la ĉefsidejo de la urba registaro, ĉe la katedralo Sankta Isaako, kaj provis konvinki la estron de la respondeca sekcio – Korina ja estas tornisto, la fabrikoj en la urbo bezonas tornistojn, kaj ŝi loĝus en la ĉambro kun 18 kvadrataj metroj nur ĝis ŝi ricevos propran loĝejon. Sed nenio helpis. Ankaŭ onklo Artur jam intencis rezigni kaj foriri, kiam li tra la fenestro rimarkis la rajdistan statuton sur la placo antaŭ la Isaaka katedralo.

– Li diris: "Ĉu vi vidas Nikolaon la Unuan tie? Korina estas rekta posteulo de la skulptisto Pjotr Klodt, kiu kreis la statuon, kaj nun vi eĉ ne volas permesi al ŝi registriĝon en la urbo!" Kaj tio helpis. "Kial vi ne diris tion tuj?" la ĉefo demandis. Li donis sian permeson, mi povis registriĝi en Leningrado kaj trovis laboron kiel tornisto en fabriko.

La sekvan jaron Korina Klodt ricevis proponon pri propra ĉambro en domo en Vasilij-insulo, en Dektria linio, je malpli ol kilometra distanco de la domo kie ŝi loĝis kiel infano. La propono venis nekredeble rapide, se konsideri la enorman mankon de loĝejoj. Ĝi estis nova rezulto de la diplomatiaj kapabloj de onklo Artur, kiu konvinkis la aŭtoritatojn, ke Korina kiel viktimo de la persekutoj de Stalino devas havi prioritaton. Ŝiaj gepatroj ja estis ekzekutitaj kvankam senkulpaj, kaj tio estis dokumente pruvebla. Sed unue Korina tute ne volis havi la ĉambron en Dektria linio, en la domo kie ŝi daŭre loĝas.

– Jam tiam estis centra hejtado ĉi tie, kaj onklo Artur diris al ili, ke mi devas havi ĉambron kun centra hejtado. Malforta junulino ja ne bezonu portadi brullignon, li diris. Sed kiam mi ekvidis la ĉambron mi volis nur foriri de tie. Mi ne volas loĝi en tiu ĉerko, mi diris. Ĉar estis tre mallarĝa kaj morna ĉambro, kvin metrojn longa kaj du metrojn larĝa. Sed li sukcesis konvinki min, ke estas bona komunalko, li montris ke grio kaj aliaj aferoj staras malferme sur la bretoj en la kuirejo, ili ne estas enŝlositaj. Do oni ne ŝtelas. Kaj ja estis centra hejtado. Dek ok jarojn mi loĝis tie, ĝis la kompleta renovigo, kaj ni neniam kverelis, ni estis bonaj najbaroj.

Nun, kiam Korina ricevis loĝejon en Vasilij-insulo, ŝi volis trovi ankaŭ laborejon en sia malnova hejma urboparto. Estas ja stulte veturadi al la laboro tra la tuta urbo, ŝi opiniis. Krome ŝi ne volis plu labori kiel tornisto, ĉar ŝi ekhavis ekzemon, kiu ne volis malaperi. Sed la labormedio en la fabrikoj en Vasilij-insulo, kiujn ŝi vizitis, ne logis ŝin.

– Estis teruraj malnovaj fabrikoj kun malbonaj maŝinoj, kaj ĉie ili volis nur, ke mi plu laboru kiel tornisto.

Fine ŝi trovis la Mekanikan fabrikon Kolĉakov ĉe Malgranda avenuo, je iom pli ol kilometra distanco de ŝia hejmo. Tie estis fabrikataj interalie rulŝtuparoj por ĉiuj novaj metrostacioj en Leningrado. Kaj tie ŝi ne bezonis torni.

– La ĉefo diris, ke ili bezonas gruistojn, kaj demandis, ĉu mi volus trairi trimonatan kurson por tiu laboro. Tion mi kompreneble volis, la fabriko ja situis tute apude ĉi tie.

Krome ŝi sukcesis spite sian mankohavan lernejan edukon akceptiĝi al vespera kurso de teknikaj desegnistoj. Ĉiun tagon post la laboro ŝi kaptis tramon al la alia flanko de Nevo por studi. Dudek kvin jarojn post kiam ŝiaj gepatroj estis ekzekutitaj, ŝi denove estis hejme.

❖

1967

La iama bona tempo

La vivo belas. Neniam antaŭe la loĝantoj de Leningrado fartis tiel bone. La 1-an de januaro 1967 la termometro montras nulon. Ne neĝas. Nikita Ĥruŝĉov estas detronigita kaj lia epoko de politika degelo pasis, sed la nova subpremo estas multe pli milda ol dum la tempo de Stalino. Unuafoje en la moderna historio de Rusio la ŝanĝo de reganto pasis pace. La antaŭa estro ne estis ekzekutita. Li eĉ ne estas en malliberejo. La partiaj gvidantoj forigis lin per voĉdono, kaj li estas nun amara pensiulo kiu diktas siajn memoraĵojn sur magnetofonan bendon. Li iĝis neekzistanta persono, kiu ne estas menciata en presitaj tekstoj, kaj kiun malmultaj kuraĝas viziti, pro la daŭra observado de la sekurservo – sed li vivas.

Aleksandr Uralov daŭre loĝas en la malnova apartamento de la familio Saviĉev. Tie loĝas ankaŭ lia patrino kaj lia duonfratino kun sia edzo. Ja estas iom maltro da loko, ĉar la tuta vasta familio havas nur du ĉambrojn, sed kompare kun multaj aliaj ili bone vivas.

La tempo inter la mezo de la 1950-aj kaj la mezo de la 1960-aj jaroj estis optimisma periodo en Leningrado. Kelkajn jarojn post la morto de Stalino, kiam la timego iom malfortiĝis, komencis cirkuli la skribitaj memoraĵoj de liberigitaj punlaboruloj. Ilin legis liberpensaj studentoj kaj aliaj universitatuloj. La manuskriptoj estis ofte kopiataj per tajpilo kaj karbopapero. Se oni havis maldikan paperon, eblis fari kvar kopiojn samtempe. La rezulto estis nomata *samizdat*, "memeldono". La disvastigo de kontraŭsovetiaj materialoj daŭre estis malpermesita, sed la limoj iĝis pli flekseblaj.

Ĉio tamen okazis strikte sekrete, rakontas Aleksandr Uralov.

– Oni povis teni la tekston dum unu nokto. En la mateno, precize je la oka horo, oni devis redoni ĝin. Oni absolute ne rajtis transdoni ĝin al iu alia. Sed ankoraŭ ne temis pri Solĵenicin, povis esti tre simple skribitaj memoroj de homoj, kiuj estis malliberigitaj dum dek ok jaroj. Ni ja nenion sciis pri tio, krom ke ekzistis persekutoj kaj punlaborejoj. Nun ni povis mem legi ĉi tion, unue kiel simplajn tekstojn, poste jam en pli literatura formo. Kaj oni multe parolis pri tio hejme ĉe ni, ĉar nin vizitis multaj edukitaj homoj, kuracistoj kaj oficiroj. En la 1960-aj jaroj jam estas du televidkanaloj. La programoj komenciĝas iom pli frue, finiĝas iom pli malfrue, kaj estas ankaŭ lokaj programoj, kiuj estas sendataj el studio en Leningrado. Tie Aleksandr Uralov laboris kiel muntisto de dekoroj dum unu jaro, inter la lernejo kaj la militservo. Kelkfoje li devis sidi en la studio ĝis post la noktomezo, ĉar oni komencis sendi rekte el diversaj eksterlandaj sportkonkursoj, kaj kiam la elsendo finiĝis, ĝia fino devis esti bonorde anoncita.

Ankaŭ la televidiloj estas fabrikataj en Leningrado. La elsendoj komenciĝis jam en 1938, sed en tiu tempo ne multaj havis ricevilon, kaj dum la milito la elsendoj estis ĉesigitaj. Televidilojn oni komencis fabriki en Leningrado fine de la 1930-aj jaroj, kaj la unua sovetia kolora televidilo de la marko Raduga ("Ĉielarko") estis serie fabrikata ĉi tie en Vasilij-insulo ekde 1967.

La fabriko estis fondita jam en 1853 de la germania entrepreno Siemens & Halske, kiu produktis kaj riparis aparataron por la nova telegrafa reto. La metiejo komence troviĝis ĉe Unua linio, sed kiam la bezonoj kreskis, oni fine de la 1880-aj jaroj konstruis tute novan fabrikon ĉe Kvina linio, nur kelkcent metrojn de la strato de Tanja. La sama entrepreno konstruis ankaŭ propran kablofabrikon pli distance sur Vasilij-insulo. Post la revolucio la naciigita elektronikaĵ-fabriko estis renomita Fabriko Kozickij, laŭ bolŝevista gvidanto kiu dum iom da tempo laboris tie, kaj ĝi komencis produkti radioaparataron por la bezonoj de la armeo. Ĝis 1960 la fabriko estis sekreta militista entrepreno.

Eĉ se oni komencis fabriki kolorajn televidilojn jam en la 1960-aj jaroj, ankaŭ nigrablankaj aparatoj longe restis kostaj kaj malfacile troveblaj. Tial okazis, ke tiuj, kiuj povis ie trovi la komponantojn kaj havis la bezonatajn konojn, mem kunmetis siajn televidilojn. Tiel estis en la komunalko de la avino de Aleksandr Uralov en Apotekarskij-insulo, kelkajn kilometrojn norde de Vasilij-insulo.

– Tiu estis enorma apartamento kun dek sep ĉambroj, du necesejoj kaj du kuirejoj. Ĉiuj ĉambroj situis laŭ unu longega koridoro. Ŝajnis, ke oni devas iri tutan kilometron por atingi la ĉambron de avino. Tie loĝis multaj studentoj de Leningrada elektroteknika instituto, kaj certe en tri aŭ kvar el la cambroj estis memfaritaj televidiloj. La aparatoj ne havis keston, sed la bildo povis esti eĉ pli bona ol en la vendejaj aparatoj, ili ja povis mem agordi ĉion precize ĝuste.

Lertaj muzikamantoj povis mem kunmeti ankaŭ registrajn aparatojn, kiuj estis uzataj por pirate kopii muzikon – komence ĉefe ĵazajn diskojn, kiuj estis popularaj inter junuloj en Leningrado, sed kiuj ne estis aĉeteblaj. Unue oni uzis malnovajn rentgenajn fotojn, sur kiuj oni gravuris la muzikon. La diskon oni povis ludi per ordinara gramofono. La pirataj muzikdiskoj estis nomataj *muzika na rjobraĥ*, "muziko sur ripoj", ĉar oni sur la dika, uzita rentgena filmo ofte povis vidi ripojn aŭ aliajn esploritajn korpopartojn.

– Tiuj diskoj aperis jam en la 1950-aj jaroj, sed tiam mi ankoraŭ estis lernejano kaj ne havis monon por tiaj aĵoj. Miaj pli aĝaj kuzoj jam studis en la universitato, kaj ili havis stakojn da tiaj diskoj. Ili ne ĉiam funkciis ege bone sur malnovmodaj gramofonoj, sed poste komencis aperi elektronikaj gramofonoj kun amplifilo kaj pli bona transportilo.

La ripa muziko rapide malaperis en la mezo de la 1960-aj jaroj, kiam magnetofonoj iĝis pli atingeblaj. Sed ankaŭ magnetofonoj estis kostaj kaj ne ĉiam haveblaj. Tial okazis, ke laborantoj en fabrikoj de elektronikaĵoj ŝtelis komponantojn kaj mem kunmetis magnetofonon por si.

En la aĝo de 19 jaroj, en 1963, Aleksandr Uralov estis vokita al militservo. En tiu tempo la militservo daŭris tri jarojn, kaj dum li servis en Belorusio okazis du grandaj ŝanĝoj. La unua el ili tuŝis nur la loĝantojn de Vasilij-insulo: hejtotuboj estis konstruitaj laŭ Granda avenuo, kaj la angula domo, en kiu iam loĝis la familio Saviĉev, fine ekhavis distriktan hejtadon.

La alia granda okazaĵo ja estis la ŝanĝo de la reganto de la lando. Anstataŭ la impulsa kaj foje ekstravaganca Nikita Ĥruŝĉov, la postenon de ĝenerala sekretario de la komunisma partio ekokupis la pli konservativa Leonid Breĵnev. Ĥruŝĉov estis forigita jam en 1964, sed nur post tri jaroj la ŝanĝo en la atmosfero iĝis evidenta, diras Aleksandr Uralov.

– Tiam mi jam ekstudis en la universitato. Kaj en la aŭtuno de 1967, sojle de la 50-jara jubileo de la revolucio, multaj studentoj kaj doktoriĝantoj en Leningrado estis arestitaj. Oni juĝis ilin pro fondo de kontraŭsovetia grupo, kiu nomiĝis Socialkristana unio por popola liberigo. Ke ili entute kunvenis estis sekvo de la politika degelvetero – kaj nun ili ĉiuj estis kondamnitaj al dek kvin jaroj en mallibero. Ili travivis, sed ili ĉiuj sidis la tutan punon. Kaj kiam tio okazis, ni komprenis, ke ĉi tio estas serioza, ke la degelo turniĝis al frosto.

La arestoj kaj la severaj punoj laŭ Aleksandr Uralov tamen ne revenigis la timon.

- Ne, ni ne timis. Ni seniluziiĝis. Ĝis tiam oni ja ekzemple publikigis multege da interesa literaturo en la periodaĵoj. La periodaĵoj tiam estis popularaj, kaj konatoj interŝanĝadis ilin, ĉar ne eblis aboni ĉion interesan.

La ĉefa kialo malantaŭ la forigo de Nikita Ĥruŝĉov estis lia arbitra kaj nebridebla maniero gvidi la landon, kun ne bone pripensitaj reformoj, kiuj precipe en la terkulturado havis katastrofajn sekvojn. Post sia vizito en Usono Ĥruŝĉov ekhavis fiksan ideon pri maizo kaj komencis kredi, ke la usona greno kun siaj enormaj spikoj povus solvi la eternajn problemojn pri nutraĵoj en Sovetio. La babiloj pri maizo subite aperis ĉie, kaj eĉ en la novjaraj arboj pendis ornamaĵoj en formo de maizospikoj. Sub la gvido de Ĥruŝĉov estis enkondukita terkultura reformo, kadre de kiu oni devis kultivi maizon en grandaj partoj de Kazaĥio kaj okcidenta Siberio – en regionoj, kiuj tute ne taŭgis por maizo. La rezulto estis, ke la terkultura produktado malkreskis kvankam la areo de kultivataj kampoj estis pliigita. Dum iom da tempo eĉ pano denove mankis en la vendejoj, kaj en 1963 Sovetio la unuan fojon devis importi grenon.

La kondutmaniero de Ĥruŝĉov estis ankaŭ grava kialo malantaŭ la dusemajna Kuba krizo en oktobro 1962, kiam lia decido loki nukleajn armilojn en Kubo kondukis al rekta konfrontiĝo inter la du nukleaj potencoj, Usono kaj Sovetio. Fine la sovetiaj ŝipoj turniĝis kaj veturis reen kun sia nuklea kargo. La krizo aspektis kiel perdo de prestiĝo por Sovetio, kaj du jarojn poste verŝajne grave kontribuis al la decido de la partia gvidantaro eksigi Ĥruŝĉov.

* * *

En la sama jaro kiam Ĥruŝĉov estis eksigita, Korina Klodt finis siajn vesperajn studojn. Nun ŝi estis finekzamenita teknika desegnisto, sed en la fabriko de rulŝtuparoj en Vasilij-insulo, kie ŝi laboris, mankis tiaj postenoj. Tamen la personara sekcio ne volis permesi al ŝi maldungiĝi – ŝi estis bezonata kiel gruisto. Sed ŝi jam trovis pli bonan laborlokon, helpe de la kontaktoj de onklo Artur. Li havis laborkamaradon kies edzo estis ĉefo de laboratorio en metalurgia instituto. Ĝuste tiel, pere de kontaktoj kaj konatoj, oni en Sovetio povis trovi dezirindajn varojn kaj servojn – aŭ pli bonan laborpostenon. Sed tiam Korina Klodt ankoraŭ ne bone komprenis, kiel la sistemo funkcias.

– Mi ja estis jam 29-jara, sed kompleta stultulo! Mi ne sciis, kiel oni faru, kiam oni pere de kontaktoj ricevis promeson pri posteno. Mi simple iris al la personara sekcio, kiel ajna honesta homo. Kaj tie mi diras, ke devus esti posteno por mi en la konstrua buroo. Sed ili respondas, ke mi ne estas bezonata, ke por tiu sekcio ili volas dungi nur virojn, ĉar viroj povas oficvojaĝi. Mi ja devus paroli kun la ĉefo, sed tion mi ne komprenis. Mi stariĝis kaj foriris.

Korina Klodt jam komencis pripensi, ĉu ŝi reiru al la fabriko de rulŝtuparoj kaj al la laboro de gruisto, de kiu ŝi kun granda peno sukcesis liberiĝi, sed onklo Artur petis ŝin iom atendi. Poste li ankoraŭfoje parolis kun sia laborkamarado, kiu parolis kun sia edzo, kiu siavice parolis kun la grava estro en la metalurgia instituto.

– Poste la ĉefo subskribis decidon dungi min, kaj la knabinoj en la personara sekcio sendis al mi leteron, petante ke mi revenu – iĝis iu eraro la pasintan fojon, ili klarigis. En tiu konstrua buroo mi poste laboris dum 29 jaroj kiel teknika desegnisto. Meĥanobr estas ĝia nomo, ĝi situas ĉi tie en 21-a linio, apud la Mina instituto. Ĉio ja troviĝas en Vasilij-insulo, kial oni volus veturadi aliloken, tien kaj reen, tra la urbo?

En 1967 Korina Klodt estas 32-jara. Nun ŝi havas edukon, bonan laborlokon kaj la propran ĉambreton en komunalko en Dektria linio. Tie ŝi loĝos preskaŭ dudek jarojn, kvankam la ĉambro estas tiel mallarĝa ke apenaŭ estas loko turniĝi.

– La apartamento estis bona, tie estis banĉambro, centra hejtado, gaso, ĉio bezonata. Kaj estis bone pri la najbaroj en la apartamento, ni estis amikoj. Sed tamen mi ĉiam klopodis forveni de tiu mallarĝa ĉambro, ĝi estis tiel terure prema. Mi havis tablon tie, sed kiam mi volis sidiĝi ĉe ĝi, la sofo ĝenis.

Onklo Artur kaj lia edzino Nataŝa iĝis kvazaŭ gepatroj por Korina, kaj ŝi ofte iris al ilia unuĉambra apartamento por ne devi dormi en la skribilujo – tiel ŝi foje nomis sian stretan ĉambron.

– Ankaŭ ili loĝis ĉi tie en Vasilij-insulo, kaj ili havis bonan apartamenton. Mi povis starigi faldoliton en la kuirejo kaj dormi tie. Mi povis pasigi tie la tutan someron – kion mi ja faru ĉi tie sola, kiam ĉiuj najbaroj estis en la kamparo? Mi memoras la unuan fojon, kiam mi vekiĝis en la granda ĉambro, ĝi havis kvaroble kvin metrojn, kaj mi ne povis kompreni, kial mi fartas tiel bone. Kaj kie estas la muro? La muro, kiu ĉiam premis min hejme, estis for.

La malvasta loĝejo estis unu kialo, pro kiu Korina Klodt mem neniam ekhavis infanojn, sed ne la ĉefa.

– Mi neniam ekhavis propran familion, kaj ankaŭ ne infanojn. Ĉar mi opiniis, ke oni ne havu infanojn sen edzo. Mi ja mem kreskis en infanejo. Ne estas bone malhavi gepatrojn, neniam renkonti virojn.

* * *

En septembro 1967 oni komencas konstrui la Leningradan nuklean centralon, kies unua reaktoro estas ekfunkciigita en 1973. La metroo plu kreskas, kaj en 1967 oni malfermas la trian linion, kies unu finstacio estas en Vasilij-insulo. La reflekta, kvadrata konstruaĵo kun siaj grandaj panoramaj fenestroj komplete diferencas de la ĉirkaŭaj domoj de la 19-a jarento ĉe Meza avenuo, du domblokojn for de la strato de Tanja. La tuta tria linio de la Metroo estas ekzemplo de nova pensado. Por malpliigi la riskon de akcidentoj ĉie estas kompleta fermo inter la kajo kaj la trako – la trajnoj ne videblas kaj oni neniel povas fali sur la relojn. Nur kiam la trajno haltas, la dikaj, aŭtomataj glitpordoj ŝoviĝas flanken por el- kaj enlasi la pasaĝerojn. Ĉar la pordoj similas la enirejon de granda, moderna lifto, oni eknomas ĉi tiun specon de stacioj "horizontala lifto".

La horizontala lifto estas granda ŝanĝo por la loĝantoj de Vasilij-insulo. En kvar minutoj ili povas nun veni al la centro kaj la ĉefa strato de la urbo, Nevskij prospekt, kiu jam dum la milito ricevis sian malnovan nomon. Kaj antaŭ ĉio la metroo malpliigas la ŝarĝon de la tramoj kaj trolebusoj, kiuj antaŭe ofte estis superplenaj. Aleksandr Uralov memoras la jarojn antaŭ la metroo.

– Tiam mi ofte devis veturi sur la kolbaso, kiel oni diris. Oni pendis tie sur la malantaŭa flanko de la trolebuso – oni staris sur la bufro kaj forte tenis sin je io. Tiel povis pendi eĉ kvin personoj samtempe. La trolebuso ja estis plenega, kaj ĉiuj devis atingi la laborejon.

En la aŭtuno de 1967 Aleksandr Uralov komencas studi la persan kaj orientalismon en la universitato de Leningrado. Tie li renkontas Galina, kurskamaradon al kiu li post kelkaj jaroj edziĝos. En 1972 naskiĝas ilia filo Vladimir.

Dum la studtempo Aleksandr plu loĝas hejme, la universitato ja situas en Vasilij-insulo kaj la instituto de orientalismo estas je promena distanco. Malpli oportune estas, ke apenaŭ troviĝas lokoj, kie la studentoj povus interrilati post la lekcioj. Gemutaj kafejoj kaj bierejoj ne estas la pinta prioritato de la sovetia planekonomio, kaj ĉiaspeca privata entreprenado ja estas malpermesita. Vojaĝa gvidlibro pri Leningrado, kiu estis eldonita sojle de la 40-jara jubileo de la revolucio en 1957, povis listigi kvar kafejojn en la urbo kun tri milionoj de loĝantoj. Krome ekzistis kelkaj kostaj restoracioj, kie estis malfacile ricevi lokon, kaj por kiuj malriĉaj studentoj ĉiukaze ne havis monon.

Dum la sekvaj jaroj la situacio pri kafejoj pliboniĝas paŝeton post paŝeto. En la aŭtuno de 1964 sennoma kafejo estas malfermita en ejo, kiu apartenas al restoracio Moskvo ĉe Nevskij prospekt. La kafejo rapide iĝas populara inter studentoj, junuloj kun verkistaj revoj kaj tiuj malmultaj rokmuzikistoj, kiuj komencas iĝi konataj sur la neoficiala scenejo. La poeto Iosif Brodskij, poste pli konata kiel la Nobel-premiito Joseph Brodsky, iĝas regula gasto post kiam li en 1965 ricevas permeson reveni el interna ekzilo. En proceso, kiu ricevis multe da atento, li estis kondamnita al ekzilo pro "nenifarado", ĉar li ne havis dungon.

Popole oni eknomas la kafejon "Sajgono", laŭ la urbo kiu en la 1960-aj jaroj, dum la daŭranta milito en Vjetnamio, plu estas la dekadenca ĉefurbo de la kapitalisma Sud-Vjetnamio.

Sed en Vasilij-insulo mankas dekadencaj kafejoj, eĉ ne estas simplaj bierejoj, kie la studentoj povus kolektiĝi, Aleksandr Uralov memoras.

– Estis nur simplaj manĝejoj, sed tie oni ja ne povis sidadi vespere, trinkante kafon. Poste oni malfermis en Unua linio manĝejon, kiu almenaŭ estis malfermita ĝis la deka horo vespere. Ĝi nomiĝis Manĝejo numero 8, kaj tie kolektiĝis ĉiuj universitatanoj. Jes, kaj estis plia ejo, Akademia manĝejo, kie oni vendis bieron. Oni povis trinki bieron tie eĉ meze de la tago, sed brandon ili kompreneble ne havis. Tamen apenaŭ estis pliaj ejoj.

Tial Aleksandr Uralov kaptis la okazon atentigi pri la manko, kiam la familio en la naskiĝtago de lia patrino en la 1-an de septembro 1967 havis gravan vizitanton. Estis Vladimir Nikolajeviĉ Matvejev, vicprezidanto de la urboparta registaro kaj respondeculo pri "obŝĉepit", la sistemo de publikaj manĝejoj en Vasilij-insulo. Alivorte, la ĉefo de la neekzistantaj kafejoj.

– Li ĵus faris studviziton al GDR kaj rakontis, kiel bone la aferoj statas tie. Ĉiuj tiuj gastejoj, tiaj germanaj bierejoj. Kaj tiam mi diris al li: Vladimir Nikolajeviĉ, ni devas sidi en tiu Akademia manĝejo kaj trinki bieron. Ĉu vi ne povus aranĝi, ke oni malfermu almenaŭ unu bierejon, kie oni povus sidi vespere? Kun mi estis tie pluraj samkursanoj, kaj ni ĉiuj akcentis la gravecon de la afero. Li promesis pripensi. Unu jaron poste li denove estis invitita al la naskiĝtaga festeno de mia patrino, kaj tiam li povis raporti, ke estis malfermitaj kvar novaj kafejoj, kaj iĝos pliaj. Do dum iom da tempo Vasilij-insulo fakte estis en la avangardo, kiam temis pri kafejoj.

Sed kvar kafejoj en la tuta Vasilij-insulo tamen ne estis multe, speciale se konsideri, ke ne nur la universitaj studentoj, sed ankaŭ la studentoj de Mina instituto kaj de la diversaj militaj institutoj en Vasilij-insulo konsistigis la klientaron.

– Estis daŭre malfacile ricevi lokon, kvankam ili malfermis kvar kafejojn, poste kvin, kaj du bierejojn. Se oni volis eniri bierejon, oni devis vicatendi senfine, se oni ne hazarde konis la pordiston. Iu eble donis al li rublon por rajti eniri. Sed en la centro de la urbo estis eĉ pli malfacile. Se oni volis eniri restoracion, oni devis rezervi tablon longe anticipe, alikaze oni devis stari en vico, aŭ pagi. Ni parkere konis ĉiujn restoraciojn en la urbo, ĉar ili vere ne estis multaj. Kaj en la restoraciojn de Inturist, en la hoteloj kie loĝis eksterlandanoj, tien estis tute maleble eniri, oni neniam sukcesis preteriri la pordiston.

La malfacilaĵoj pri restoracioj tamen estis marĝena problemo. Plej gravis, ke estu manĝo hejme sur la manĝotablo. Kaj ja estis, kompare kun la antaŭaj jardekoj eĉ multe. La tempo ekde la komenco de la sesdekaj ĝis la fino de la sepdekaj jaroj estas epoko, kiun multaj post la falo de Sovetio memoros kiel "la iaman bonan tempon". La paso de la tempo ofte orumas memorojn, sed efektive en tiu epoko multo iĝis pli bona por ordinaraj homoj. Neniuj ekonomiaj reformoj estis entreprenitaj, la sistemo stagnis, sed la kreskanta produktado de nafto kaj gaso por eksporto, kombinite kun favoraj prezoj en la mondaj merkatoj, kaŭzis ke la vivo ĉiun jaron iĝis iom pli bona, eĉ se la ŝanĝoj estis marĝenaj. Ĉi tiun epokon oni ofte nomas la periodo de stagnado, sed se la alternativo estis grandaj renversoj kaj kaoso, multaj certe preferis iom da stagnado.

Dum la konjunkturo en la monda merkato estis favora por Sovetio, la enspezoj ricevitaj de naftoeksportado povis esti uzataj por importi grenon, kaj tiel kompensi la neefikecon de la kolektivigita terkulturado. Ankaŭ varoj por konsumado estis importataj en modestaj kvantoj, precipe el tiuj landoj de orienta Eŭropo, kiuj post la milito estis aligitaj al la sovetia bloko.

Post la dua mondmilito Sovetio plu subtenis la batalon de Mao Zedong por la potenco en Ĉinio, kaj en 1949 Sovetio kiel la unua lando en la mondo rekonis Ĉinan Popolan Respublikon. La proksimaj politikaj rilatoj inter la landoj kondukis al rapida evoluo de la komerco, kaj dum la dua duono de la 1950-aj jaroj sur la bretoj de multaj butikoj en Leningrado aperis montoj da varoj el Ĉinio. Antaŭ ĉio ĉinaj bantukoj, kovriloj kaj hejmornamaj objektoj estis tre popularaj, kaj multaj aĝuloj, kiuj ankoraŭ memoris la malfacilajn jarojn, kiam nenio aĉeteblis, kaptis la okazon kaj plenigis siajn komodojn per ĉinaj felpaj bantukoj. Ili ĝuste faris – la mielmonato en la rilatoj de Ĉinio kaj Sovetio ne daŭris ege longe.

Jam la distanciĝo de Ĥruŝĉov de la stalinismo en la mezo de la 1950-aj jaroj kaŭzis, ke la regantoj de Ĉinio ekakuzis Sovetion pro reviziismo kaj perfido de la monda revolucio. La komerco kaj la milita kunlaboro tamen daŭris ĝis la fino de la 1950-aj jaroj. La kompleta kolapso de la rilatoj okazis meze de la 1960-aj jaroj, kaj estis akrigita de la ĉina kultura revolucio, kiu komenciĝis en 1966. En januaro 1967 ruĝgvardianoj atakis la sovetian ambasadon en Pekino, kaj en la sama monato la dungitaro de la ĉina ambasado en Moskvo aranĝis nepermesitan protestan manifestacion en Ruĝa placo. Baldaŭ ĉiuj sovetiaj specialistoj estis vokitaj hejmen el Ĉinio. En Leningrado ĉinaj studentoj devis interrompi siajn studojn kaj reveturi al Ĉinio, kie ilin atendis malcerta sorto.

La geologo Galina Barĥudarova, kiu loĝas en Tria linio, bone memoras la ĉinajn studentojn. En la mezo de la 1960-aj jaroj ŝia avo laboris en Vasilij-insulo, en la kablofabriko Sevkabel, kiu iam apartenis al la germania entrepreno Siemens & Halske. Li havis multajn ĉinajn studentojn, kiuj volis lerni ĉion pri kablofabrikado.

– Ili foje vizitis nin hejme, avino kuiris por ili rizon, ĉar ili ne ŝatis la ordinaran rusan manĝon. Ni ricevis de ili ege belajn lakitajn bovletojn, kun manĝobastonetoj. Sed ĉio tio finiĝis, kiam komenciĝis la kultura revolucio. Ili ĉiuj verkis adiaŭajn leterojn kiam ili forveturis, ili antaŭsentis ke ili ne havos bonan sorton en Ĉinio, ĉar ili studis en Sovetio.

Baldaŭ la konflikto iĝis pli akra, ĝis militaj interpuŝiĝoj laŭ la longa limo inter Ĉinio kaj Sovetio. La interbataloj neniam kreskis ĝis plena milito, sed daŭros dudek jarojn antaŭ ol la rilatoj de Sovetio kaj Ĉinio normaliĝos. Galina Barĥudarova memoras, kiel aspektis la limo kontraŭ Ĉinio en sovetia Fora oriento komence de la 1970-aj jaroj.

– Ni estis tie ĉe Amuro en ekspedicio en 1972. Tie estas rusa urbo, kiu nomiĝas Bikin. La ĉinoj tie starigis foston kun laŭtparolilo meze de la rivero, per ĝi ili kriegadis ĉinajn blasfemaĵojn ekde frua mateno.

* * *

La konflikto kun Ĉinio tamen ne multe tuŝis la plej multajn Leningrad-anojn, kaj eĉ se la ĉinaj varoj malaperis el la butikoj, estis aliaj varoj por aĉeti. Granda parto de la ŝtataj rimedoj ja estis uzata de la defend-industrio, sed ankaŭ la produktado de konsumvaroj kreskis. La unua aĵo, kiun oni aĉetis, kiam la mono sufiĉis, estis kompreneble televidilo. Jam en la jaro 1960 estis pli ol 400 000 private posedataj televidiloj en Leningrado, kaj ĝis la fino de la jardeko preskaŭ ĉiuj havis televidilon hejme. La sekva paŝo sur la konsumada ŝtuparo estis fridujo. La unua privata fridujo de Leningrado, de usona marko, troviĝis jam en la 1930-aj jaroj en la luksa apartamento de la loka partiestro Sergej Kirov ĉe Kamennoostrovskij prospekt, kelkajn kilometrojn norde de Vasilij-insulo, sed en ordinaraj hejmoj ĉi tiu modernegaĵo aperis nur ĉirkaŭ 1960. La gazeto *Leningradskaja Pravda* rakontis pri la nova objekto de interesiĝo en la aŭtuno de 1959:

> *Tute ĵus ni suspekteme sintenis al la fridujo. Nun la urbanoj vic-*
> *atendas dum monatoj por povi aĉeti tian. Sed la fridujo de la*
> *nova modelo Leningrad, kiun oni fabrikas en Premtranĉa fabriko*
> *numero 2 de la Administracio de loka industrio, estas pli malbona*
> *ol aliaj (la volumo estas malpli granda, la konsumado de elektro*
> *estas granda, mankas aŭtomata malŝalto).*

Krome oni plendis, ke la fridujo Leningrad ne iĝas aparte frida – ĝi estis preskaŭ kiel ordinara ŝranko. Tamen multaj aĉetis tian, ĉar la modelo estis malpli kosta ol aliaj, la fridujo ne multe bruis, kaj ne postulis multe da loko. Sed pli malfrue en la 1960-aj jam estis pli da modeloj, inter kiuj elekti. La unua fridujo en la iama apartamento de la familio Saviĉev aperis en 1963, kaj ĝi estis de la marko Saratov – simpla, mal-granda modelo, sed tamen pli bona ol la suspektinda Leningrad.

– Ĝin aĉetis mia fratino, sen apartaj problemoj. Se oni volis havi pli bonan modelon, oni devis vicatendi. La plej bona modelo estis ZIL, ĝi neniam rompiĝis. Dum iom da tempo oni cetere vendis modelon de ZIL kun seruro en la pordo, rakontas Aleksandr Uralov.

La fridujo kun enkonstruita seruro kompreneble estis aparte taŭga por komunalkoj, plurfamiliaj apartamentoj, kie ĉiu familio havis sian propran manĝoŝrankon kaj baldaŭ ankaŭ sian propran fridujon en la kuirejo.

La sekva hejma aparato, kiun multaj familioj havigis, estis lavmaŝino. La unuajn, simplajn sovetiajn lavmaŝinojn oni komencis fabriki jam komence de la 1950-aj jaroj en Rigo, sed ili iĝis kutimaj nur fine de la 1960-aj jaroj. Tia staris ankaŭ en la kombinita kuirejo kaj banĉambro de la familio Uralov.

Eĉ se oni ne plu devis malsati kaj eĉ se estis pli da varoj en la butikoj, multajn aĵojn daŭre estis preskaŭ neeble havigi. Antaŭ ĉio temis pri vestaĵoj, Aleksandr Uralov diras.

– Oni ne povis aĉeti eĉ ordinarajn ŝtrumpetojn! Oni devis flikadi la ŝtrumpetojn kiujn oni havis, ĉar ili ne troveblis en la butikoj, ili estis mankovaro. Sed en la 1960-aj komencis aperi en la vendejoj nilonaj ŝtrumpetoj kaj ĉemizoj. Ilin oni tiam opiniis tre modernaj, kaj homoj aĉetis ilin, kvankam oni daŭre ŝvitis en ili.

La nilonaj ĉemizoj estis parto de la kampanjo de Nikita Ĥruŝĉov, kiu celis pliigi la produktadon de artefaritaj fibroj – sen ili oni neniam povus kontentigi la postuladon de tekstilaĵoj en Sovetio, opiniis Ĥruŝĉov. Rapida evoluo de la kemia industrio estas "grava kondiĉo por la altigo de la vivnivelo de la popolo", li deklaris en kunsido de gravuloj en 1963. Artefaritaj peltoj estis tre modaj, Ĥruŝĉov mem uzis ĉapon el artefarita pelto kaj iĝis tre kontenta ĉiufoje, kiam li sukcesis kredigi homojn, ke ĝi estas farita el vera ŝafpelto.

La produktado de artefaritaj fibroj tamen ne solvis la bazajn problemojn de la sovetia sistemo – vestaĵoj de bona kvalito restis kostaj mankovaroj. Krome la vestaĵoj ofte estis malbone tajlitaj kaj estis malfacile trovi la ĝustan grandecon. La plej grandaj kaj malgrandaj tute ne troviĝis, nur mezaj grandecoj, kaj ankaŭ tiuj tuj elĉerpiĝis. Aleksandr Uralov bezonis la plej grandan.

– Post mia militservo patrino mendis por mi kompleton ĉe tajloro. Tio estis kosta, sed ĝin mi poste portis dum dek jaroj.

Post la milittempa inflacio la sovetia registaro entreprenis du valutajn reformojn, dum kiuj ĉiuj monbiletoj estis ŝanĝitaj. La unua reformo en 1947 signifis, ke tiuj, kiuj dum la milito sukcesis amasigi ĉe si kontantan monon, perdis 90 procentojn el ties valoro, dum negrandaj ŝparaĵoj en la banko estis protektitaj. Samtempe oni forigis la porciumadon de nutraĵoj kaj la prezoj de kelkaj manĝaĵoj estis malaltigitaj.

La dua reformo en la komenco de 1961 denove signifis, ke ĉiuj monbiletoj, kiuj estis enkondukitaj en 1947, estis ŝanĝitaj al novaj.

Ĉi-foje oni forstrekis nulon de ĉiuj prezoj kaj salajroj, tiel ke dek malnovaj rubloj iĝis unu nova. Dum tri monatoj oni povis libere ŝanĝi la malnovajn monbiletojn al novaj, ŝparaĵoj en bankoj ne estis tuŝitaj, kaj en la tramoj en Leningrado estis du kestoj kien oni metu la monon por la biletoj – unu por malnovaj rubloj kaj unu por novaj. Jam du jarojn pli frue Leningrado kiel la unua urbo en Sovetio preskaŭ tute forigis konduktorojn el la tramoj. Anstataŭe oni metis la monon en aŭtomaton kun travidebla plasta kovrilo, turnis butonon kaj prenis la bileton. La aŭtomato ne kalkulis la monerojn – sed tion povis fari la aliaj pasaĝeroj, ĉar la moneroj estis videblaj sur la kaŭĉuka bendo sub la travidebla kovrilo, ĝis iu alia aĉetis bileton. Pasaĝeroj kun monata bileto levis sian karton alten kaj montris ĝin al la aliaj veturantoj, por ke oni ne suspektu ke ili veturas senbilete.

Tuj post la monreformo de 1961 la meza salajro en Sovetio estis iom pli ol 80 rubloj. En 1967 la meza salajro atingis 100 rublojn, kio sufiĉis por manĝaĵoj kaj lupago, sed ne por kostaj vestaĵoj. Ekzemple varma koltuko el mohajro estis kosta aĵo, kiu altigis la statuson de la portanto, memoras Aleksandr Uralov.

– Tia povis kosti tridek rublojn, se oni entute trovis tian. Tute ne ĉiuj havis sufiĉe da mono por tio, sed ĉiuj tamen ĉasis ilin.

Peltaj ĉapoj kostis malpli, kaj tian havis ĉiuj.

– Ĉapo el pelto de kuniklo kostis ok rublojn, foje oni trovis malpli kostajn, por ses rubloj. Sed ĉapo el la pelto de boacido kostis preskaŭ tridek rublojn, kaj tian ĉapon oni povis facile perdi. Ŝtelisto povis eĉ preni ĝin de sur la kapo de la posedanto, aŭ ĝi povis malaperi en manĝejo. Mi mem neniam estis priŝtelita je mia ĉapo, ili eble timis min, la altstatura Aleksandr Uralov ridas.

Multaj aĵoj estis terure kostaj, sed antaŭ ĉio estis malfacile trovi popularajn varojn en la butikoj.

– Ĉie oni devis stari en atendovico, kiam oni elĵetis varojn en la butikoj. Tiel oni diris, "elĵeti", ĉar ili tuj elĉerpiĝis. En la magazenoj estis longaj vicoj, ekzemple en DLT en la centro povis okazi, ke ili estis elĵetantaj iun mankovaron en la tria etaĝo, ekzemple kosmetikaĵon, kaj la vico atingis la teretaĝon. Tiam oni devis vicostari dum tri-kvar horoj.

Ĉe Dua kaj Tria linioj estis malmultaj butikoj krom la bakejo en la kruciĝo kun Granda avenuo kaj la vestaĵvendejo, en kiu Natalja Soboleva post la milito rajtis aĉeti nigrajn knabŝuojn de la grandeco 37.

En 1967 Natalja Soboleva plu laboras en la arkitekta buroo kaj loĝas kun sia patrino en la malnova adreso ĉe Dua linio. Sed nun ankaŭ ŝi mem iĝis patrino. Eta Julia, baldaŭ trijara, estas ĉefe prizorgata de sia avino. Natalja multe laboras kaj edzon ŝi ne havas, ne iĝis tiel. Post la milito solaj patrinoj estas multe pli oftaj ol antaŭe. Mankas viroj, multaj pereis ĉe la fronto. Krome la konservativaj moroj kaj la kompleta malpermeso de abortigoj de la Stalina tempo ne plu validas, kaj sekso antaŭ aŭ ekster geedzeco denove estas preskaŭ same akceptata kiel dum la radikalaj 1920-aj jaroj.

Foje eta Julia vizitas la vartejon en la angula domo, kie Tanja Saviĉeva iam loĝis, sed ŝi preferas esti hejme kun avino.

– Ŝi estis agrablega avino. Kaj mi ofte malsanis, mi ploris kaj ne volis iri al la vartejo. Do fine mi tute restis hejme kun avino. Ja estis malmultekoste havi infanojn en la vartejo en tiu tempo, la vartejo estis proksime kaj ĝi ĉiam funkciis ĝis la oka horo vespere, sed dum la sovetia tempo ĉio en la vartejo estis ege reguligita. Ĉiuj devis sidiĝi ĉe la manĝotablo en la sama momento, foriri de la manĝotablo samtempe, ĉiu devis formanĝi tion, kio estis metita sur la teleron. Se vi ne mem manĝis, oni devigis vin, Julia rakontas.

Spite la malnovajn spertojn ŝi poste mem dum kelkaj jaroj laboros en sovetia vartejo, ĝis ŝi ricevos instruistan postenon.

* * *

Ekde la 1970-aj jaroj iĝos grava scenejo por la estiĝo de la sovetia rokmuziko. La muziko, kiun oni sekrete kopiadis en la fino de la 1960-aj jaroj, tamen ankoraŭ estis eksterlanda. Sed oni havis ankaŭ ion tute propran. Grava sekvo de la degela periodo post la morto de Stalino estis la estiĝo de la riĉa sovetia barda tradicio, kiu disvastiĝis pere de hejme kopiitaj magnetofonaj bendoj. Inter la unuaj Leningradaj bardoj estis Aleksandr Gorodnickij, kiu en la 1950-aj jaroj studis en la Mina instituto sur Vasilij-insulo. En la 1960-aj jaroj aperis ankaŭ esperantistaj bardoj: Dina Lukjanec el Barnaul kaj Leonid Borisov el Kolomna. La unuaj tutlande konataj grandaj nomoj estis Jurij Vizbor kaj Bulat Okuĝava, sed nepre plej fama baldaŭ iĝis la aktoro Vladimir Visockij. Liaj kantoj estis vaste konataj en la tuta Sovetio, kvankam oni ne ludis ilin en la radio kaj kvankam nur kelkaj kantoj aperis sur diskoj, kiujn preskaŭ ne eblis trovi ie ajn.

En januaro 1967 Visockij la unuan fojon kantis en la barda klubo en Leningrado. La koncerto en la klubo Vostok en Leningrado estis inter liaj unuaj publikaj prezentadoj, kaj krome tute escepte ĝi estis filmita de Leningrada televido. La sukceso estis garantiita, kaj samjare Visockij estis invitita al la klubo ankoraŭ dufoje – en oktobro kaj decembro. En februaro 1973 Visockij koncertis la lastan fojon en la klubo en Leningrado. Tiam la geologo Galina Barĥurdarova sukcesis ricevi unu el la popularegaj biletoj tra sia laborejo.

– Ni forkuris de la laborejo por veni al la klubo ĝustatempe, ni neniel volis maltrafi la prezenton. Estis enorma premiĝo kiam li estis tie, homoj sidis sur la planko. Por ni Visockij estis kiel kandelo en la mallumo. Li koncertis post iu filmado, kaj li jam estis kune kun tiu Marina Vlady, sed li petis, ke oni ne faru demandojn pri la privata vivo.

Marina Vlady, la tria kaj lasta edzino de Visockij, estas franca, rusdevena aktoro kaj kantisto. La geedzeco estis ŝtorma, kaj Visockij samtempe havis longedaŭran rilaton kun la aktorino Tatjana Ivanenko. Iom antaŭ ol Visockij koncertis en Leningrado, li ekhavis filinon kun Ivanenko.

Al la tradicio dum la bardaj koncertoj en Sovetio apartenis, ke la kantisto interparolis kun la publiko kaj respondis al demandoj, kiujn la aŭskultantoj skribis sur paperajn slipetojn kaj sendis sur la scenejon. Ĉar la demandoj estis skribitaj, kaj poste elektitaj de la kantisto antaŭ ol ili estis voĉlegitaj, oni povis eviti tro akrajn temojn.

Post sep jaroj, kiam Galina Barĥudarova ankoraŭfoje estis en geologia ekspedicio en Fora oriento, ŝi eksciis el ruslingva elsendo de la ĉina radio ke Vladimir Visockij forpasis. Tio estis forta bato.

– Visockij kaj Okuĝava por ni estis kvazaŭ duondioj. Lia forpaso estis tre malĝojiga. Ni intencis festi mian naskiĝtagon, sed kiam ni aŭdis la novaĵon, ni nuligis la festenon. Ni aŭdis tion en la ĉina radio, kaj en la rusaj elsendoj de la franca radio, tiuj bone aŭdeblis ĉe la limo kontraŭ Mongolio.

La sovetiaj sendiloj, kiujn oni uzis por ĵami eksterlandajn elsendojn, estis lokitaj proksime al la plej grandaj urboj. En Moskvo kaj Leningrado tial estis malfacile aŭdi la necenzuritajn novaĵojn tra la bruego de mil grandaj motoroj, sed ne eblis kovri la tutan surfacon de la enorma lando per la ĝensendiloj.

En la oficialaj sovetiaj amaskomunikiloj Visockij estis neekzistanta persono pro siaj neortodoksaj tekstoj kaj sia nemorala vivo. Ankaŭ lian morton la aŭtoritatoj volis cenzuri – Visockij forpasis la 25-an de julio 1980, kiam estis okazantaj la olimpikaj ludoj en Moskvo, kaj nenio rajtis ĝeni la grandan triumfon de la sovetia sporto. Du gazetoj tamen kuraĝis presi mallongajn nekrologojn, kaj tuj poste unu el la ĉefredaktoroj estis eksigita. La degela periodo delonge pasis, kaj kun la morto de Visockij finiĝis ankaŭ la iama bona tempo. Nun Sovetio denove estis en milito.

❖

1979

Afganio

Lundo la 1-a de januaro 1979 estas malvarma tago sur Vasilij-insulo. Ĝi estas ankaŭ la lasta senmilita novjara tago dum dek jaroj. Antaŭ ol la jaro finiĝos, sovetiaj trupoj ruliĝos suden trans la limo. Pli ol duonmiliono da konskriptoj "plenumos sian internaciisman devon" en Afganio, kaj multaj el ili neniam revenos.

Sed en la komenco de la jaro la aferoj ankoraŭ aspektas pli-malpli enorde. La ekonomio eble stagnas, sed la prezo de nafto survojas al rekordaj pintoj. Nenio ŝajnas minaci la malrapidan progreson direkte alla komunisma paradizo, eĉ se ĉiam malpli da homoj kredas ke la fina venko iam estos atingebla. Ajnakaze evidentas, ke la ideala socia ordo ne estiĝos antaŭ la jaro 1980, malgraŭ la promeso de Nikita Ĥruŝĉov komence de la 1960-aj jaroj. Sed tute ne gravas, dum estas manĝo sur la tablo kaj la vivo ĉiutage iĝas iomete pli bona. Aŭ almenaŭ ne pli malbona.

La estro de Sovetio, Leonid Breĵnev, stiras la landon jam dek kvin jarojn, kaj restas al li malpli ol kvar vivojaroj. Multaj povas diveni ke lia fino proksimas, vidante liajn malcertajn paŝojn kaj aŭdante liajn mallongajn sed preskaŭ nekompreneblajn paroladojn en televido. La olimpikaj ludoj en Moskvo proksimiĝas, kaj oni ŝercas pri tio, kiel sonos, kiam Breĵnev faros la inaŭguran paroladon: "O, O, O! O, O!" Poste lia helpanto atentigos: "Leonid Iljiĉ, tion plej supre sur la papero vi ne devas legi, tio estas la olimpikaj ringoj."

En la mezo de la 1970-aj jaroj la angula domo, kie iam troviĝis la bakejo de la familio Saviĉev, estis komplete rekonstruita. Nun en la apartamento de Aleksandr Uralov estas vera banĉambro. Malmultaj el la iamaj loĝantoj de la domo restas – al la plej multaj oni donis propran apartamenton aliloke en la urbo, ofte en la novaj antaŭurboj, kiuj estis konstruitaj post la fino de la 1950-aj jaroj. Ankaŭ la familio Uralov pensis, ke ili eble povus forlasi sian apartamenton en la malnova domo.

Estis malmulte da loko en la du ĉambroj jam, kiam en unu el la ĉambroj loĝis Aleksandr kun sia patrino kaj en la alia ĉambro lia fratino kun sia edzo. Eĉ pli dense iĝis, kiam Aleksandr edziĝis kaj ekhavis filon. Oni eble povus fari el la apartamento muzeon de Tanja Saviĉeva, kies notoj el la sieĝata Leningrado iĝis konataj en la 1960-aj jaroj, ili pensis.

– Eĉ turistbusoj komencis veturadi ĉi tien por montri, kie loĝis Tanja Saviĉeva. Mia patrino iris al Ivan Popov, kiu estis sekretario de la urboparta registaro. Ŝi proponis, ke oni faru ĉi tie muzeon kaj ni ricevu triĉambran apartamenton ie aliloke. Ili pripensis dum monato, poste ili vokis ŝin tien kaj diris ke ne eblas. Ili ne diris la kialon, sed la sekretario de tiu Popov kaŝe rakontis al mia patrino, ke tio ne eblis, ĉar la Saviĉevoj estis entreprenistoj dum la NEP-periodo. Alivorte socie fremdaj elementoj, kiel oni tiam diris, rakontas Aleksandr Uralov.

Tiufoje oni eĉ ne faris memortabulon por Tanja Saviĉeva – ja ne eblis havi monumenton, kiu memorigus, ke eĉ dum la soveta periodo privata entreprenado iam estis permesita.

La rekonstruo de la domo signifis, ke ĉiuj plafonoj kaj muroj estis renovigitaj, kaj kelkaj el la muroj translokitaj. La malnova bakejo iĝis apartamento, kaj la bakejon oni translokis en la iaman ejon de la infanvartejo, plej proksime al Granda avenuo.

Kiam la familio Uralov post la rekonstruado denove ekloĝis en sia apartamento, ĝi estis iom ŝrumpinta, ĉar unu el la muroj estis movita por fari el la iama bakejo de la familio Saviĉev sufiĉe grandan apartamenton. Kaj montriĝis, ke la vizito ĉe Ivan Popov de la urboparta registaro tamen havis rezulton. Sed ne tiun, kiun esperis la familio Uralov.

– Tiu Ivan Popov ekloĝis en la apartamento super ni kun sia edzino kaj du filinoj. Supozeble li estis ĉi tie kaj esploris la domon, kiam ili pensis pri la muzeo, kaj la domo ekplaĉis al li. Ĉar li loĝis ĉi tie, la domo estis gardata dum certe dek jaroj, daŭre paŝadis ia ulo ĉi tie ekster la domo. Do mi estis bonŝanca, ankaŭ mia aŭto estis gardata. Aliflanke estis malvarmete en nia apartamento dum dek jaroj, ĝis oni malkovris, ke la hejtotuboj estis iel malĝuste instalitaj kaj tro granda parto de la varmo iris al li.

Ankaŭ Aleksandr Uralov mem jam iĝis respektinda persono. Pasis nur dek du jaroj de kiam li ekstudis en la universitato, kaj en la jaro 1979 li jam sukcesis aĉeti propran aŭton. Tute novan Ĵiguli 2106 – modelon, kiun oni komencis fabriki nur tri jarojn pli frue.

En 1979 nur malmultaj havas aŭton en Leningrado. Kredito por aĉeti aŭton estas nekonata koncepto, sed por aĉeti aŭton ne sufiĉas posedi la monon. Oni devas vicatendi proksimume dek jarojn. Sed tion ne bezonis fari Aleksandr Uralov.

Li daŭre aktivas en la instituto de orientalismo, kaj unu el liaj ĉefaj studobjektoj estas la persa lingvo. Tial li havas proksiman kontakton kun la granda grupo de afganaj studentoj ĉe la universitato de Leningrado, kaj post kiam li finis siajn bazajn studojn li estas dungita en la oficejo de la rektoro, kie li respondecas pri la eksterlandaj studentoj. En la someroj li estras studentan konstrubrigadon, kiu veturas al diversaj partoj de la lando por partopreni en grandaj konstruprojektoj. Tie multaj studentoj sukcesas gajni sufiĉe da mono por poste pretervivi la ceteron de la studjaro kun la magra stipendio. La estro de la brigado kompreneble gajnas eĉ pli.

Krome la partio taskas al Aleksandr prelegi pri la internacia situacio en diversaj laborejoj en Leningrado. Ankaŭ tio estas profita.

– Oni veturis al unu loko kaj faris du prelegojn. Vi parolas tri kvaronhorojn, kaj jen, dek tri rublojn en la manon. Montriĝis, ke mi estas bona prelegisto, do poste mi rajtis ĉirkaŭveturi en la tuta lando kaj prelegi pri la situacio en Afganio.

La plej profita laboro tamen estis la tasko, kiun Aleksandr ricevis sojle de la olimpikoj: respondeci pri la arta ornamado de novkonstruitaj studentaj domoj, kie eksterlandaj partoprenantoj kaj spektantoj loĝos. La olimpikoj ja ĉefe okazos en Moskvo, sed kelkaj el la futbalaj maĉoj estis lokitaj en Leningrado, kaj ĉio devos esti en laŭeble bona ordo.

– Mi respondecis pri dek du novaj naŭetaĝaj domoj, dungis artistojn kaj gvidis la tutan projekton, kiu daŭris dum unu jaro kaj duono. La tutan pagon ni ricevis nur en la fino, do subite mi havis 5 600 rublojn, la prezon de Ĵiguli. Krome mi ja gajnis monon per la prelegoj. Sume mi gajnis pli ol kvincent rublojn monate.

La meza salajro en 1979 estas proksimume 150 rubloj, kio signifas, ke al Aleksandr ne vere mankas mono. Sed kion pri la dekjara atendovico?

– Mi faris ruzeton. La ministerio de alta eduko havis la eblon doni aĉetrajtigilon preter la vico al tiuj, kiuj bezonis la aŭton en la laboro. Mi estis dungita de la rektora konsilio de ĉiuj altlernejoj en Leningrado, kie mi respondecis pri riparoj kaj rekonstruado de ĉiuj 41 altlernejoj en la urbo. Do la rektora konsilio skribis leteron al la ministerio, atestante ke mi bezonas la aŭton en la laboro. Oni petis, ke mi ricevu aĉetrajtigilon por Ĵiguli 2103.

La ministerio efektive donis la rajtigilon, sed en la aŭtovendejo Aleksandr eksciis, ke la malpli kosta kaj pli aĝa modelo 2103 estas tre postulata. Tial li spite la rajtigilon devus atendi duonjaron. La pli kostan, novan modelon li povus ricevi post monato. Li ne volis atendi, kvankam lia mono sufiĉis nur por la pli malmultekosta modelo.

– La diferenco estis ĉirkaŭ mil rubloj. Mi prunteprenis la monon ie. Kondukpermesilon mi havigis jam pli frue, do baldaŭ mi povis ĉirkaŭveturigadi ĉiujn amikojn, ĉiujn pentristojn kaj aktorojn kiujn ni konis.

Kontaktoj, favoroj kaj kontraŭfavoroj estis tio, kio necesis por ke la ĉiutaga vivo funkciu en Sovetio. Ioma misuzo de la ebloj de la laborposteno apartenis al la neskribita socia kontrakto de la Breĵneva tempo. Dum oni ne transiris la akceptitajn limojn, oni plej ofte povis supozi, ke la aŭtoritatoj ne atentos la etajn misagojn. Ja neniu estis tute senkulpa.

La plej altaj potenculoj havis siajn sekretajn privilegiojn, pri kiuj ĉiuj sciis – interalie specialajn butikojn, kie ĉio aĉeteblis kaj ordinaraj homoj ne estis enlasitaj.

Ĉiuj aliaj devis uzi siajn kontaktojn kaj sian negocan kapablon por elturniĝi. Ŝtrumpoj eble ne plu estis mankovaro, sed tre multo alia ja estis, memoras Aleksandr Uralov.

– Ekzemple ŝuoj. Por mi estis aparte malfacile, ĉar mi havas grandajn piedojn, numeron 46. La plej grandaj en la vendejoj estis je 45. Se mi volis havigi ŝuojn kiuj taŭgis, mi devis provi pere de konatoj en Moskvo. Tie oni foje povis trovi ĉeĥajn ŝuojn de la grandeco 46. Tio estis malfacila al mi, sed ja ĉiuj aliaj same havis malfacilaĵojn.

Aliflanke multaj havis utilon de la varomanko – tiuj, kiuj havis aliron al varoj. Unuavice komprenebla la laborantoj en la vendeja sistemo. Tie oni ĉiam povis kaŝi ion sub la vendotablo kaj ŝanĝi kontraŭ io alia valora, ekzemple popularaj teatrobiletoj.

– Ni havis multajn konatojn en la Granda dramteatro. Ni ne konis la ĉefon Georgij Tovstonogov, sed ja lian dekstran manon. Li kaj la fratino de Tovstonogov, Natella, decidis, kiuj ricevis la plej bonajn lokojn en la unuaj du vicoj. Ĉiuj portadis al li donacojn por ricevi lokon. En sia laborĉambro li havis niĉon, kiu ĉiam estis plena je boteloj – vino, konjako, vodko kaj tiel plu. La plej gravaj personoj, kiuj ricevis la plej bonajn lokojn, komprenebla estis butikestroj kaj similaj gravuloj. Tion

— 99 —

ĉiuj sciis, kaj neniu kontraŭdiris. Ekzemple la ĉefo de meblovendejo ja estis kiel duondio. Aŭ la ĉefo de aŭtoriparejo. En la tuta Leningrado estis nur kvin oficialaj riparejoj. Ni konis la nomojn de ĉiuj estroj de la riparejoj, ni sciis, kion iliaj edzinoj ŝatas, kian universitatan edukon iliaj filinoj volis eniri... Ĉiuj interŝanĝis servojn kun ĉiuj, kaj oni ne nepre faris tion por propra gajno.

Kiam Aleksandr Uralov sukcesis aĉeti sian aŭton, li do ofte helpis veturigi amikojn kaj konatojn, interalie aktorojn de la Granda dramteatro. Sed ankaŭ kiel universitata laboranto oni foje povis proponi servon. Tamen estis limo, kiun oni ne rajtis transiri.

– Mi eble povis helpi, se iu estis malakceptita en ordinara ekzameno. Sed mi ne povis influi la enirekzamenon. Se la afero ne estus tiel strikte observata, mi eble enmiksiĝus en iajn intrigojn. Sed ĉi tie en Leningrado oni daŭre ŝanĝadis la respondecajn sekretariojn, kaj Dio gardu se iu el la universitataj estroj petus pri servo rilate enirekzamenon. La sekretarioj povus flustri pri tio al la distrikta komitato de la partio, kaj tio estus la fino. Tiam estis severaj punoj, oni povis trafi malliberejon. La solaj, kiuj povis fuŝi pri la enirekzamenoj, estis tiuj, kiuj mem membris en la ekzamenkomisiono. Iu venas al vi por ekzameniĝo, kaj vi pli frue ricevis slipon kie estas skribite, ke tiu Ivanov devas ricevi la plej altan noton. Tion eblis aranĝi.

*　*　*

En la internacia politiko Sovetio estas nun sur la pinto de siaj sukcesoj. La politiko de malstreĉiĝo kulminis en la Eŭropa konferenco de sekureco kaj kunlaboro en Helsinko en 1975. La du mondaj superpotencoj manpremis en la spaco, kiam la usona spacveturilo Apollo interkonektiĝis kun la sovetia Sojuz en orbito ĉirkaŭ la tero.

Sed sur la tersurfaco la sukcesoj de la sovetia sistemo ne estas same evidentaj al ĉiuj. Ja estas sufiĉe da manĝaĵoj, sed jam pri vestaĵoj la situacio estas pli komplika, kaj temas ne nur pri ŝuoj.

La sovetiaj vestaĵoj estas ne nur kostaj, malbonkvalitaj kaj malfacile troveblaj, krome ili ne estas modaj. Vestaĵoj el la okcidento – antaŭ ĉio ĝinzoj kaj sportŝuoj – estas ekstreme postulataj, kaj eksterlandaj turistoj povas gajni seriozajn monsumojn vendante kroman pantalonon al nigraborsa komercisto. La komercado kun eksterlandanoj komenciĝis tuj, kiam ekaperis eksterlandanoj, en la fino de la 1950-aj jaroj, kaj nun fine de la 1970-aj jaroj antaŭ ĉio finnaj turistoj en Leningrado estas konstantaj liverantoj de ĝinzoj, ŝtrumpkalsonoj, kosmetikaĵoj, kondomoj kaj ĉio alia, kion oni senprobleme povas porti tra la doganejo "por propra uzo". Sed la komerco kun la turistoj kompreneble estas malpermesita. Eĉ pli malpermesite estas ŝanĝi monon nigre, la puno estas malliberigo dum tri ĝis dek kvin jaroj. Tamen multaj akceptas la riskon – kion oni ja ne farus por aspekti moda? Kaj por gajni monon. Multe da mono. Unu eksterlanda T-ĉemizo kun bildo povas kosti 25 rublojn en la nigra borso, kaj ĝinzo povas kosti 180 rublojn – pli ol ordinara monata salajro.

Sed ekzistas ankaŭ alia, malpli kosta kaj preskaŭ leĝa maniero havigi al si eksterlandajn vestaĵojn kaj aliajn varojn, sen bezono tuŝi la danĝeran eksterlandan monon. Necesas nur koni la ĝustajn homojn, kiel kutime. En la havenurbo Leningrado estas multaj maristoj, kies ŝipoj regule vizitas eksterlandajn havenojn. Ili ricevas malgrandan parton de sia salajro en eksterlanda valuto, kiun ili povas elspezi kiam ili foriras de sur la ŝipo en eksterlandaj havenoj. Kiel sovetiaj civitanoj ili tamen ne havas la rajton konservi la neuzitan monon. Kiam ili revenas sur la ŝipon, ili devas redoni la restantan valuton. Interŝanĝe ili ricevas ĉekojn, kiujn eblas uzi en Albatross. Tiel nomiĝas la maristaj butikoj, kiuj ekde la 1960-aj jaroj ekzistas en pluraj sovetiaj havenurboj.

Unu el la butikoj en Leningrado situas tute proksime al la strato de Tanja, apud la malsanulejo. Fine de la 1970-aj jaroj la estonta estro de la malsanulejo, Avtandil Mikava, estas juna studento de medicino. Liaj gepatroj loĝas en Kartvelio, kie lia patro estas la estro de la partia sekcio en granda akvoelektrejo. Tio eble helpis al li eniri la prestiĝan kuracistan edukon en Leningrado. Nun li komencos sian periodon de praktiko. La unua tasko estas lavi la plankon en la malsanulejo, sed li neniam estis tie pli frue. Li veturas per la metroo al la jam dekjara stacio Vasiljeostrovskaja, kaj kiam li eliras el sub la tero, li komencas demandi al la preterpasantoj, kiel iri al la malsanulejo.

– Mi ja eĉ ne sciis, ke ekzistas tia malsanulejo, do mi tre seniluziiĝis, kiam mi eksciis, ke mi devos iri tien kaj ne al nia propra malsanulejo ĉe la medicina instituto. Mi apenaŭ sciis, kio estas Vasilij-insulo, la sola afero kiun mi konis ĉi tie estis la situo de tiu vendejo Albatross. Sed kiam mi elvenis el la metroo kaj komencis demandi pri la malsanulejo mi eksciis, ke mi devas iri ĝuste en tiu direkto: "Ĉu vi scias, kie situas la vendejo Albatross? Tiu, kie oni vendas eksterlandajn aĵojn kontraŭ ĉekoj?" Jes ja, kiu ne scius? Tiun butikon konis ĉiuj trompuloj kaj ĉiuj junuloj. Kaj mi estis deknaŭjara. Do mi demandis iom pli survoje, kaj trovis la malsanulejon. Flegistino ĵetis al mi la ĉifonon kaj diris: "Jen ĉifono, eklavu!" Alia, kiu staris apude kun cigaredo en la buŝangulo, diris: "Kaj lavu bone, alikaze ne estos salajro!"

Ankaŭ Aleksandr Uralov bone konis la butikon Albatross, kiu troviĝis ĉe la kajo Makarov, fronte al la domo en kiu iam loĝis Alexandre Benois.

– Ho, tiu estis fama ejo. Multaj estis trompitaj kaj perdis siajn valutajn ĉekojn ekster tiu butiko, amaso da mistifikuloj deĵoris tie. Ekzistis diversspecaj ĉekoj, kun blua strio, kun flava strio, kun la litero D. La D-ĉekoj estis la plej bonaj, ili en la praktiko estis kiel dolaroj. Kaj se iu vizitis eksterlandon kaj poste aĉetumis en la butiko, eble tiu poste volis vendi la restantajn ĉekojn. Tiam aperas ĉi tiuj trompuloj kaj proponas dikan stakon da rubloj por la ĉekoj. Sed la stako estas preparita, kaj estas nur kelkaj veraj monbiletoj en ĝi, la cetero estas senvalora papero. Kion oni faru, kiam oni rimarkas? Oni ja ne povas iri al la milico, tia komerco estis kontraŭleĝa. Tiuj mistifikuloj ege longe laboris tie, neniu sukcesis fari al ili ion ajn, kvankam ĉiuj sciis. Supozeble ankaŭ la milico ion gajnis el la komerco.

Aleksandr Uralov mem aĉetis iom da bonkvalitaj finnaj vestaĵoj en la vendejo, kaj iun ĝinzon. Sed li ne bezonis aĉeti valutajn ĉekojn de la nigraborsaj komercistoj, kvankam li mem neniam vizitis eksterlandon. Li havis multajn kurskamaradojn, kiuj studis la araban en la universitato, kaj poste gajnis multe da valutĉekoj kiel interpretistoj en diversaj sovetiaj kunlaboraj projektoj en arabaj landoj.

* * *

La vartejo, kiun Aleksandr Uralov frekventis en la 1940-aj jaroj kaj Julia Soboleva en la 1960-aj jaroj, do estis fermita post la rekonstruo de la domo. La ejo, kie la eta bakejo de la familio Saviĉev iam situis, ja iĝis apartamento, kaj la ŝtata bakejo estis movita en la angulan ejon, kie la vartejo pli frue situis. Fronte al ĝi, sur la alia flanko de Granda avenuo, jam de iom da tempo situas negranda manĝejo, kie oni povas manĝi pelmenojn – rusajn plenigitajn pastaĵojn – kaj aliajn simplajn pladojn. "Pelmennaja", estas skribite sur la ŝildo, pelmenejo.

– Tiu estis populara ejo, mi mem kelkfoje manĝis tie dum mia studenta tempo, sed la vicoj povis esti longaj. Ili ĉefe proponis pelmenojn, iajn salatojn, fruktan kompoton. Jes, kaj ili havis bonajn viandhaketaĵojn. Tiujn oni povis aĉeti ankaŭ en vendejo, ili kostis po kvin kopekojn. Estis malmultekosta, simpla manĝo, kiun ĉiuj povis aĉeti. La enirejo en la pelmenejon estas sur la flanko de Granda avenuo. Trans la angulo, en la sama domo sed kun enirejo de la flanko de Dua linio, oni antaŭ kelkaj jaroj malfermis tute alispecan ejon, unu el la sopiraj kafejoj. Ĉi tiu similas la faman Sajgonon ĉe Nevskij prospekt. La ejo rapide iĝis populara inter studentoj, rokmuzikistoj kaj junuloj kiuj interesiĝas pri muziko. La kafejon oni nomas Sfinkso, ĉar ĝi situas nur kelkcent metrojn de la famaj egiptaj sfinksoj antaŭ la Artakademio. La regulaj gastoj venas el la tuta urbo, sed estas iom pli junaj ol tiuj en Sajgono, ĉar Sfinkso estas pli nova ejo.

Sfinkso ne estis kosta kaj luksa ejo, prefere popoleca. Samtempe ĝi estis unu el la malmultaj lokoj, kie en la Leningrado de la 1970-aj jaroj oni povis ricevi bonan kafon, memoras la fotisto Dmitrij Konradt, kiu regule vizitis la ejon en la mezo de la 1970-aj.

– Tio logis junecan, iugrade alternativan publikon. Oblikve kontraŭ Sfinkso, sur la alia flanko de Granda avenuo, krome troviĝis glaciaĵejo, kiun oni ial nomis Rotunda. La drinkemuloj ofte iris tien, ĉar ankaŭ tie oni povis mendi diversajn alkoholaĵojn, kaj tie la personaro ne same facile elpelis tiujn, kiuj kunportis propran botelon, se la afero okazis diskrete.

La junuloj kiuj kolektiĝis en Sfinkso parolis pri libroj kaj muziko, foje ili interŝanĝis diskojn. Sur la strato ekstere ili povis ĵeti frisbeon. La flugdiskoj estis pinta modaĵo ankaŭ inter la junuloj en Leningrado, kaj kelkaj estis tre lertaj ĵetantoj. La interparoloj povis temi pri kio ajn, la ideologia kontrolo en la 1970-aj ne estis ege strikta, kondiĉe ke oni ne rekte defiis la monopolon de la partio pri la potenco. Tamen estis konate, ke almenaŭ en Sajgono estis spionoj, kaj oni supozis, ke same estas en Sfinkso.

– Sed ni estis senzorgaj, mi ne memoras, ke ni timus paroli pri io ajn. Unuflanke ni havis nenian sperton pri persekutoj, aliflanke mi ne kredas ke ni vere parolis pri io efektive danĝera.

Unun mardon en la komenco de julio 1978 Dmitrij Konradt renkontis siajn amikojn ĉe Sfinkso, ĉar antaŭ kelkaj semajnoj aperis tute nekredebla informo en la loka partia gazeto *Leningradskaja Pravda*:

en ĉi tiu tago, la nacia tago de Usono, la 4-a de julio, sur la placo antaŭ la Vintra palaco koncertos pluraj konataj usonaj muzikistoj, interalie Carlos Santana kaj Joan Baez. Neniu vere kredis ke tio eblus, sed ĉiuj tamen volis iri tien por vidi, ĉu tute malverŝajne efektive okazos koncerto, diras Dmitrij Konradt.

– Unuflanke tio ja estis skribita en la gazeto. Kaj ĝi estis partia gazeto, aliaj ne ekzistis. Aliflanke estis tute neeble imagi tion, estis kvazaŭ eksterteranoj surteriĝus sur la Palaca placo. Do mi vere devis iri tien, kvankam mi komprenis, ke iĝos nenio. Mi eĉ rezignis pri geologia ekspedicio, mi diris ke mi estas okupita la 4-an de julio.

Ekster Sfinkso en la marda posttagmezo kolektiĝis granda grupo de muzikemaj junuloj. Ili baldaŭ ekmarŝis direkte al la Vintra palaco. La distanco ne estas granda – duona kilometro al Universitata kajo, iom malpli ol kilometro ĝis la universitato kaj la Palaca ponto, kaj oni jam preskaŭ alvenis. Sed kio do okazis sur la Palaca placo?

– Tie okazis nenio. Estis aŭto de la milico kiu veturadis tien-reen kaj anoncis per la laŭtparolilo, ke ne estos koncerto. Homoj kolektiĝis ĉirkaŭ la kolono meze de la placo, tie staris eble kelkaj centoj. Aliaj staris pli distance, ĉe la muroj. Unue la milico faris nenion, sed poste aperis pli grandaj aŭtoj de la milico de malantaŭ la angulo, kaj post ili venis kamionoj kiuj ŝprucigis akvon. La akvum-kamionoj preterveturis la milicajn aŭtojn, ili ŝprucigis akvon sur la homojn, ĉiuj komencis kuri, kaj la milico komencis kaptadi homojn kaj tiri ilin en la milicajn busojn. Mi havis kun mi fotilon, kiu laŭ mi tiam estis ege bona, ĝin mi tute ne kuraĝis elpreni. Sed mia amikino Nataŝa levis sian simplan fotilon. Ĝin la milico tuj disbatis, prenis ĝin kaj peze tretis sur ĝin. Ĉiuj komprenis, ke la afero estas serioza, jam neniu elpaŝis sur la placon, ĉiuj staris sur la trotuaro, la milico plu ĉirkaŭveturadis kaj anoncadis, ke ne estos koncerto. Tiam unuafoje mi vidis la milicon kapti homojn tiamaniere, ili tordis la brakojn de homoj, tiris homojn je la haroj.

Supozeble neniam estis planita koncerto. Eble la artikoleto en la loka gazeto estis simple eraro? Aŭ eble la sekurservo volis vidi, kiuj aperos? Neniu scias.

La grandaj nomoj el la okcidento kompreneble logis multajn, sed la nova afero en la 1970-aj jaroj estis la propra sovetia rokmuziko, kiu tiam ekkreskis, rakontas Dmitrij Konradt.

– Ĉiuj aŭskultis okcidentan muzikon, eĉ se la proponado estis tre malvasta pro la fera kurteno. Sed en ĉi tiu tempo ni subite malkovris, ke eblas fari rokmuzikon kun rusaj vortoj. La rusa roko tiam survojis supren, la pinton oni eble atingis iam en la mezo de la 1980-aj jaroj, kaj de tiam iras suben.

En la fino de la 1970-aj jaroj la rokemuloj de Leningrado eĉ komencis eldoni sian propran periodaĵon, kun la nomo *Roksi*. Eldoni propran gazeton kompreneble estis malpermesite, kaj en la komenco oni kopiis la periodaĵon per tajpilo, en nur kelkaj ekzempleroj. Poste oni povis kaŝe uzi kopiilon, sed la kvalito de la kopioj estis aĉa, kaj Dmitrij Konradt aparte kopiis siajn koncertajn fotojn sur fotopaperon, por poste englui la fotojn en la gazeton.

Estis riske kopii tekstojn ne aprobitajn de la aŭtoritatoj, sed tio tamen daŭre estis farata, kaj plej ofte oni ne estis kaptita. Se tio ja okazis, la severeco de la puno dependis de tio, kiel danĝeraj oni konsideris la tekstojn.

– En la 1980-aj jaroj mi laboris kiel fotisto en fabriko en Vasilij-insulo. La fotorivelejo apartenis al la sekcio, kiu respondecis pri la kopiiloj. Ni ĉiuj estis laborkamaradoj, kaj tie mi povis kopii plej diversajn aferojn, ekzemple librojn de Kafka, kiuj tiam estis granda raraĵo. Mi scias, ke ili tie kopiis ankaŭ iujn aliajn aferojn, kaj prenis pagon por tio. Tio fine estis malkovrita en kontrolo, sed tio okazis nur en januaro 1987. Se oni malkaŝus tion antaŭ 1985, la sekvoj povus esti tre seriozaj, sed nun la respondeculo eĉ ne estis maldungita.

Sed baldaŭ la kafejo Sfinkso ne plu estos tia kia ĝi estis. Samkiel multo alia, ankaŭ la kafejo estas luksigita sojle de la olimpikoj. Ĝi iĝas pompa ejo, ne plu estas gemute tie, kaj ajnakaze la junuloj ne povas pagi la altajn prezojn. La rokmuzikuloj ne plu kolektiĝas tie. Krome la batalo kontraŭ la leza okcidenta influo estas akrigita, kaj iĝas pli riske aranĝi neformalajn koncertojn sen oficiala permeso – la milico povas ajnmomente enkuri kaj kapti la muzikistojn, la organizintojn aŭ kiun ajn el la publiko. Post longaj diskutoj la aŭtoritatoj tamen permesas, ke la unua oficiala rokklubo de Sovetio estu malfermita en Leningrado en 1981. La tekstoj de ĉiuj prezentotaj kantoj devas unue esti aprobitaj de la moralgardistoj, eĉ se la regulo ne ĉiam estas observata. Sed se la aŭtoritatoj malkovras, ke estis prezentita neaprobita kanto, la respondeculoj ekhavas problemojn.

La rokklubo situas en Strato Rubinŝtejn, je kelkminuta promendistanco de kafejo Sajgono ĉe Nevskij prospekt, kaj la junuloj reiras tien. Tio estas la fino de la kafejo Sfinkso.

* * *

Sed tiun finon ni ankoraŭ ne atingis. En la somero de 1979 oni intense laboras pri la preparoj de la venontjaraj olimpikoj, kaj la atendoj estas grandaj ankaŭ en Leningrado, kie Aleksandr Uralov nun povas ĉirkaŭveturigi siajn konatojn en sia brile nova Ĵiguli. La antaŭan jaron la komunistoj prenis la potencon en Afganio. La novaj potenculoj entreprenas severajn paŝojn por subpremi la oponantojn en la kamparo, kio baldaŭ kondukas al malferma ribelo. La situacio iĝas eĉ pli komplika aŭtune de 1979, kiam Hafizullah Amin kaptas la potencon en la afgania komunisma partio kaj provas distanciĝi de Sovetio.

En la lando jam de pli frue troviĝas sovetiaj militistoj, kaj la 27-an de decembro 1979 sovetiaj special-trupoj en afganiaj uniformoj sturmas la palacon de la prezidento en Kabulo kaj detronigas Hafizullah Amin, kiu travivas la sturmon sed estas mortigita pli malfrue dum la sama tago en neklarigitaj cirkonstancoj. La pli sovetiema Babrak Karmal estas metita sur lian lokon. Tio iĝos la komenco de milito kun pli ol miliono da viktimoj.

La 28-an de decembro la sovetia registara gazeto *Izvestija* informas, ke la "sangaj komplotuloj" de Hafizullah kaj "liaj kunuloj, agentoj de la usona imperiismo" estas forigitaj. La gazeto publikigas ankaŭ leteron de la registaro de Afganio, laŭ kiu la lando nun urĝe deziras "politikan, moralan kaj ekonomian subtenon de Sovetio, inkluzive de milita subteno".

"La registaro de Sovetio plenumis la deziron de la afgania flanko", aldonas *Izvestija*.

Iĝos kiel la vjetnamia milito por la usonanoj, pensas Alekandr Uralov. Sed tion oni ja ne povas diri malferme en la Sovetio de 1979. La plej multaj homoj, kiuj scias ion pri la regiono, kontraŭis la militan enmiksiĝon de Sovetio, li diras.

– Mi ja mem estas specialisto pri du landoj, Irano kaj Afganio. Mi estis verkanta disertaĵon pri la politiko de la ŝaho, sed ĝi iĝis komplete neaktuala, kiam okazis la revolucio en Irano komence de la jaro. Kaj nun ĉi tio. Jes ja, la regiono estis grava por la sekureco de Sovetio, oni ne povis permesi ke la usonanoj eknestu tie. Sed neniu ja iam ajn sukcesis venki la afganojn, nek la britoj nek ajna najbara lando. Kaj ĝi ja estis amika lando, multaj tie estis studintaj ĉe ni, ankaŭ multaj el la militistoj. Mi estis tre skeptika ekde la komenco, kaj iĝis kiel mi timis.

La enmarŝo de Sovetio en Afganion kaŭzis ke Usono kaj kelkaj pliaj landoj bojkotis la olimpikojn en Moskvo. Sed ĝi signifis ankaŭ, ke la sovetiaj sportistoj kaj multaj aliaj en respondecaj pozicoj nun rapide devis lerni, kial estas ĝuste ke Sovetio subtenas la leĝan registaron de Afganio, kaj kial ĉio efektive estas la kulpo de la usonaj imperiistoj.

– Mi ĉirkaŭveturadis kaj prelegis al sportistoj. La temo estis "ideologia batalo en la nuna fazo de la internacia situacio". Mi veturis al Azerbajĝano, al Turkmenio, la tutan someron de 1980 mi pasigis en Centra Azio. En tiu tempo la sportistoj ja devis okupiĝi ne nur pri sporto, almenaŭ unu tagon en la monato ili devis dediĉi al politikaj demandoj, ili devis profundiĝi en la decidojn de la partia kongreso aŭ ion tian. Aleksandr Uralov prelegis ne nur al sportistoj. En Kulob en suda Taĝikio, kvardek kilometrojn de la limo kontraŭ Afganio, li parolis al granda grupo de instruistoj, kiuj estis en spertiga kurso. Post tio oni vokis lin al la regiona oficejo de la sekurservo KGB.

– Iu el KGB ŝajne ĉeestis kaj aŭskultis min. Poste li iris al sia ĉefo kaj diris, ke ĉi tie estas ulo el Leningrado kaj li rakontas aferojn, pri kiuj la gazetoj ne skribas. Kompreneble estis nenio kontraŭsovetia, sed en prelego oni povis mencii diversajn detalojn, kiuj estis interesaj, sed kiujn oni ne povis presi. En la buŝa propagando oni povis paroli pri multaj diversaj faktoj, kiuj estis konataj en la okcidento, sed ne ĉe ni.

Ĉe KGB Aleksandr Uralov estis petita prelegi al la tuta personaro.

– Tio, kion mi rakontis, estis interesa ankaŭ por ili. Tie sidis cent kvindek homoj, kaj mi certe parolis tri kaj duonan horon. Duono el ili supozeble pensis, ke ankaŭ mi estas el KGB.

Aleksandr jam antaŭlonge militservis, kaj kiam la milito en Afganio komenciĝis, lia filo Vladimir estis nur sepjara. Do estis neniu risko, ke iu el lia familio povus esti sendita tien. Sed por centmiloj da aliaj la risko estis evidenta. Dek kvin mil neniam revenis vivaj.

❖

1987

Perestrojko

La rusa vorto *perestrojka* signifas rekonstruadon, renovigon. Sed foje provo de ĝisfunda renovigo montras, ke la tuta konstruaĵo estas putra. Tiam eblas nur malkonstrui la tuton kaj vidi, ĉu eblos starigi ion alian en ĝia loko. Se oni atendus pri la rekonstruado, la domo eble povus stari ankoraŭ dum iom da tempo, sed pli aŭ malpli frue ĝi tamen disfalus pro sia propra pezo. Tiel estis ankaŭ pri Sovetio.

La unua tago de la jaro 1987 en Leningrado estas tre frosta, kaj en la dua semajno de januaro iĝas eĉ pli malvarme. Plurajn tagojn la termometro montras pli ol tridek minusgradojn. Ankaŭ la somero estos ne tre varma en Leningrado. Sed ne en Asadabad, la ĉefurbo de la provinco Kunar en plej orienta Afganio. Tie en ĉi tiu somero oni mezuras la plej altan temperaturon de ĉiuj tempoj: 54 gradoj en la ombro. Se troveblas ombro.

La ribelo kontraŭ la komunistoj en Afganio komenciĝis ĝuste en la provinco Kunar, kaj tie la trupoj de la registaro de Afganio helpe de sovetiaj militaj konsilantoj masakris tutan vilaĝon por puni la ribelulojn. La milito daŭras jam pli ol sep jarojn, kaj nenio indikas, ke la fino povus esti proksima.

Do, nenio nova sur tiu fronto. Sed hejme en Leningrado multo ŝanĝiĝis. La ĉiam pli senila Leonid Breĵnev mortis en 1982. Lin sekvis la ĉefo de KGB, Jurij Andropov, kiu volis fortigi la disciplinon kaj kontraŭbatali korupton kaj organizitan krimadon. Dum lia mallonga regado povis okazi, ke filmo en kinejo subite estis haltigita, la lampoj ŝaltitaj, kaj eniris milicanoj por kontroli ĉies dokumentojn kaj esploris, kial ili meze de labortago troviĝas en kinejo kaj ne en sia laborejo. Andropov tamen estis tre malsana jam kiam li iĝis partiestro, kaj li forpasis post nur iom pli ol unu jaro. La sekva estro de Sovetio iĝis la 72-jara kaj eĉ pli malsana Konstantin Ĉernenko, kiu apenaŭ havis tempon fari ion ajn antaŭ ol li ankaŭ li forpasis en marto 1985.

Tiam la majoritato en la plej alta decida organo de la lando, la polit-buroo de la komunista partio, fine komprenis, ke estas bezonata nova generacio. La dua plej juna membro de la politburoo, la konservativa partiestro de Leningrado, Grigorij Romanov, estis forta kandidato. La politburoo tamen elektis la plej junan kaj plej reformeman kandidaton – Miĥail Gorbaĉov, kiu ĵus iĝis 54-jara. Li iĝos la lasta gvidanto de Sovetio. Je la tempo de lia elekto restis malpli ol sep jaroj ĝis la lasta malhiso de la ruĝa flago super Kremlo.

Sed unue malaperis la brando.

La kampanjo de Gorbaĉov kontraŭ alkoholismo signifis, ke la prezoj de alkoholo estis altigitaj kaj la tempo de vendado limigita al kvin horoj en la posttagmezo. Krome oni limigis la nombron de butikoj, en kiuj alkoholaĵoj estis vendataj. En tipa ŝerco el la komenca tempo de Gorbaĉov temas pri busŝoforo, kiu anoncas la haltejojn en la laŭtparolilo: "La alkoholbutiko. Sekva haltejo: la fino de la vico."

Sed same kiel ĉe ĉiuj politikaj kampanjoj, ankaŭ kiam temas pri la kontraŭalkohola kampanjo, la efiko unue estis plej rimarkebla en Moskvo. Dum la tempo de Andropov la risko esti kontrolita de la milico, kiu serĉis mallaboremulojn en la kinejo, estis plej granda en la centro de Moskvo. Same ĝuste en Moskvo la limigoj de la alkoholvendado estis plej entuziasme enkondukitaj kaj troigitaj. En Leningrado la svingiĝoj de la politiko ne estis same abruptaj, diras Aleksandr Uralov.

– Mi memoras, kiam konatoj el Moskvo devis veni ĉi tien por doktoriĝa ceremonio. Ili telefonis al mi anticipe por peti, ke mi provu havigi drinkaĵojn, ĉar tio estis neebla en Moskvo. Tiam oni jam enkondukis porciumajn kuponojn por brando. Kiam mi estis en Moskvo, mi daŭre vidis nekredeblajn brandovicojn. Sed ĉi tie ne estis same malbone. Mi montris al niaj Moskvaj gastoj niajn manĝovendejon, kaj ili apenaŭ kredis siajn okulojn. Ĉi tie oni povis libere aĉeti kvin aŭ ses specojn de vodko. "Kiel tio eblas?" ili miris.

Pli frue estis tradicio, ke la doktoriĝan ceremonion sekvis festeno kun serioza kvanto da drinkaĵoj en la universitato. Tio tamen ne plu eblas, pro la kampanjo kontraŭ drinkado. Kaj ĉar doktoriĝaj festoj nun oficiale devas esti senalkoholaj, ankaŭ ne eblas rezervi tablojn en restoracio por tia festeno. Anstataŭe oni devas ŝajnigi, ke oni festas ies naskiĝtagon. Tiam oni povas ricevi fortajn drinkaĵojn – sed nur limigitan kvanton. Tial oni komencas aranĝi la doktoriĝajn festojn hejme.

La kontraŭalkohola kampanjo estis nur la komenco de la reformoj de Miĥail Gorbaĉov, kaj en 1987 ĝi jam iom mildiĝis. Tamen ankaŭ en Leningrado oni enkondukis porciumajn kuponojn por brando, kaj la vicoj ekster alkoholvendejoj estis longaj, sed nun pli gravas perestrojko kaj *glasnost*. Rekonstruado kaj malfermeco. Nun oni volas reformi la sovetian sistemon en pli demokratia direkto, kaj mildigi la cenzuron de amaskomunikiloj. La ĵamado de eksterlandaj ruslingvaj radioelsendoj jam estis malpliigita.

Estis du gravaj kialoj, kiuj influis la decidon de la sovetiaj regantoj en 1987 rapidigi la malgrandajn reformojn, kiuj estis enkondukitaj la antaŭan jaron: la faleganta prezo de nafto kaj la nuklea katastrofo en Ĉernobilo en printempo 1986. La nuklea akcidento montris, kiel severajn konsekvencojn povis havi la sovetia cenzuro. La ordinaraj homoj nenion eksciis pri la akcidento, kaj popolamasoj estis vokitaj al la stratoj de Kievo por festi la unuan de majo, kvankam jam estis konate ke la nivelo de radiado estas multe pli alta ol normale kaj ke eventuala pluvo povus esti radioaktiva. La falanta prezo de nafto siavice signifis, ke ekurĝis fari ion pri la ekonomiaj problemoj de la lando. La mono el la naftoeksporto ne plu sufiĉis por kontentige lubriki la rustantan aparaton.

La malfermeco bone progresas. Paŝon post paŝo la tabuoj malaperas. Oni ekpresas verkojn de malpermesitaj aŭtoroj, oni povas malferme diskuti la persekutojn de la Stalina epoko, kaj eĉ konektoj kun eksterlandanoj ne plu aŭtomate estas danĝeraj. Jam dum la somero de 1986 sovetia kaj usona televidoj elsendis la tuj legendiĝintan "televidan ponton" inter virinoj en Leningrado kaj Seatlo, diskutprogramon kun partoprenantoj sur ambaŭ flankoj de Atlantiko.

En la programo usona partoprenanto kritikas la abundon de sekso en usona televida reklamo, kaj demandas, ĉu la afero statas same en Sovetio. La respondo de Ljudmila Ivanova, reprezentanto de Sovetia komitato de virinoj, tuj eniras la mondan historion:

"Ne, sekson ni ne havas, kaj ni kategorie kontraŭas tion!"

La daŭrigo dronas en ridegoj, kaj la aserto ke en Sovetio ne ekzistas sekso estos ripetata ĝis plena tediĝo, precipe en ĉiuj artikoloj pri sekso kiujn oni baldaŭ povos aperigi en Sovetio. Ne multaj aŭdas alian sovetian partoprenanton de la diskutprogramo, kiu inter la ridatakoj de la publiko provas nuanci la eldiraĵon:

"Jes ja ekzistas sekso ĉe ni, sed ne ekzistas reklamo."

Ke en Sovetio apenaŭ ekzistas reklamo estas nenio stranga por la loĝantoj de Leningrado – tiel statas la afero jam de la 1920-aj jaroj, kiam privata entreprenado estis malpermesita. Pli malbonas, ke nun mankas ne nur reklamo pri varoj – eĉ la varoj mem komencas malaperi de sur la bretoj de la butikoj ankaŭ en Leningrado, unu el la urboj kiuj dum jardekoj estis prioritataj, kiam temis pri provizado je manĝaĵoj. En provincaj urboj la manko de bazaj nutraĵoj iĝis rimarkebla multe pli frue. Granda parto el la ekonomiaj rimedoj de la ŝtato estas glutegata de la milito en Afganio, de la forta armea ĉeesto en orienta Eŭropo kaj de subvencioj al la orienteŭropaj komunismaj reĝimoj, ĉefe en la formo de malmultekosta nafto. Kiam sinkas la prezo de nafto kaj la monda preznivelo de greno restas relative alta, Sovetio havas ĉiam malpli da rimedoj por importado de nutraĵoj. Fine oni devas enkonduki porciumadon de manĝaĵoj ankaŭ en Leningrado.

Laŭ Aleksandr Uralov la vivo ĝis 1986 ne multe ŝanĝiĝis.

– Sed tiam subite ekmankis ĉio. Unue estis la kampanjo kontraŭ alkoholo. La porciumaj kuponoj por vodko iĝis varo kiun oni vendis kaj aĉetis. La vicoj kreskis kaj kreskis, estis tute nekredeble. Kaj kompreneble homoj iritiĝis. Feliĉe mi havis infanaĝan amikon kiu laboris en viandobutiko ĉi tie ĉe Unua linio. Oleg povis telefoni al mi kaj demandi, kion mi bezonas: "Sanja, je la dekunua venos kamioneto kun viando, ĉu mi flankenmetu ion por vi?" li demandis. "Unu kaj duonan kilogramon mi volonte prenus, por ke ni povu fari supon", mi respondis.

En ĉi tiu tempo estis publikigita la rakonto *Oĉered* ("La vico") de Vladimir Sorokin, alegorio pri la soveta sistemo. En la senfina vico de Sorokin neniu ŝajnas scii, kion oni atendas. En la vico estiĝas amrilatoj, en la vico oni edukas infanojn, en la vico oni drinkas kaj atendas ion bonan kio neniam alvenas.

La vicegoj por aĉeti ordinarajn manĝaĵojn estis nova afero en la Leningrado de la 1980-aj jaroj, sed multaj aliaj varoj ja mankis de ĉiam. Julia Soboleva, la filino de Natalja, estis adoleskanto en la komenco de la 1980-aj jaroj kaj memoras, kiel malfacile estis havigi al si T-ĉemizon.

– Pri ruĝa T-ĉemizo oni povis nur revi. Aĉeteblis nur simplaj blankaj ĉemizoj. Tute ne eblis trovi T-ĉemizojn kun bildo. Kaj sportŝuoj? Ili tute ne ekzistis. Mi havis nur ŝtofajn ŝuojn. Ni sportistoj povis tamen post petegado ricevi kroman paron de sprintaj kurŝuoj kun pikiloj. Tiam oni povis iri al la fabriko kaj farigi al la ŝuoj veran plandumon, por ke oni povu kuri ekster la sportejo. Tio ja ne eblas kun pikiloj. Kaj ĝinzoj? Unu ĝinzo kostis du monatajn salajrojn, sed ĉiuj volis ĝinzon kaj ne sovetiajn pantalonojn. La ĝinzoj estis ne nur kostegaj, krome estis tre malfacile trovi ĝustan grandecon. Oni bezonis mem kudri, kaj ankaŭ tio ne estis facila. Sed mi havis amikinon kies frato laboris en Hindio, tiamaniere mi sukcesis ricevi iujn vestaĵojn.

La patrino de Julia, Natalja Soboleva, opinias ke oni terure troigas parolante pri la manko de varoj en Sovetio. Ja ĉiam estis manĝaĵoj en la vendejo, kaj se tamen io mankis, oni povis preni la noktan trajnon al Talino, ŝi diras.

– La bileto kostis nur kvin rublojn. Ne bileto por kupea dormvagono, kompreneble, eĉ ne por komforta kuŝvagono, sed la plej simpla speco. Sed jen vi kuŝiĝas sur la breton, kaj je la oka matene vi jam estas en Talino. Kia agrablega urbo ĝi estis! Ili malfermis la kafejojn jam je la sesa matene, tie estis bonaj bulkoj, kaj la priservadon oni ne povas eĉ kompari kun tiu ĉe ni.

Du-tri fojojn jare Natalja Soboleva kutimis veturi al Talino, ne nur por aĉeti manĝaĵojn kaj infanajn vestaĵojn, sed ankaŭ por rigardi la urbon.

– Ĝi estis mia plej ŝatata urbo. Sed mi veturadis ankaŭ al Rigo, Kaunas kaj Vilno, mi bone konis tiujn urbojn. Nun ili estas fortranĉitaj, tio estas malĝojiga.

Do, dum la soveta tempo la manko de varoj ne estis aparte ĝena, opinias Natalja Soboleva. Pli malbone iĝis dum la perestrojko de Gorbaĉov, tiam ĉio efektive malaperis, pri tio ŝi konsentas. Sed tio laŭ ŝi jam ne estis sovetia tempo.

En la 1980-aj jaroj la familio ne plu loĝas en la komunalko ĉe Dua linio. Natalja Soboleva amasigis monon kaj aĉetis kooperativan apartamenton norde de Nevo. Tie Julia frekventis lernejon, kiu de post la revolucio en Kubo specialiĝis pri la hispana lingvo, kaj tie ŝi en 1983 ekhavis sian unuan laboron, kiel vartisto en apuda infanvartejo.

– Tiam mi komprenis, kiel la sovetiaj vartejoj funkcias. Ili ne estis bonaj por la infanoj, kaj ili ekzistis ne por la infanoj. Sed poste mi ricevis postenon en mia propra lernejo, tiu, kiun mi pli frue frekventis. Tiun laboron mi multe pli ŝatis.

* * *

Prizorgado kaj riparado de stratoj neniam estis la plej forta flanko de a sovetia sistemo. Laŭ malnova rusa proverbo la lando havas du problemojn: *duraki i dorogi*. La stultulojn kaj la vojojn. La proporcio de stultuloj eble estas konstanta, sed almenaŭ la ĉefajn stratojn en la plej grandaj urboj oni ja dum la sovetia tempo sukcesis teni en akceptebla stato, eĉ se la asfalto neniam iĝis same ebena kaj eltenema kiel tiu en la okcidento. La teknologio estis postrestinta kaj la laboristoj plej ofte ne estis sufiĉe motivitaj por zorgi, ke la rezulto iĝu unuaklasa. Unuflanke apenaŭ estis risko, ke ili perdus la postenon eĉ se ili fuŝis, kaj ajnakaze ĉiam eblis trovi alian laboron. Aliflanke la salajroj estis malbonaj kaj mankis kialo strebi al pli respondecaj taskoj. "Ili ŝajnigas, ke ili pagas nin – ni ŝajnigas, ke ni laboras", estis ofta ŝerco.

La ŝajnpago signifis ankaŭ, ke la salajroj iom post iom kreskis, kvankam la produktiveco de la laboro ne altiĝis. Ĉar la ŝtataj, fiksitaj prezoj de varoj por konsumado ne ŝanĝiĝis, la varoj estis rapide foraĉetitaj kaj restis ĉiam malpli da ili sur vendejaj bretoj. La ŝtato ne havis sufiĉe da mono por importi industriajn varojn, kiam kreskanta parto de la ŝrumpantaj rimedoj iris al la militistaro – kiu produktis nenion – kaj al la importado de greno.

La grandiĝanta truo en la publikaj financoj kaŭzas ankaŭ, ke pli proksime al la fino de la 1980-aj jaroj ekmankas mono por riparadoj de la stratoj, kaj por ĉio alia malpli grava, kion eblas prokrasti. Sekve ĉio komencas disfali, ofte relative rapide, ĉar la laboro dekomence estis malbone farita. Baldaŭ multaj el la stratoj en Vasilij-insulo estas plenaj je danĝeraj kavaĵoj kun akraj randoj. Jen kaj jen aperas kloaklukoj, kiuj subite elstaras dek aŭ eĉ dudek centimetrojn super la pavimo. Sur la larĝa Granda avenuo ĉe la angula domo de Tanja la aŭtoj veturas slalome por eviti la plej terurajn kavaĵojn.

Proksimume je ĉi tiu tempo la juna fizikisto Aleksandr Dimnikov ekloĝas en ĉambro en komunalko en la adreso Dua linio 3, la domo kie Natalja kaj Julia Soboleva pli frue loĝis. Li ĵus eklaboris en ŝtata instituto de optiko, kaj ne plu volas loĝi kun la gepatroj. Tial li unue interŝanĝas ĉambrojn kun sia avino, kiu loĝas en komunalko en Vasilij-insulo.

– Ŝi ekloĝis kun miaj gepatroj, kaj mi ekloĝis en ŝia malnova ĉambro. Sed poste tiu domo devis esti rekonstruita, kaj oni proponis al mi ĉambron ĉi tie en Dua linio. Mi tiam estis faranta la bazan laboron por mia disertaĵo, mi publikigis sciencajn artikolojn pri strukturoj en vitreca stato. Mi planis baldaŭ peti portempan forpermeson de mia laboro en la instituto por finprepari la disertaĵon. Sed mi ankaŭ ĵus edziĝis, kaj ni bezonis pli bonan loĝejon. La tuta lando estis disfalanta, estis nenio por manĝi, kaj mi komprenis, ke neniu donos al mi apartamenton, se mi simple stariĝos en la vico kaj atendos. Mi devis aranĝi la aferon mem. Tial mi komencis okupiĝi pri interŝanĝoj de apartamentoj, kaj sur tiu vojo mi restis.

Post la falo de Sovetio Aleksandr Dimnikov iĝos tre sukcesa makleristo de nemoveblaĵoj, inter la unuaj en Peterburgo. Kiam la socio ŝanĝis formon necesis salti ĝustamomente. Tiuj, kiuj hezitis, postrestis. Tiuj, kiuj ne kuraĝis salti, malgajnis la ludon.

Sed daŭros ankoraŭ kelkajn jarojn, antaŭ ol aperos la momento por salti. En 1987 Aleksandr Dimnikov ankoraŭ hezitas.

– Mi estis membro de la junulara organizo de la partio, Komsomolo, kaj mi timis eksmembriĝi. Jam evidentis, ke la tuta afero estas absurda. Sed mi timis, mi pensis, ke mi povus detrui mian vivon se mi eksmembriĝus. Tiam ili subite proponis al mi, ke mi membriĝu en la partio. Mi timis rifuzi, sed mi trovis pretekston – mi diris, ke mi ne jam povas alpreni tian respondecon, kian membreco en la partio signifas, ĉar mi deziras dediĉi kelkajn jarojn nur al scienco. Kaj ili lasis min en paco.

Post nur kvin jaroj la ĉiopova partio ne plu ekzistos, nek Sovetio mem. Sed la plej multaj sukcesaj homoj en Rusio tamen ankoraŭ havas unu piedon en la sovetia tempo, diras Aleksandr Dimnikov.

– Nia tuta generacio, ĉiuj estroj de la lando, ĉiuj sukcesaj homoj havas siajn radikojn en tiu tempo. Tial ĉi tiu generacio ne povas ŝanĝi ĉion. Tion devos fari la sekva generacio. Ĉiuj ni estas homoj el karno kaj sango, ni kreskis el tiu tempo. Ĉiuj, kiuj iam loĝis el komunalkoj, havas siajn radikojn tie.

Tamen eble ne absolute ĉiuj.

La gepatroj de Lusine Arutjunova havas armenan devenon kaj ekloĝis en Leningrado en la fino de la 1970-aj jaroj. Ŝia patrino studis por iĝi akuŝistino, ŝia patro inĝenieriĝis, kaj ili loĝis en Vasilij-insulo, proksime al la universitato. Kiam ili geedziĝis, ili ricevis ĉambron en komunalko tuj apud la lernejo kiun frekventis Tanja Saviĉeva antaŭ la milito, iom pli ol tricent metrojn de la domo de Tanja. Lusine Arutjunova naskiĝis en septembro 1989, pasigis sian infanaĝon en la komunalko kaj frekventis la lernejon de Tanja Saviĉeva. Tamen por ŝi la sovetia epoko estas nur pasinta tempo – kaj kelkaj fruaj infanaĝaj memoroj.

– Ĝi estas historio. Tamen tre proksima historio. Miaj gepatroj ja kreskis en Sovetio. Sed mi apenaŭ memoras ion, krom iuj malnovaj sovetiaj ludiloj. Miaj plej fruaj memoroj estas pri promenoj ĉe Universitata kajo kun patro, tion ni faris preskaŭ ĉiun vesperon. Ja estas bele ĉi tie, precipe en la vesperoj.

Tri familioj loĝis en la komunalko, kie Lusine kreskis. La domo estis malnova, sed ĝi estis komplete rekonstruita iam en la 1970-aj jaroj, kaj en la apartamento estis banĉambro kun granda bankuvo. La necesejo estis aparta ĉambro, kaj tie ĉiu familio havis propran rakon por neceseja papero. En la kuirejo staris tri fridujoj.

– Nun poste oni komprenas, ke estis ankaŭ pozitivaj flankoj, sed ni ja vivis en sufiĉe malfacilaj cirkonstancoj. En nia familio estis kvar personoj, en ĉambro kun dek kvar kvadrataj metroj, kaj ĉiu ja bezonas sian propran anguleton. Krome ne estis multe da sonizolo inter la ĉambroj, tiel ke se la najbaro ternis, oni povis diri "je via sano". Sed ni estis bonaj najbaroj, kaj grandajn festojn ni solenis kune. Onjo Sveta havis la plej grandan ĉambron, do la festan tablon ni aranĝis tie. Ni kolektiĝis ĉe ŝi ĉiun novjaron. Sed kompreneble estis ankaŭ konfliktoj – tri kuiristoj en unu kuirejo ja estas iom multe. Tamen estis bone en sia maniero, por la gepatroj estis pli trankvile tiel. Ili sciis, ke iu estos hejme, kiam la infanoj venos tien – se ne onjo Sveta, do almenaŭ ŝiaj infanoj estos hejme.

Estis ankaŭ telefono, sed nur unu por la tuta apartamento, malnova sovetia aparato, kiu staris sur breto en la koridoro. Respondis tiu, kiu estis plej proksime kiam la telefono sonoris, poste oni vokis la bezonatan homon. Pli malfrue, jam post la disfalo de Sovetio, oni instalos telefonon en ĉiu ĉambro, sed la linio daŭre estos komuna.

Okazaĵo, kiu ricevis multe da atento en la somero de 1987, estis la flugo de la germana adoleskanto Mathias Rust al Moskvo. Li luis unumotoran Cessna-aviadilon en Hamburgo kaj faris ĉirkaŭvojaĝon en Nordio. Sed kiam li la 28-an de majo devas ekflugi hejmen el Helsinko, li malŝaltas la komunik-radion, ŝanĝas la kurson kaj enflugas la sovetian aerspacon sur malalta nivelo. Li preterpasas la minejan urbon Kohtla-Järve en orienta Estonio kaj daŭrigas en la direkto de Moskvo.

La nepermesita transiro de la limo estas registrita de sovetiaj radaroj, sed la aerdefendo ne ricevas ordonon ataki la fremdan aviadilon. Post la incidento en 1983, kiam granda korea pasaĝera aviadilo misflugis super sovetian teritorion kaj estis detruita, oni ne volas ripeti la eraron. La komunikado inter la aerdefendaj distriktoj tamen ne funkcias, kaj pro diversaj miskomprenoj la neidentigita aviadilo povas daŭrigi sian vojaĝon ĝis ĝi atingas Moskvon kaj surteriĝas apud Ruĝa placo. Miĥail Gorbaĉov uzas la incidenton por eksigi la defendministron kaj la ĉefon de la aerdefendo, kiuj ambaŭ estas kontraŭuloj de liaj reformoj.

Alia kontraŭulo de Gorbaĉov estas la geologo Galina Barĥudarova. Komence de la jaro 1987 ŝi kune kun sia edzo, sia avino kaj sia fileto ekloĝas en malgranda duĉambra apartamento ĉe la strato de Tanja, kontraŭ la malsanulejo de Krupskaja. La tuta familio ja adoris Vladimir Visockij, tamen pri la nova partiestro ili malkonsentas.

– Li estis bestaĉo, tiu Gorbaĉov. Mi ne povis kompreni, kial ĉiuj ŝatis lin – ja ne estis eĉ unu konkreta penso en ĉiuj liaj paroladoj, nur nekomprenebla babilado. Mi kverelis kun mia edzo pri tio, li opiniis ke Gorbaĉov pravas. Sed li ja lasis la germanojn disrompi tiun muron kaj tute ne postulis iajn garantiojn. Breĵnev estis tute bona gvidanto, almenaŭ en la komenco, sed Gorbaĉov, kia babilaĉulo!

La Berlina muro falos en la aŭtuno de 1989, sed la transloĝiĝo de la familio de Galina Barĥudarova al propra apartamento en la malnova domo ĉe la strato de Tanja estis ebligita de alispeca kolapso. La plafono enfalis en la malnova komunalko, kie ili ĝis tiam loĝis.

– Tio okazis iam fine de 1986, kiam nia filo jam naskiĝis. Miaj geavoj ricevis tiun ĉambron antaŭ la milito. Supozeble la domo estis difektita de la bombado, kaj subite la plafono enfalis en nian ĉambron. Estis peza plafono, el betono, sed feliĉe neniu estis en la ĉambro tiam. Mi estis en la laborejo kaj avino estis en la kuirejo.

Galina Barĥudarova kreskis kun siaj geavoj de la patrina flanko, ĉar ŝia patro estis militisto kaj dum longaj periodoj laboris en mararmeaj bazoj en diversaj partoj de Sovetio, unue en Kamĉatko en la fora oriento, poste en Litovio kaj Kaliningrado.

– Patro kaj patrino loĝis tie, mi foje vizitis, sed la lernejon mi frekventis ĉi tie. Ni fremdiĝis unu de la aliaj, mi ja vivis kun avo kaj avino.

Kiam la plafono enfalis en la ĉambron, kiun la geavoj de Galina Barĥudarova ricevis en la 1930-aj jaroj, ŝia avo ne plu vivis. Ŝi mem estis 36-jara kaj aktive laboris. Ankaŭ ŝia edzo estis geologo, kaj kiam la gepatroj veturis al longedaŭraj ekspedicioj en distancaj partoj de Sovetio, la avino de Galina prizorgis la filon.

Meze de la 1980-aj jaroj iĝis, kiel dirite, malpli facile trovi manĝaĵojn en Leningrado, sed tio estis nenio nova por Galina Barĥudarova – en provincaj urboj jam delonge mankis multaj nutraĵoj.

– Mi memoras ekspedicion en Jakutio iam ĉirkaŭ 1978, tie ĉiam estis problemoj pri manĝaĵoj. Unu persono ne rajtis aĉeti pli ol ducent gramojn da viando.

Ni bezonis aĉeti viandon en ladskatoloj por kunpreni dum la ekspedicio, sed ankaŭ tiuj ja estis porciumataj.

En Leningrado laŭ la memoro de Galina Barĥudarova ne mankis manĝaĵoj antaŭ la mezo de la 1980-aj jaroj. Sed ankaŭ kiam iĝis malfacile trovi iujn aĵojn, tio ne multe ĝenis ŝin.

– Efektive en iu periodo ne restis multo aĉetebla en la vendejo vespere, post la laborhoroj. Sed por mi la kolbaso neniam estis la plej grava afero. Kiam homoj komencas plendi pri la sovetia tempo kaj diras ke ne estis kolbaso en la butikoj, mi iĝas tiel kolera ke mi komencas tremi. Ja ne per kolbaso oni mezuras la signifon de la vivo! Certe oni bezonas ankaŭ kolbason, sed por mi kaj mia edzo la laboro kaj la ekspedicioj estis la plej grava afero, gravis ekkoni la mondon. Kiam mi studis en la universitato, la scienco floris, kaj mi rajtis renkonti multegajn interesajn homojn dum mia vivo.

La milito en Afganio daŭras jam pli ol ses jarojn, kiam la familio de Galina Barĥudarova ekloĝas en la duĉambra apartamento ĉe la strato de Tanja.

– Unue ni pensis, ke la milito rapide pasos. Sed ĝi nur daŭris, kaj tio estis terura. Mi havis multajn konatojn, kies infanoj estis senditaj tien. Kelkaj estis mortigitaj, aliaj revenis tute rompitaj. Pensu mem, vi estas dekokjara, oni sendas vin tien kaj vi devas mortigi homojn. Tiuj, kiuj travivis tion, tute ne volas paroli pri la afero. Mi provis demandi al la filo de iuj konatoj, sed li diras nenion. Tiu tuta milito estis terura eraro, kaj la generaloj estis malkompetentaj. La sola bona estis Boris Gromov, li sukcesis fini la tuton kaj retiri la trupojn. Sed tiom da homoj pereis, tio estas tute nekredebla.

La decido retiri la sovetiajn trupojn el Afganio tamen estis farita ne de Gromov, eĉ se li realigis la ordonon, sed de Gorbaĉov, kiun Galina Barĥudarova malamas. La retreto estis komencita en majo 1988 laŭ interkonsento subskribita en Ĝenevo unu monaton pli frue, kaj finita komence de 1989. La milito, kiu estis komencita naŭ jarojn pli frue, tamen neniam finiĝis. Post la falo de Sovetio la registaro de Rusio haltigis ĉian subtenon al la regantaj komunistoj en Afganio, kaj post kelkaj jaroj la talibanoj eniris la ĉefurbon Kabulo.

Antaŭ la periodo de Gorbaĉov kritiko de la agado de Sovetio en Afganio ne estis permesita. Ĝuste pro tiu krimo la akademiano, disidento kaj pacpremiito Andrej Saĥarov en januaro 1980 estis ekzilita al Gorkij, pli ol 400 kilometrojn oriente de Moskvo, kie li vivis izolita kaj sub konstanta observado de KGB. Fine de la jaro 1986 la renovigo de la sovetia sistemo, kiun entreprenis Gorbaĉov, ebligis ke Saĥarov ricevu permeson reveni al la ĉefurbo. Post ankoraŭ iom pli ol du jaroj okazos la unuaj elektoj kun alternativaj kandidatoj, kaj Saĥarov estos elektita al la kongreso de la popolaj deputitoj, nova leĝofara organo kun pli ol du mil membroj.

En historia perspektivo la politikaj ŝanĝoj en Sovetio dum la dua duono de la 1980-aj jaroj povas ŝajni fulmrapidaj, sed en la ĉiutaga vivo de la sovetianoj la ŝanĝoj komence estas preskaŭ nerimarkeblaj. En Leningrado ĉiuj plu studas kaj laboras kiel ĉiam. Galina Barĥudarova daŭrigas siajn geologiajn ekspediciojn por registri deponaĵojn de mineraloj, kaj de tiuj vojaĝoj venas la memoroj kiuj daŭre estas la plej karaj al ŝi. Pri la posta vivo ne estas multo dirinda, ŝi opinias.

– En Jakutio mi laboris duonjaron kaj esploris diamantajn deponaĵojn. Ni estis transportitaj al la tajgo per helikoptero. Tie, meze de nenio, oni ellasis nin, kaj ni devis fari nian studon. Certan tagon la helikoptero devis reveni por porti nin reen. Se ĝi venis laŭ la interkonsento, ĉio estis bona. Sed okazis ke la helikoptero ne aperis. Eble la veteraj kondiĉoj ne estis bonaj, aŭ eble la helikoptero estis bezonata por iu savtasko. Jen ni sidis, la provizoj estis formanĝitaj, ni jam kolektis niajn aĵojn, sed la helikoptero ne venas. Unu fojon ni devis sidi kaj atendi helikopteron du semajnojn, sen manĝaĵo, ĉar ni estis meze de la tajgo kaj estis septembro – estis nenio por manĝi tie.

Dum siaj ekspedicioj en la sovetia Fora Oriento Galina Barĥudarova vizitas ankaŭ la vilaĝon Ĉegdomin, kie Norda Koreio de post la fino de la 1960-aj jaroj ĝis la falo de Sovetio havis arbaran koncesion. La celo estis doni ekonomian subtenon al la amika nordkorea reĝimo, sed la koncesio utilis ankaŭ al Sovetio. 40 procentoj el la ligno el la arboj kiujn faligis nordkoreaj laboristoj estis sendita al Norda Koreio, sed la ceteron ricevis Sovetio kiel pagon por la koncesio. La regiono estas maldense loĝata kaj la haveblo de senpagaj malliberuloj kiel laborforto draste malpliiĝis post la morto de Stalin. Tial la aranĝo estis avantaĝa por ambaŭ partioj.

La nordkoreaj arbaraj laboristoj vivis en kondiĉoj tre similaj al la punlaborejoj de Stalino, sen kontakto kun la loka loĝantaro. Supozeble la pli ol dek mil nordkoreaj laboristoj, kiuj loĝis en barakoj en la ĉirkaŭaŭo, efektive estis malliberuloj.

– Unue mi vidis ilin en trajno. Ili ŝajnis edukitaj homoj, kuracistoj kaj instruistoj. Mi kredas ke oni sendis ilin al reedukado en la punlaborejo. Ĉiuj havis similajn uniformojn.

En la vilaĝo Ĉegdomin la grupo de Galina Barĥudarova devis atendi helikopteron kiu portos ilin al la esplorota loko.

– Dum ni atendis ni ĉiumatene vidis, pri kio ili okupiĝas en sia barakaro, kaj ni teruriĝis. La barakoj estis ĉirkaŭitaj de barilo, sed ĝi ne estis ege alta. Super la pordego pendis ruĝa tuko kun vortoj de Kim Il Sung. Tie interne ili havis longan tablon, ĉiuj devis stariĝi en vicoj antaŭ ĝi kaj deklami sloganojn dum tuta horo. Ili ricevis libretojn el kiuj ili legis. Poste ili ricevis manĝon. Sed ili ne aĉetis niajn manĝaĵojn, ili manĝis putrintan brasikon, kiun ili portis kun si el Koreio. La fetoro estis nepriskribebla.

Fine venis la helikoptero kaj la geologoj sukcesis ekveturi al la deponaĵo de urano kiun ili devis esplori. Post eble du semajnoj la helikoptero revenis el la urbo al la esplorata loko. La surteriĝejo estis barita kaj tien eliris nur la ĉefo de la ekspedicio, kun fusilo enmane. Tia estis la proceduro, ĉar la sovetiaj helplaboristoj, kiujn la helikoptero foje alportis, povis konduti neantaŭvideble.

– Tiuj estis homoj, kiuj jam perdis ĉion. Ili havis neniun loĝejon, ili estis loĝregistritaj nenie. Oni alportis ilin per la helikoptero, ili laboris du semajnojn, poste oni reportis ilin al la vilaĝo, kie ili ricevis monon kaj drinkis dum du semajnoj. Poste oni ŝarĝis la helikopteron per ili kiel per traboj kaj elveturigis ilin denove.

Tamen ĉi-foje en la helikoptero ne kuŝis senkonsciaj sovetiaj laboristoj. Ĝi alportis manĝaĵojn kaj aliajn necesaĵojn por la ekspedicio. Kaj du nordkoreojn, kiuj ŝtele eniris la helikopteron kaj kaŝis sin inter la aĵoj.

– Ili fuĝis el tiu punlabora infero. Ili genuis antaŭ la estro de la ekspedicio kaj petegis, ke li ne resendu ilin. Sed li diris, ke tio estis neebla. Estis ja urandeponaĵo, neniuj eksterlandanoj rajtis esti tie. Tute ekskludite, li diris. La koreoj ploris tie, kuŝante surgenue, sed ili estis devigitaj eniri la helikopteron denove. Kaj kiam la helikoptero jam estis iom alte, ili elsaltis kaj falmortigis sin, por ne esti reportitaj al tiu infero.

De tiam pasis jardekoj, sed Galina Barĥudarova neniam povis forgesi la okazaĵon.

– Tiam mi estis tute histeria, mi nur tremis kaj ploris. Mi daŭre havas tiun bildon antaŭ miaj okuloj, tiun nordkorean punlaborejon. Se oni komparas Sovetion dum la tempo de Stalino kaj Nordan Koreion, estas kiel ĉielo kaj infero. Kaj ĉe ili ja nenio ŝanĝiĝis, ili formortigis ĉiujn edukitajn homojn kiujn ili havis, kaj transformis la ceterajn al zombioj. Kompatindaj homoj.

Longe en la 1980-aj jaroj la nordkoreaj trudlaborejoj estis afero, kiun la sovetiaj aŭtoritatoj plene ignoris. Mortoj okazintaj tie ne estis esplorataj. La tuta temo estis tabua, precize kiel tiom da aliaj aferoj en Sovetio. Sed post la unuaj liberaj elektoj en la printempo de 1989 la baroj rompiĝis. Subite eblis paroli pri ĉio. Kiam la 2 250 popoldeputitoj en majo kolektiĝis en la granda kongresa palaco de Kremlo, la tuta Sovetio estis gluita al la televidiloj kaj radioaparatoj. La unuan fojon iam ajn oni povis nun sekvi akrajn politikajn debatojn en rekta elsendo. La Nobel-premiiton Andrej Saĥarov, kiu antaŭ nur du kaj duona jaroj estis neekzistanta persono, oni povis vidi kritiki la potencon de la komunisma partio, dum Miĥail Gorbaĉov aŭskultis kun malkontenta mieno.

La digo rompiĝis. Post du kaj duona jaro el Sovetio restos nur la memoro.

❖

1998

La bankroto

Hodiaŭ tondras en Sankt-Peterburgo. Tiel nomiĝas unu el la plej popularaj kantoj en Rusio en la jaro 1998. La kantisto Alla Pugaĉova estas sovetia superstelulino, kiu sukcesis salti trans la profundegaĵon kaj atingi sukceson ankaŭ en la sovaĝa, kapitalisma Rusio, kiu estas naskiĝanta sur la ruinoj de la sovetia socia eksperimento. Multaj aliaj ne sukcesis same bone.

La unuan de januaro 1998 la estonteco tamen aspektas brila en la urbo, kiu efektive denove nomiĝas Sankt-Peterburgo. La plej teruraj jaroj de kaoso post la falo de Sovetio estas malantaŭ ni, finita estas ankaŭ la unua, sanga milito en Ĉeĉenio – per interkonsento kiu en la praktiko donis al la malgranda respubliko sendependecon sub formala rusia rego. Boris Jelcin estis elektita kiel prezidento por dua kvarjara mandatperiodo, post malpura elektokampanjo, en kiu ĉiuj batalantaj oligarkoj kuniĝis malantaŭ li por malhelpi komunistan venkon.

La unuan tagon de la jaro estas ses plusgradoj en Vasilij-insulo. La trimiljaraj sfinksoj antaŭ la Artakademio gapas mirigite al ĉiuj ladskatoloj kiuj ruliĝas preter ili sur la strato. Dum kvin jaroj la kvanto de la aŭtoj en la urbo duobliĝis, kaj ege multaj el ili ial volas veturi ĝuste ĉi tie sur Universitata kajo. Aliaj vicoj malaperis, sed la vicoj de aŭtoj iĝas ĉiam pli longaj. Krome ne ĉiuj aŭtoj plu estas similaj. La importo de uzitaj eksterlandaj aŭtoj montriĝis brila komerca ideo. Sed ĝi estas ankaŭ danĝera. La organizitaj krimuloj volas pagon por protekto, alikaze ĉiu ajn kun mono en la poŝo estas en riska pozicio.

En la angula domo ĉe Granda avenuo ne plu estas bakejo. Iu privatigis la ejon kaj luigis ĝin al fotobutiko. La komerco ne prosperas. La iama fizikisto Aleksandr Dimnikov, kiu loĝas en la sama strato, nun estas sukcesa makleristo de nemoveblaĵoj kaj specialiĝis pri ejoj por komerco. Li scias, kial la klientoj ne trovas la fotobutikon.

– En la sovetia tempo mankis ĉio. Tiam tute ne gravis, kie butiko situis. Se io estis aĉetebla tie, la homoj trovis ĝin, eĉ se ĝi estis en interna korto aŭ en kelo. Oni bezonis la varojn kiuj haveblis tie. Sed nun la aferoj statas alimaniere. Varoj ne plu mankas kaj estas ege multaj butikoj. Tial klientoj ne plu venas al vendejoj, kiuj ne troviĝas ĉe iliaj kutimaj preterpasejoj. En ĉi tiu strato pasas multe da homoj nur ĉe la kruciĝo kun Meza avenuo, kaj ankaŭ tie nur precize ĉe la angulo. Unu domon for de Meza avenuo oni jam ne estas ĉe la preterpasejo, kaj tiam necesas multe da reklamo por logi klientojn.

Dek jarojn pli frue en Leningrado apenaŭ estis reklamo, nun ĝi aperas ĉie. Sed la domo kie la familio Saviĉev iam havis sian bakejon situas je tuta dombloko for de Meza avanuo – tien ne eblas logi klientojn eĉ helpe de reklamo. Ja estas alia fotobutiko tuj apud Meza avenuo. Tie eklaboris la geologo Galina Barĥudarova por vivteni sin, post kiam ŝia geologia instituto ĉesigis la ekspediciojn. La ŝtato ne plu havas monon por tiaj longperspektivaj investoj.

Unue Galina tamen ŝanĝis sciencon al la distra industrio: ŝi eklaboris kiel asistanto de reĝisoro ĉe Lenfilm, la granda filmstudio en Sankt-Peterburgo.

– La karaktero de la laboro kompreneble estis tute alia, sed mi havis utilon de mia sperto. Mi pli frue organizis la taskojn dum la geologiaj ekspedicioj, kaj ne estis malfacile fari la samon dum filmado. Mi partoprenis en la laboro pri sep filmoj. Sed tie estis tute alispecaj homoj. Multaj tute ne estis edukitaj, kaj tamen ili tre zorgis pri sia loko en la hierarkio kaj sciis ĉion plej bone. Ne estis tute facile trovi komunan lingvon kun ĉiuj. Fine mi laciĝis labori ĉirkaŭ la horloĝo por prepari ĉion por unu sceno. Tuj post kiam la sceno estas preta oni ja malmuntas ĉion, kaj estas kvazaŭ tio neniam ekzistus.

La edzo de Galina Barĥudarova forpasis en 1997. Li laboris ĉe urandeponaĵoj kaj estis nur 59-jara kiam li mortis. Tiam ŝi devis urĝe trovi pli bone pagatan laboron por vivteni sin mem kaj la filon, kiu studis en la naŭa klaso. Ŝi volis ke la filo poste studu en la universitato kaj ne tuj eklaboru.

– Li tiam estis dekkvinjara. Li sekvis la spurojn de la patro kaj iĝis geofizikisto. Miajn laborojn li opinias bagatelaĵoj. Sed ajnakaze, ankaŭ en la fotobutiko ne estis facile labori. Multaj junuloj estis dungitaj tie, kaj ili ne volis fari ion ajn super tio, kio estis absolute nepra. "Oni ne pagas al ni pro tio", ili povis diri. Mi laboris kiel kuriero kaj portis filmrulojn al la laboratorio, mi helpis je bezono en diversaj butikoj. Ja estis peze, sed ni bezonis la monon.

* * *

La komenco de la 1990-aj jaroj estis kaosa tempo en la tuta Sovetio kaj precipe en la havenurbo Sankt-Peterburgo. Tie aperis tute novaj ebloj en la eksterlanda komerco, dum la tradicie grava defendindustrio rapide ŝrumpis. La ŝtato estis malforta, la sovetiaj reguloj ne plu validis, sed mankis nova regularo. La plej rapidaj kaj aŭdacaj povis riĉiĝi, dum tiuj, kiuj atendis kaj nenion faris, povis perdi eĉ la malmulton kiun ili havis.

Multaj daŭre opiniis, ke estas malbele kaj nemorale gajni multe da mono, memoras la iama fizikisto Aleksandr Dimnikov, kiu ja en la komenco de la 1990-aj je sia propra surprizo iĝis makleristo pri nemoveblaĵoj.

– Mi mem same opiniis: estas malmorale gajni tro multe. Mi havis longajn diskutojn pri tio kun la usona posedanto de la maklerfirmao, en kiu mi laboris komence de la 1990-aj jaroj. Mi ja komencis okupiĝi pri nemoveblaĵoj ne por gajni amasegon da mono. Mi simple volis havigi bonan apartamenton por la familio. Mi ankaŭ ne eksiĝis de mia scienca laboro, mi petis nur portempan liberigon. Ĉi tio estas provizora, mi pensis. Mi faros unu-du pliajn interkonsentojn, poste mi reiros al mia disertaĵo. Nur kiam mi malfermis propran maklerfirmaon en 1996 mi eksiĝis de mia laboro – tiam mi simple devis, por povi oficiale dungiĝi ĉe mia propra entrepreno.

Kvankam oni ja konstruis multegajn domojn en betonaj antaŭurboj ĉirkaŭ Leningrado post la decido de Nikita Ĥruŝĉov en la 1950-aj jaroj, granda parto de la urbanoj ĉirkaŭ la tempo de la disfalo de Sovetio daŭre loĝis en malvastaj komunalkoj en malnovaj domoj en la centraj partoj de la urbo. Tiel estis ankaŭ en la strato de Tanja.

En la sovetia tempo ne vere ekzistis merkato de loĝejoj. La plej multaj apartamentoj apartenis al la ŝtato kaj ne povis esti venditaj. Aliflanke la loĝantoj ja rajtis interŝanĝi apartamentojn, kio povis kaŭzi longajn kaj komplikajn aranĝojn, en kiuj tuta ĉeno da homoj samtempe ŝanĝis loĝejojn inter si, por ke ĉiuj povu ekloĝi en la dezirata loko kaj en laŭeble taŭga apartamento. Ekzistis ankaŭ kooperativaj apartamentoj, kiujn formale eblis vendi, sed ĉar la oficiala prezo estis fiksita de la ŝtato, la vera merkato estis kontraŭleĝa kaj riska.

Kiam Sovetio ĉesis ekzisti, la loĝantoj de ŝtataj apartamentoj ekhavis la rajton privatigi siajn loĝejojn. La privatigitan loĝejon ili poste povis tute leĝe vendi al tiu, kiu proponis la plej altan prezon. Sekve formiĝis oficiala merkato de nemoveblaĵoj. Sed precize kiel ĉio en la komenco de la 1990-aj jaroj, ankaŭ la merkato de nemoveblaĵoj en Peterburgo estis kaosa. Neniu sciis, kiom vere valoras apartamentoj, kaj ĉie aperis banditoj kaj trompuloj, kiuj povis per artifikoj alproprigi la loĝejon de familio interŝanĝe kontraŭ senvaloraj promesoj – aŭ vendi la saman loĝejon al pluraj aĉetantoj kaj poste malaperi kun la mono.

La unuaj makleristoj de nemoveblaĵoj en Sankt-Peterburgo laboris proponante al loĝantoj de centraj komunalkoj malgrandajn apartamentojn en la antaŭurboj. La malplenigitaj komunalkoj poste povis esti renovigitaj kaj venditaj kiel luksaj urbocentraj apartamentoj. Unu ĉambro en komunalko povis esti ŝanĝita kontraŭ tuta unu- aŭ eĉ duĉambra apartamento en antaŭurbo. Sed estis facile trompiĝi. Tial multaj rifuzis eĉ paroli kun Aleksandr Dimnikov, kiam li sonorigis ĉe komunalkoj kiuj povis esti interesaj.

– En tiu tempo estis granda postulado de apartamentoj en la centro. Mi povis proponi tre bonajn kondiĉojn. Mi povis veni al komunalko kaj diri: "Karaj kamaradoj, ĉiu el vi povas ricevi propran apartamenton." Kaj ili respondis: "Ne, foriru, ni ne volas aŭdi pli de vi." Ili ne fidis nin, aŭ ili timis. Sed nun ili plu loĝas en siaj komunalkoj. Nun la merkato estas satigita kaj neniu plu interesiĝas pri tiuj ĉambroj. Tiuj, kun kiuj mi povis interkonsenti, ricevis apartamentojn preskaŭ tuj. La aliaj perdis sian ŝancon por ĉiam.

Sed eĉ se la plej multaj makleristoj estis honestaj, ja estis bonaj kialoj esti atenta, diras Aleksandr Dimnikov.

– Kompreneble estis multaj trompuloj. En tiu tempo perado de nemoveblaĵoj estis preskaŭ duonkrima afero. Okazis ke homoj estis murditaj, aŭ lasitaj surstrate sen loĝejo. Ĉio ajn okazis. Oni eble promesis apartamenton, sed el tio iĝis nur ĉambro. Homoj povis ricevi apartamenton kie iu alia jam estis loĝregistrita, aŭ kiu en alia maniero ne estis jure en ordo.

Sed tiuj kiuj loĝis en komunalko povis ankaŭ mem trompi sin kaj perdi la apartamenton, kiun ili povintus ricevi – se ili starigis neeblajn postulojn.

– Ni diru, ke en ĉambro en komunalko loĝas eksgeedza paro. Ili povis postuli du unuĉambrajn apartamentojn interŝanĝe kontraŭ sia ĉambreto. Tio ja ne eblis, kaj tiam la aliaj en la komunalko iĝis iliaj ostaĝoj. Kaj ĉiuj ili restis tie. Estis ankaŭ homoj, kiuj estis konvinkitaj, ke la kapitalismo nun havas la devon plenumi la promesojn, kiujn ne povis plenumi la soveta potenco. Ili ja vicatendis multegajn jarojn, ili povis diri, kaj ili opiniis, ke ili nun havas la rajton fari postulojn. Sed tiel ja ne funkcias, kaj la rezulto iĝis, ke ili ricevis nenion ajn.

Multaj homoj ricevas nenion ajn el la bankroto de Sovetio. Sed tiuj, kiuj estas sufiĉe rapidaj kaj havas la ĝustajn kontaktojn, povas ricevi preskaŭ kion ajn. Ĉio ŝanĝiĝas de tago al tago, precize kiel en la frenezaj 1920-aj jaroj, kiam la bolŝevistoj devis permesi privatan komercon por ke la lando ne malsatmortu. Sed en la 1990-aj jaroj la komunistoj jam estas tute for, kaj la tuta ŝtata aparato estas malforta. Ĉi tiu estas la plej libera tempo dum la historio de Rusio – en la bono, sed ankaŭ en la malbono. La cenzuro estas forigita jam de longe, sed ĵurnalistoj kaj politikistoj kiuj malkaŝas koruptadon aŭ krimajn aranĝojn vivas danĝere. La tutan landon skuas la murdo de la populara liberala politikisto Galina Starovojtova en Sankt-Peterburgo en la aŭtuno de 1998. La murdo poste estis ligita al la mafio de Tambov, kiu havis fortan influon en Sankt-Peterburgo ekde la mezo de la 1990-aj jaroj, kaj kiu interalie regis la distribuadon de karburaĵo en la urbo.

Ĝuste dum la kaosaj 1990-aj jaroj formiĝis la estonta politika elito de Rusio. Ĝis la jaro 1996 la eksa KGB-ulo Vladimir Putin estis vicurbestro en Sankt-Peterburgo. Krome li havis apartamenton en la strato de Tanja, kontraŭ la domo kie la makleristo Aleksandr Dimnikov loĝas.

– Sed li neniam multe videblis ĉi tie, mi kredas, ke li aĉetis la apartamenton por siaj gepatroj. Li ĉiuokaze vizitis kelkfoje post kiam li jam iĝis prezidento. Tiam ili fermis la tutan straton, diras Aleksandr Dimnikov.

En 1996 la ĉefo de Putin, Anatolij Sobĉak, malgajnas la urbestran elekton. Subite Putin estas senlabora, sed tra kontaktoj en Sankt-Peterburgo li ricevas proponon pri laboro en la oficejo de prezidento Boris Jelcin, kaj en la somero de 1998 li jam estas la ĉefo de la heredinto de KGB, la sekurservo FSB.

La falo de Sovetio signifas ankaŭ, ke eksterlandaj kontaktoj ne plu estas danĝeraj. Aleksandr Uralov studis lingvojn kaj eksterlandajn sociajn sistemojn dum granda parto de sia vivo, sed li neniam estis eksterlande. Nun li ekhavas uzon por siaj lingvoscioj kaj sia granda hobio – arto. Li estas amatora pentristo, li scias multon pri sovetia arto, kaj kiam la limo estas malfermita, la interesiĝo pri sovetia arto dum kelkaj jaroj eksplodas en okcidenta Eŭropo.

Kaj per tio eblis gajni monon, li rakontas.

– La falo de Sovetio tre rapide kondukis al distavoliĝo de la socio en maniero, kiun ni ne konis pli frue. Ni havas malgrandan minoritaton da homoj, eble kvinprocentan, kiu havas entreprenistan kapablon kaj rapide gajnis multan monon. La cetero estas la silenta majoritato, kiu volas, ke iu alia montru la vojon. Mi mem tute ne estas entreprenisto, sed mi kapablas organizi aferojn. Ajnakaze, tiuj, kiuj havis nazon por komercado, malfermis diversajn kooperativojn tuj kiam tio iĝis permesita. Ili komencis fabriki kaj vendi ĉiaspecajn umojn kiuj pli frue ne ekzistis, aĵojn kiuj eble ne estis nepraj por la vivo, sed por kiuj ekzistis merkato.

Tuj kiam iuj homoj komencis gajni monon per entreprenado, aperis aliaj, kiuj volis forrabi la gajnon. Ĉar la ŝtato estis malforta kaj la milico koruptita, la krimuloj facile povis timigi la entreprenistojn kaj elpremi monon de ili.

– Tiam aperis ĉiuj banditoj. Daŭre oni aŭdadis ke iu estis prirabita, ke iu estis mortigita, okazis ke oni pafis en la urbo. La plej multaj el tiuj aferoj ja ne tuŝis ordinarajn homojn, sed multaj tamen maltrankvilis kaj timis, ke io okazos al ili. Pli frue virinoj ĉi tie en Vasilij-insulo povis eliri je la dekunua horo vespere kaj ili ne bezonis timi. Kompreneble okazis aferoj ankaŭ en la sovetia tempo, sed tiam oni ne raportis pri tio en la ĵurnalo. Neniam en la ĵurnalo oni skribis, ke iu estis murdita. Eventuale oni povis multe pli malfrue skribi, ke iu estis kondamnita al dek kvin jaroj en malliberejo pro mortigo. Sed nun aperis diversaj specoj de gazetoj kiuj komencis konkuri pri la legantoj. Ili multe verkis pri la krimoj, kaj tio kompreneble siaflanke influis la ĝeneralan etoson.

Aleksandr Uralov mem ne estis trafita de la pliiĝinta krimado, kvankam li en la komenco de la 1990-aj jaroj estis inter la unuaj en la strato kiuj havis luksan eksterlandan aŭton. Ĝin li povis aĉeti per la mono kiun li gajnis perante sovetian arton al Belgio.

– Mi aĉetis la aŭton tie, bluan metalfarban BMW 525i. Ĝi estis kvinses jarojn malnova, sed en bonega stato, kvazaŭ rekte el la fabriko. Ĝi staris ĉi tie ekstere, kaj kompreneble tuj iu malfiksis kaj ŝtelis la BMW-ŝildetojn. Tiu interesiĝo pri sovetia arto rapide pasis, sed dum kelkaj jaroj ili aĉetis ĉion, kion ni povis proponi. Artaĉetistoj sturmis ĉiujn atelierojn ĉi tie en la ĉirkaŭaĵo.

* * *

Korina Klodt jam pensiiĝis, kiam Sovetio ĉesis ekzisti. La pensia aĝo por virinoj estis 55 jaroj, kaj ŝi tre ĝuis finfine ne plu bezoni labori. Ŝi ja havis bonan loĝejon, la pensio sufiĉis por la vivo, kaj se necesis mono por libertempa vojaĝo aŭ io alia, oni povis ĉiam labori kelkajn monatojn.

La domo kun la du metrojn mallarĝa ĉambro estis renovigita en la 1980-aj jaroj, kaj Korina Klodt ricevis proponon pri ĉambro en betona antaŭurbo. Sed tien ŝi ne volis.

– La apartamentoj tie estas tre malgrandaj, kun ekstreme malvastaj kuirejoj. Kaj mi ja estas sola. Tie mi estus tute flankenpuŝita, mi pensis.

Ŝi ricevis helpon de la sindikato en la metalurgia instituto, kie ŝi tiam ankoraŭ laboris.

– Tiu sindikata gravulo venis kun mi al la urbestraro kaj rakontis pri miaj gepatroj. Li diris, ke oni devus atenti la fakton ke mi estis viktimo de persekutado.

Anstataŭ tro malgranda ĉambro en betona antaŭurbo Korina Klodt sekve ricevis proponon pri pli granda ĉambro en duĉambra apartamento en la renovigita domo ĉe Dektria linio – la sama domo, kie ŝi ekloĝis jam en la 1960-aj jaroj, sed en alia ŝtuparejo. Ŝi rajtis resti en Vasilij-insulo, proksime al onklo Artur kaj lia edzino Nataŝa, kiuj iĝis kvazaŭ gepatroj por ŝi. En la alia ĉambro komence loĝis fremda virino, sed post kelkaj jaroj Artur kaj Nataŝa faris sukcesan interŝanĝon kaj ekloĝis tie. Ili iĝis maljunaj, nun estis la vico de Korina helpi al ili.

La lastan jaron, kiam Korina ankoraŭ laboris en la instituto de metalurgio, en 1990, la sekurservo KGB komencis malfermi siajn arkivojn. Tiam ankaŭ Korina iris al la Granda domo, kiel oni nomis la sidejon de KGB en Leningrado.

– Onklo Artur ne volis ke mi iru, li timis, ke ili ne ellasos min de tie. Tiu timo neniam pasis ĉe li. Sed mi prenis liberan tagon kaj iris tien. Tie sidis ankaŭ flegistinoj, en blankaj vestaĵoj, kaze ke iu ekmalbonfartos pro tio kion ili eksciis.

Korina Klodt tamen ne eksciis ion novan. Ŝi jam sciis, ke ambaŭ ŝiaj gepatroj estis ekzekutitaj en la sama tago, kaj mankis informo pri tio, kie ili estis enterigitaj.

– La tutan dosieron mi ne volis tralegi, tio tamen estus tro por mi. Sufiĉe baldaŭ post la vizito ĉe KGB ŝi do pensiiĝis.

– Mi finis tuj kiam mi povis. "Mi laciĝis pri ĉi tio", mi diris al tiuj, kiuj demandis. Estas tiel agrable ne bezoni labori. Tion mi malkovris, kiam mi forloĝiĝis el Komsomolsko-ĉe-Amuro en 1960. Tiam mi loĝis ĉe Artur kaj Nataŝa sen laboro dum duonjaro. Antaŭ tio mi tute ne komprenis, kiel agrablas esti libera. Kompreneble estis ili, kiuj vivtenis min tiam, sed ja ne haveblis laboro.

Post tridek jaroj en la sama laborejo Korina Klodt do opiniis, ke jam sufiĉas, kaj en 1990 la pensio ankoraŭ sufiĉis por vivi.

– Mia salajro estis ducent rubloj. La plej alta pensio estis 120 rubloj, sed ĉar mi laboris en la sama entrepreno dum pli ol 25 jaroj, mi ricevis aldone dek du rublojn. Do mi havis 132 rublojn monate, kaj mi sciis precize, por kio sufiĉis tiu mono. Kion la manĝo kostas, kion kostas trajnbiletoj kaj tiel plu.

Korina Klodt elturniĝis sufiĉe bone ankaŭ kiam la prezoj komencis altiĝi – ŝi ja povis kromlabori kaze de neceso. Aldone ŝi baldaŭ ricevis altigitan pension kiel "viktimo de persekutoj", kio iom plibonigis la ekonomian situacion. Vere estis pli malbone por tiuj, kiuj ankoraŭ laboris, ŝi diras.

– Tiam oni ja komencis fermi plej diversajn entreprenojn. La sama afero okazis al Meĥanobr, tiu instituto kie mi laboris. Ĝi estis disigita je etaj pecoj kiuj devis iĝi sendependaj entreprenoj. Bonŝance mi ne bezonis travivi tion. Kiam mi foje kromlaboris, mi ne bezonis interesiĝi pri tiaj aferoj, mi simple faris mian laboron kaj poste mi iris hejmen.

Sed 1998 estis malfacila jaro ankaŭ por Korina Klodt, kvankam ŝi post la jaroj en la infanejo neniam havis aparte altajn postulojn.

Dum la lasta jaro de Sovetio la inflacio akceliĝis rapide, ĉar la elspezoj de la ŝtato estis financataj per presado de ĉiam pli da mono. La nova rusia registaro daŭrigis la saman politikon, kio interalie signifis, ke ĉiuj ŝparaĵoj de la sovetia tempo en la praktiko perdis sian valoron. Novaj nuloj aperis en la prezetikedoj kaj sur la monbiletoj. La moneroj malaperis tute. Por sesmil rubloj Aleksandr Uralov aĉetis tute novan aŭton de la plej lasta modelo en 1979. En 1987 oni daŭre povis aĉeti aŭton por sesmil rubloj, se oni unue vicatendis sufiĉe longe. En 1993 la sama sumo sufiĉis nur por paro de sportŝuoj. Nun tiaj haveblis libere en la vendejoj, kaj por aĉeti ilin sufiĉis mono, ne necesis vicatendi. En 1995 per sesmil rubloj oni povis aĉeti dek ovojn. Neniu plu fidis la rublon, kaj ĉar oni nun rajtis aĉeti kaj posedi eksterlandan valuton libere, ĉiuj rapidis ŝanĝi siajn rublojn al dolaroj tuj, kiam ili ricevis sian salajron. Kaze ke la salajro ne estis tuj pagita en dolaroj, en brunaj kovertoj sen informi la impostoficejon. La dolarojn oni konservis hejme, ĉar oni ne fidis la bankojn. Sed ankaŭ kontanta mono estis nefidinda. Vladimir Putin iam rakontis, ke lia ŝparmono troviĝis en teko, kiu forbrulis dum incendio en la kabano de la familio apud Sankt-Peterburgo en la somero de 1996.

La inflacio denove igis multegajn rusianojn milionuloj – miliono da rubloj estis tute ordinara monata salajro en 1997. Sed nun la situacio ja stabilas, la merkata ekonomio ŝajnas funkcii kaj daŭre venadas la enspezoj de la naftokomerco, eĉ se la mondaj prezoj estas malaltaj. La inflacio malrapidiĝas. La plej terura tempo ŝajne pasis. En la komenco de 1998 tri nuloj estas tial forstrekitaj de la monbiletoj kaj la prezetikedoj. Mil malnovaj rubloj iĝas unu nova, sesmil rubloj denove estas granda sumo. Duonjara salajro. Ĉio aspektas bone, la butikoj plenaj je eksterlandaj varoj kaj multaj komencas denove fidi la bankojn. Sed tro frue.

La rusia registaro fidis je superoptimismaj kalkuloj kaj financis siajn elspezojn per eksterlandaj kreditoj. Ĉar la ekonomio de Rusio jam estis tute dependa de naftoeksporto, la eksterlandaj kreditoj igas la situacion neeltenebla, kiam la krizo de la monda ekonomio kaŭzas, ke la prezo de nafto falas eĉ pli malalten. En aŭgusto 1998 la ŝtata kaso estas malplena, la ŝtato ĉesigas siajn elpagojn, bankoj faladas kiel kegloj kaj la rublo perdas du trionojn el sia valoro kontraŭ la dolaro. Ankoraŭ ne ekzistas ŝtata garantio de bankdeponoj, kaj privatuloj kies ŝparmono estas en iu el la nun eksaj bankoj perdas siajn ŝparaĵojn denove – jam la duan fojon ene de malpli ol jardeko. La akcioj falegas konkure kun la rublo, multaj entreprenoj bankrotas kaj ĉiuj importitaj varoj iĝas trioble pli kostaj ol ili ĵus estis. Ordinaraj rusianoj, kiuj ĵus estis sufiĉe bonstataj por povi libertempi eksterlande, subite malkovras ke iliaj novaj bankokartoj ne plu funkcias. Ili estas bonŝancaj, se ili jam havas bileton por veturi reen al la hejmo.

Ankaŭ la merkato de nemoveblaĵoj estas forte trafata de la kraŝo de la rublo. La prezoj estas fiksitaj en dolaroj. Subite ĉiuj nemoveblaĵoj kostas trioble pli en rubloj, sed neniu havas monon kaj la tuta ekonomia situacio estas malstabila. Dum duonjaro preskaŭ neniuj nemoveblaĵoj estas vendataj, kaj multaj makleraj entreprenoj, kiuj havas pruntojn en dolaroj, kolapsas, rakontas Aleksandr Dimnikov.

– Mia entrepreno travivis, ĉar ni ne havis ŝuldojn, sed ni devis malpliigi la kvanton de dungitoj. Multaj aliaj havis pli grandajn problemojn. Pli ol cent kvindek makleraj entreprenoj devis fermiĝi, kaj multaj el ili estis grandaj.

Ĝis nun oni konsideris nemoveblaĵojn sekura investo, kaj komence neniu volas malaltigi la prezojn. Unuĉambra, 30-kvadratmetra apartamento en betona antaŭurbo kostas proksimume 18 000 dolarojn en la komenco de 1998, kaj neniu volas vendi malpli koste. Post la jarŝanĝo tamen evidentas, ke atendado ne utilas. Ĉar ĉiuj havas malmulte da mono, la posedantoj de nemoveblaĵoj devas adaptiĝi al la merkato.

– Ekde januaro 1999 la dolaraj prezoj komencis fali, unue je kelkaj procentoj en monato. Sed daŭre mankis postulado. En majo la prezo de tia unuĉambra apartamento falis ĝis dekmil dolaroj, sed eĉ tio estis tro. En junio komenciĝis la paniko, kelkaj vendantoj malaltigis la prezon ĝis okmil, kaj tiam la apartamentoj komencis vendiĝi.

En julio 1999, iom malpli ol unu jaron post la kraŝo, la postulado komencas reaperi, kaj la plej profunda abismo de la krizo estas preterpasita. En la longa daŭro la ŝtata bankroto estis bona por la ekonomio de Rusio, ĉar la severe malfortiĝinta rublo helpis al la enlanda industrio konkuri kun eksterlandaj produktantoj kaj malpliigis la importon de varoj por konsumado. Sed la kraŝo samtempe subfosas la fidon de multaj rilate la ekonomiajn reformojn kaj la demokration, kiu tute ĵus komencis evolui en Rusio.

Tamen la vivo daŭras ankaŭ post la rublokraŝo. Por ordinaraj homoj, kiuj ne perdis grandajn ŝparaĵojn, la krizo antaŭ ĉio signifas, ke ĉio estas pli kosta. Dungitoj en entreprenoj ne rekte dependaj de la konjunkturo kaj laborantoj de la publika sektoro plej ofte ne perdas sian postenon, eĉ se ili dum iom da tempo devas vivi pli ŝpareme. Vojaĝoj al eksterlando denove iĝas rara plezuro.

Du semajnojn post la kraŝo Lusine Arutjunova ekfrekventas la trian klason en la iama lernejo de Tanja Saviĉeva. Ŝi ne memoras, ke la krizo aparte forte trafus ŝian familion.

– Mi ne kredas, ke ni tiam havis iujn ŝparaĵojn, kiujn ni povus perdi. Mi scias, ke miaj geavoj perdis grandan parton de sia ŝparmono, sed tio estis lige kun la disfalo de Sovetio. Mia parencaro estas armena, sed venas el Azerbajĝano, kaj ili devis fuĝi kiam komenciĝis la persekutado de armenoj tie. Ili vendis sian tutan posedaĵon, tial ili havis iom da ŝparita mono. Sed poste la mono perdis sian valoron.

El la fino de la 1990-aj jaroj Lusine Arutjunova ĉefe memoras la maltrankvilan etoson en la urbo.

– La gepatroj timis ellasi nin en la vespero. Baldaŭ kelkaj pli aĝaj lernejanoj ekhavis poŝtelefonojn. Tiuj estis grandaj, maloportunaj aĵoj, sed ili ekzistis. Kaj povis okazi, ke oni estis prirabita je sia telefono en la ŝtuparejo. Eĉ okazis, ke infanoj malaperis.

Kiam Lusine jam estas en la sepa klaso, ankaŭ ŝi ricevas poŝtelefonon de la modelo Nokia 3110, ĉar la gepatroj volas scii, kie ŝi estas. Sed la gepatroj mem ne havas poŝtelefonon.

– Panjo tamen havis televokilon. Ŝi bezonis ĝin por la laboro, ĉar tiam aperis la eblo fari privatan interkonsenton kun akuŝisto antaŭ la nasko. Kiam mi venis hejmen, mi telefonis kaj lasis al ŝi mesaĝon per la televokilo. Tiam ŝi ne bezonis zorgi pri mi.

Aldone al la poŝtelefonoj, ankaŭ interreto faras grandan trarompon ĉirkaŭ la jaro 1998. La unua interreta kafejo en Peterburgo, Tetris, malfermiĝas jam en 1996, la sekvan jaron ekfunkcias la sukcesa rusia serĉilo Yandex.ru, kaj en 1998 estas malfermita la populara retpoŝta servo Mail.ru. Ankaŭ la rusia sekurservo FSB rapide komprenas la eblojn de la nova teknologio kaj aranĝas, ke oni povu laŭbezone kapti ajnan retan trafikon. Modernigita formo de la subaŭskulta sistemo SORM, kiu estis ekfunkciigita en 1998, plu estas uzata.

Hejme ĉe Lusine la telekomunikada aparataro ne estas same moderna kiel ĉe FSB. La sovetian telefonaparaton ĉe la enirejo anstataŭas apartaj telefonoj en ĉiu ĉambro, sed la numero daŭre estas komuna.

– Kiam sonoris, respondis tiu kiu atingis unue. Sed estis plej oportune, se ni respondis, ĉar nia ĉambro estis en la mezo. Se la voko ne estis al ni, sufiĉis bati la muron de la ĝusta najbaro.

Baldaŭ ankaŭ la familio de Lusine ekhavas propran komputilon kaj aliron al la reto, sed estas iom komplike.

– La komputilo ja ne estis kiel nun, ĝi estis granda kesto. Oni devis voki modem-numeron kiu daŭre estis okupita. Kaj krome kostis multe, oni aĉetis interretan karton por duonhoro. Por ŝpari tempon oni devis anticipe elpensi, kion oni volas kontroli. Se najbaro hazarde levis la aŭdilon, la ligo estis rompita

La malnova klasĉambro de Tanja Saviĉeva en la lernejo de Lusine iĝis muzeo jam dum la sovetia tempo. Kiam Lusine estas lernejano, tie ankoraŭ restas la malnovaj, pezaj lernejaj pupitroj. Kelkaj el la pli aĝaj lernejanoj havas la honoran taskon montri la muzeon al la vizitantoj, kaj kiam Lusine Arutjunova komencas la naŭan klason, ŝi ricevas la taskon, iom kontraŭvole.

– Tiam mi estis ege silenta kaj timida, mi ne volis paroli pli ol necese. Tial mi opiniis la taskon peza. Sed la instruisto insistis, ŝi diris ke mi estas zorgema kaj respondeca, sed ke mi bezonas malfermiĝi pli. Ŝi pravis pri tio, kaj nun mi estas danka al ŝi, ĉar ŝi vidis tion.

Precipe en la tago de la venko, la 9-an de majo, multaj vizitantoj venas al la lernejo por vidi la klasĉambron kie Tanja sidis.

– Ni ĉiam havis lecionojn de historio tie, kaj ofte ni faris prezenta-dojn por aliaj klasoj el nia lernejo. Povis iĝi tre emocie kiam oni staris tie, rakontis pri la malsato kaj vidis la etan panpecon de tiu tempo, la tagan porcion. Se mi pensis pri tio ke ŝi estis lernejano precize kiel mi, okazis ke mi ekploris dum mi staris tie kaj parolis. Ĉiuj aliaj sentis simile. Okazis ke ankaŭ la plenkreskuloj havis larmojn en la okuloj.

En la vesperoj post la lernejo Lusine ofte promenas kun la klaska-maradoj. Populara loko estas la Rumjancev-parko ĉe la Artakademio en unu fino de la strato de Tanja, kun vidaĵo super la rivero Nevo.

– Multaj el ni ŝatis kolektiĝi tie, oni sidis sur la benkoj de la parko, ludis gitaron kaj kantis. Sed miaj gepatroj ĉiam insistis ke mi estu hejme plej laste je la oka horo, tio ne estis diskutebla.

La ŝtata bankroto en aŭgusto 1998 estis katastrofo, kiu kaŭzis ke multaj rusoj perdis sian kredon je demokratio kaj merkata ekono-mio, kvankam pri la problemoj de Rusio en la 1990-aj jaroj grandparte kulpis la sovetia heredaĵo. Post malpli ol unu kaj duona jaro larmokula Boris Jelcin pardonpetis en televido pro ĉiuj provadoj de la jardeko kaj transdonos la potencon al posteulo kun multe pli striktaj postuloj.

Sub la nova gvidanto la loĝantoj de Rusio ekhavos la plej altan viv-nivelon iam ajn. La bona tempo estis revenonta.

❖

2007

La bona nova tempo

La suno brilas denove, kaj same faras la ĵus purigitaj sfinksoj antaŭ la Artakademio.

Post kiam la granda filo de la urbo, Vladmir Putin, ekhavis la potencon je la jarmilŝanĝo, ĉiuj mezuriloj daŭre montras kreskon. La ekonomio fortiĝis, la grava monda prezo de nafto neniam estis pli alta kaj la trezorejo de la ŝtato estas plena. Eĉ la termometro faras novajn rekordojn: la 10-an de januaro 2007 oni mezuras la plej altan januaran temperaturon en Peterburgo iam ajn – tutajn ses gradojn super nulo.

La ĉefa parto de la mono ja restas en Moskvo, sed sojle al la tricentjara jubileo de Sankt-Peterburgo en 2003 ankaŭ la malnova ĉefurbo ricevis sian parton. Fasadoj kaj stratoj estis riparitaj kaj la centro de la pli frue iom eluzita urbo nun aspektas preskaŭ same bonfarta kiel la riĉa Moskvo, eĉ se oni ne bezonas vagi aparte distancen de la ĉefaj stratoj por trovi domojn en stato de progresanta disfalo.

La malpuro de la pasinta jarcento estas forigita ankaŭ de sur la sfinksoj, kiuj ĝis lastatempe estis malhelaj. La poluaĵoj eniris la porojn de la granita surfaco kaj ne estis facile forlaveblaj. La restaŭristoj de Ermitejo tamen evoluigis miksaĵon de kemiaĵoj, helpe de kiu eblis forigi la malpuraĵojn kaj fungojn, ne difektante la zorge poluritan surfacon de la sfinksoj. Krome kelkaj difektoj estis riparitaj kaj rustaj feraj partoj de malnovaj riparoj el la 1800-aj jaroj estis ŝanĝitaj al moderna rustimuna ŝtalo. La sfinksoj nun aspektas relative junaj por sia aĝo.

La tuta urbo aspektas multe pli bonorda ol dum la sovaĝaj 1990-aj jaroj, kiam diversspecaj kioskoj staris sur ĉiuj liberaj surfacoj en homplenaj lokoj, precipe ĉe la metrostacioj. Tie oni vendis preskaŭ ĉion ajn. Sed nun la plej multaj kioskoj estas for. Anstataŭe aperis butikoj kun bona sortimento. Ili malfermiĝis en la iamaj ejoj de butikoj, kiuj post la revolucio en 1917 estis transformitaj en apartamentojn. La kompletaj Sesa kaj Sepa linioj inter Granda avenuo kaj la metrostacio Vasiljeostrovskaja nun estas senaŭta promenstrato kun restoracioj, kafejoj kaj butikoj. Ekster la metrostacio, fronte al McDonald's, staras tramo de la 19-a jarcento, kiun tiras du ĉevalstatuoj. En la tramo oni povas aĉeti flug- kaj trajnbiletojn.

Se oni turniĝas maldekstren tie, marŝas laŭ Meza avenuo kaj transiras la Okan kaj Naŭan liniojn, oni alvenas al ĵus malfermita aĉetcentro, kiu nomiĝas Ostrov, "Insulo". Antaŭ cent jaroj ĉi tie troviĝis la granda tabakfabriko Laferm, kiu post la revolucio kompreneble estis naciigita. La fabriko tiam ricevis novan nomon: Tabakfabriko Urickij, laŭ Mojsej Urickij, la timata ĉefo de la sekreta polico de la bolŝevistoj, Ĉeka, en Petrogrado. Urickij estis murdita en aŭgusto 1918. La bolŝevistoj venĝis la murdon komencante la tiel nomatan ruĝan teroron kontraŭ siaj oponantoj. Sole dum la unua tago de la ruĝa teroro pli ol mil homoj estis ekzekutitaj en Petrogrado kaj Kronstadt.

La tabakfabriko Urickij funkciis ankaŭ dum la sieĝo de Leningrado. Tiam ĝi produktis tabaksurogaton kiu enhavis interalie erojn el aŭtunaj folioj de la aceroj ĉe Meza avenuo. Kiam la fabriko denove estis privatigita en la komenco de la 1990-aj jaroj, la usona entrepreno R. J. Reynolds aĉetis majoritaton de la nemoveblaĵoj je favora prezo. Tiu iĝis la unua granda eksterlanda investo en la rusia tabakindustrio. Poste la fabriko ekhavis novan posedanton kaj la produktado estis translokita al la rando de la urbo.

La malnova fabriko estis transformita en aĉetcentron. La suban etaĝon nun okupas enorma manĝaĵvendejo. Sur la dua etaĝo la sukcesa loka ĉeno Bukvojed malfermis enorman librovendejon, kiu eble ne estas same luksa kiel Dom knigi en la iama ĉefsidejo de la kudromaŝina giganto Singer ĉe Nevskij prospekt, sed la sortimento estas almenaŭ same bona.

Dum la dek kvin jaroj, kiuj pasis post la falo de Sovetio, la privata komerco ekfloris. Jam delonge ĉio aĉeteblas, kaj ĉiam pli multaj havas sufiĉe da mono por efektive aĉeti ĉion. Sekve oni bezonas pli da ejoj por komerco, kaj ili devas situi en la ĝustaj lokoj. El tio multe profitis la makleristo Aleksandr Dimnikov. Li plu loĝas ĉe la strato de Tanja kun sia edzino kaj la tri infanoj de la paro, sed nun li aĉetis ankaŭ la apudan apartamenton por duobligi la loĝosurfacon. Ĉe la enirejo de la halo li konstruigis du blankajn pilastrojn kiuj estas duonan metron dikaj kaj ŝajnas subteni la plafonon.

Aleksandr Dimnikov ja komencis labori kiel makleristo en 1992 por havigi al la familio pli bonan apartamenton. Tio ne estas la sola afero, pri kiu li sukcesis, kvankam li longe imagis, ke li finverkos sian disertaĵon pri optika fiziko.

– Mi estis inter la unuaj, kiuj komencis investi en apartamentoj sur la stratnivelo por transformi ilin al butikoj. Pri tio mi okupiĝis dum multaj jaroj, Aleksandr Dimnikov rakontas.

Post kiam la ekonomio kraŝis en 1998 daŭris jaron antaŭ ol la situacio en la merkato de nemoveblaĵoj stabiliĝis. Poste la prezoj denove komencis kreski, unue malrapide kaj poste ĉiam pli intense, kune kun la naftoprezo.

Nun, en 2007, la prezo de nafto daŭre estas alta. Vladimir Putin egaligis la urbon Groznij kun la ternivelo, kaj la dua ĉeĉena milito estas finita. Ĉiujare la vivnivelo de la plej multaj homoj iĝas klare pli alta. Revenis la iamaj bonaj tempoj, sed nun ili estas eĉ pli bonaj. La loĝantoj de Rusio neniam antaŭe spertis ekonomian kreskon, kiu egalus al tiu dum la unuaj okjaroj de la regado de Putin.

Tion oni rimarkas ankaŭ en la prezoj de akcioj, kiuj nun kreskas mezume je tridek procentoj jare.

– Se oni investis en apartamentoj en domo, kiu ankoraŭ ne estis konstruita, oni povis gajni ĝis sesdek procentojn jare. La akre kreskantaj prezoj kaŭzis, ke multaj laborantoj en la privata sekcio rapidis aĉeti apartamentojn. Ĉiuj universitataj kurskamaradoj de mia edzino tiam aĉetis apartamenton, ĉar estis favore preni prunton kun interezo de dek ĝis dek du procentoj – la prezo de apartamentoj ja kreskis multe pli rapide ol tiom, rakontas Aleksandr Dimnikov.

La repagdaŭro estis dek jaroj, sed multaj sukcesis senŝuldiĝi pli rapide. Oni povis ekzemple luigi la nove aĉetitan apartamenton – tiam duono de la lupago jam sufiĉis por pagi la interezon. Eĉ pli profitaj estis la komercaj nemoveblaĵoj, kiuj ĉiam pli iĝis la specialaĵo de Aleksandr Dimnikov.

– En la plej multaj kazoj oni povis duobligi la prezon en unu jaro, se oni aĉetis apartamenton ĉe la stratnivelo kaj sukcesis igi el ĝi butikon kun propra enirejo.

Dum ĉi tiuj jaroj oni konstruis multajn tute novajn oficejajn domojn, kio siavice signifis, ke la prezoj de tiaj nemoveblaĵoj baldaŭ kraŝos, kiam la superstimulita merkato de nemoveblaĵoj kolapsos. Sed la merkato de la butikaj ejoj tute ne estos same forte trafita, ĉar ne estis konstruitaj tiom da ejoj por butikoj. Krome la plej grava afero por butikoj estas la situo, klarigas Aleksandr Dimnikov.

Kiam temas pri la strato de Tanja, tie ja apenaŭ estas taŭgaj lokoj por butikoj, krom ĉe la kruciĝo kun Meza avenuo – proksime al la metroo kaj ĉe la tramvojo. La strato ankaŭ ne estis interesa por la duonkrimaj novriĉuloj, kiuj komencis aĉetadi apartamentojn eble du jarojn post la disfalo de Sovetio. Ili volis havi luksegajn apartamentojn kun bela adreso en la urbocentro, volonte ĉe la kanaloj aŭ kun vidaĵo al iu historia monumenta konstruaĵo.

– Ofte temis pri homoj, kiuj gajnis sian kapitalon trompante aliajn, aŭ alproprigante al si la posedaĵon de aliaj en iu maniero.

Vicurbestro Vladimir Putin, kiu komence de la 1990-aj jaroj aĉetis apartamenton ĉi tie en Dua linio, estis frua adaptiĝanto. Nur kelkajn jarojn poste pli multaj aĉetantoj komencis interesiĝi pri Vasilij-insulo. Tio okazis en la komenco de la 2000-aj jaroj, kiam pli multaj honestaj entreprenistoj aŭ homoj kun universitata eduko ekhavis la ŝancon havigi al si pli bonan loĝejon, diras Aleksandr Dimnikov.

– Tiuj aĉetantoj estis tute alispecaj. Ili tre volis loĝi ĉi tie, sed ne pro modo, simple pro tio, ke ĉi tiu estas bona loko por loĝado. La metroo estas proksima. Oni povas promeni aŭ kuri laŭ la kajo. La parko ĉe la Artakademio estas proksima, kaj eblas piediri al la Ermitejo.

En tiu ĉi tempo multaj el la malnovaj komunalkoj ĉe la strato de Tanja estis malplenigitaj kaj renovigitaj por iĝi familiaj apartamentoj. Sed ne ĉiuj. En multaj domoj estis komunalkoj, kie iu el la loĝantoj ne estis tute kontentaj pri la proponitaj kondiĉoj aŭ kompenso. Tiel estis ankaŭ en la angula domo, kie la bakejo de la familio Saviĉev iam situis. Unu el la loĝantoj rifuzis, la apartamento ne povis esti vendita, kaj ĝi daŭre restas nerenovigita. Anstataŭe multaj el la originaj loĝantoj nun loĝas ie aliloke kaj luigas siajn ĉambrojn al provizoraj loĝantoj. Kaj tio jam ne ŝanĝiĝos, kredas Aleksandr Dimnikov – la merkato de nemoveblaĵoj ŝanĝiĝis post la komenco de la 2000-aj jaroj, kaj jam preskaŭ ne eblas fari profiton malplenigante kaj renovigante komunalkojn – krom se la situo estas eksterordinare bona. Anstataŭ rekonstruitaj komunalkoj oni nun postulas modernajn apartamentojn en novkonstruitaj domoj – en domoj, kie ĉio funkcias, la ŝtuparejo estas brile purega kaj ĉiuj loĝantoj havas proksimume la saman socian statuson.

Tiel neniam estis ĉe la strato de Tanja, kaj tiel ankaŭ nun ne estas. Ĉi tie situas kaj luksaj apartamentoj kaj malvastaj komunalkoj, kelkaj kafejetoj kaj la malnova studenta komunloĝejo de la Artakademio, kies interna korto aspektas precize same disfalinta kiel ĝi supozeble estis jam antaŭ la falo de Sovetio. Tio estas tipa por Sankt-Peterburgo jam ekde la tempo antaŭ la revolucio, diras Aleksandr Dimnikov.

– Sankt-Peterburgo diferencis de aliaj mondaj ĉefurboj per tio, ke ĉio ĉi tie estis miksita. Ege riĉa homo povis loĝi en bela fasada apartamento sed en la interna korto de la sama domo povis loĝi iu, kiu ĵus forlasis la kamparon, kiu tute lastatempe estis servutulo.

Korina Klodt plu havas sian apartamenton en Dektria linio, sed onklo Artur ne plu vivas.

– Li forpasis la 3-an de majo 2004. Du tagojn antaŭ sia 96-a naskiĝtago. Li suferis apopleksion la trian de novembro, kaj post duonjaro li mortis. Lia edzino iĝis pli aĝa, ŝi havis 97 kaj duonan jarojn kiam ŝi forpasis. Ili estas enterigitaj ĉi tie en Vasilij-insulo.

Ankaŭ en la familio de Aleksandr Uralov okazis forpasoj dum la jardeko. Unue mortis lia edzino Galina en 2002. Galina kaj Aleksandr estis kune de kiam ili renkontiĝis en la instituto de orientalismo en 1967, kaj dum tridek jaroj Galina Uralova laboris en la Ermitejo. Du jarojn poste mortas ankaŭ la patrino de Aleksandr, Maria, je la aĝo de 93 jaroj. Aleksandr Uralov reedziĝas al la orientalisto Jekaterina Norozova. Li mem tamen jam en alta aĝo forlasas la orientalismon kaj la komercadon per sovetia arto. Anstataŭe li komencas okupiĝi pri arkitekturo.

– Tio estis ideo, kiun mi havis jam en lerneja aĝo, ke mi ekstudus por iĝi arkitekto. Tiam ne iĝis tiel. Sed post tridek jaroj en orientalismo mi fine rekomencis kaj studis ĉe la fakultato por arkitekturo.

Post la arkitektaj studoj Aleksandr Uralov fondis sian propran buroon, kiu interalie partoprenis la fasonadon de la bordo de Nevo ĉe la elfluejo al la Golfo de Finnlando. Nova ero tie estas la varfoj por privataj boatetoj, kiujn ĉiam pli da urbanoj nun povas akiri.

La geologo Galina Barĥudarova havis plej diversajn laborojn post la forpaso de ŝia edzo en 1997. Plej multe ŝi laboris en la fotovendejo en Dua linio. Nun la filo estas plenkreska kaj mem gajnas monon. Galina Barĥudarova tial ne hezitas eĉ momenteton, kiam ŝi ricevas proponon labori en la mineralogia muzeo de la universitato. La salajro eble ne estas same bona kiel en privataj entreprenoj, sed fine ŝi rajtas reveni al la universitata mondo, kiun ŝi amas.

– Mi estas ege danka, ke ili volis havi min. Ni, kiuj kreskis dum la sovetia tempo, sentas nin kiel eksterteranoj en ĉi tiu nova mondo, ĉio estas tute fremda. Sed en la universitato mi estas inter niaj homoj.

La mineralogia muzeo estis fondita jam en la fino de la 18-a jarcento. Ĝi situas en la kvarcent metrojn longa ĉefkonstruaĵo de la universitato, kiun Petro la granda unue konstruigis por siaj dek du "kolegioj" – efektive ministerioj, kiuj ricevis siajn nomojn laŭ la svedia ekzemplo. El la angula ĉembro ĉe Universitata kajo malfermiĝas la vidaĵo al Vintra palaco transe de la rivero Nevo. Ĉi tie Galina Barĥudarova akceptas rezervojn pri vizitoj kaj montras la kolekton al la scivolemuloj. Multaj vizitantoj estas instruistoj, kiuj venas kun siaj tutaj klasoj. Ŝi povas rakonti dum horoj pri la deveno, historio kaj signifo de la diversaj mineralaj specimenoj. Post kelkaj jaroj la tuta konstruaĵo kun sia fama, kvarcentmetra koridoro estos renovigita. Sed Galina Barĥudarova tamen opinias, ke multo estis pli bona en la sovetia tempo, ankau ĉi tie en la universitato.

– Multaj aferoj estis bonaj dum la sovetia tempo, kaj antaŭ ĉio la edukado. Nia geologia skolo estis konstruata dum du jarcentoj, sed nun ĝi estas detruata. En nia tempo oni edukis spertulojn kun vastaj scioj, ne fakidiotojn kiel en la ekserlando. Ni havis bonan sistemon, sed nun ili volas enkonduki malvastajn programojn, kiel en Usono. Tre multe el la spertoj kaj scioj malaperos, kiam mia generacio formortos.

* * *

Komence de la sovetia epoko oni ja ne konstruis multon, kaj la manko de loĝejoj kaŭzis, ke nur la partia elito povis revi pri propraj, novaj apartamentoj. Multaj loĝis en malvastaj komunalkoj ankaŭ post kiam Ĥruŝĉov fine de la 1950-aj jaroj ekigis sian grandan projekton por konstrui milionojn da loĝdomoj. La novaj apartamentoj en la betonaj antaŭurboj simple ne sufiĉis por ĉiuj.

Sed komence de la 2000-aj jaroj, kiam la ekonomio kreskis rapidege kaj ankaŭ la merkato de nemoveblaĵoj ekspansiis, la loĝantoj de komunalkoj ekhavis ankoraŭ unu ŝancon. Inter tiuj, kiuj kaptis la okazon, estis la gepatroj de Lusine Arutjunova. Ili sukcesis vendi sian ĉambron en la komunalko apud la lernejo de Tanja Saviĉeva je favora prezo. Tio eblis, ĉar ĉiuj tri familioj, kiuj loĝis en la komunalko, interkonsentis pri la plano, rakontas Lusine Arutjunova.

– Nia familio jam pli frue privatigis la ĉambron. Ni decidis, ke ni kunlaboros kaj vendos la tutan apartamenton kune. Tiam ja estis vendata kompleta triĉambra apartamento, ne apartaj ĉambroj. La apartamento komprenable estis en aĉa stato, oni devis ŝanĝi la malnovajn sovetiajn akvoduktojn kaj ĉion eblan alian. Tie eklogîs agrabla familio kun du infanoj, sed tamen estis malĝojige forlasi la ĉambron, mi ja kreskis ĉi tie kaj ĉiuj miaj amikoj loĝas proksime.

Jam antaŭ ol la ĉambro estis vendita, la familio de Lusine eklogîs en propra apartamento en betona antaŭurbo, sed Lusine ofte tranoktis en la ĉambro, ĉar ŝi tuj post la lernejo ekstudis por iĝi instruisto, kaj la pedagogia universitato Herzen, kie ŝi studis, situis tute apude.

– Mi finis la lernejon en 2006. Tiu jaro estis grava en mia vivo, ĉar tiam ni aĉetis apartamenton en antaŭurbo, kaj tiam mi komencis studi. Unu kialo ekstudi ĝuste en la universitato Herzen estis, ke la instruista eduko situas ĉi tie en Vasilij-insulo. Tio eble ne estis la plej grava afero, sed tamen granda feliĉo por mi. Post la lernejo mi ne vere sciis, kion mi volas, kaj estis agrable resti ĉi tie proksime.

En la sama jaro kiam Lusine finis la lernejon, estis malfermita la unua kaj plej granda socia reto en Rusio, Vkontakte.ru, kiu poste mallongigis sian adreson al vk.com. La nomo signifas "en kontakto", kaj la Facebook-eca retejo rapide iĝis enorme populara en Rusio. Ĉio ja estis skribita en la rusa.

La 17-jara freŝbakita studento Lusine, kiu jam estis sperta uzanto de interreto, apartenis al la kerna celgrupo de la nova socia reto. Ŝi registriĝis tuj kiam ŝi aŭdis pri ĝi.

– Min invitis amikino. Mi estis inter la unuaj, estis preskaŭ neniu alia tie en tiu momento. Aŭ ĉiukaze ege malmultaj, kompare kun nun. Mi komencis skribadi tie, kaj rapide mi rimarkis, ke mi pasigis tute tro multajn horojn tage en la reto, anstataŭ fari aliajn aferojn.

Vkontakte.ru, kiu ene de nur kelkaj jaroj iĝis unu el la plej popularaj retejoj ne nur en Rusio, sed en grandaj partoj de la tuta eksa Sovetio, havas siajn radikojn en Vasilij-insulo, kelkcent metrojn de la strato de Tanja. La kreinto de la reto Pavel Duro, foje nomata la Mark Zuckerberg de Rusio, studis en la filologia fakultato de la universitato, tuj apud la mineralogia muzeo de Galina Barĥudarova. Pavel Durov estis 22-jara kiam li malfermis sian retejon. La unuajn uzantojn oni logis per konkurso, en kiu oni lotumis novajn modelojn de iPod, la populara nova muzikludilo de Apple. Post kvar jaroj Durov jam estis milionulo kaj lia entrepreno povis translokiĝi al la malnova konstruaĵo de la kudromaŝina entrepreno Singer ĉe Nevskij prospekt, la sama domo, kie ekde la revolucio situas la plej luksa librovendejo de la urbo.

La secesi-stila konstruaĵo kun la specifa, konusforma vitra kupolo, kies pinton ornamas terglobo el vitro kaj metalo, estis konstruita en la komenco de la 1900-aj jaroj kiel ĉefoficejo de Singer. La ekspansianta usona entrepreno ĵus malfermis fabrikon en Rusio, kaj vendis siajn ekstreme popularajn kudromaŝinojn partopage. Dum la unua mondmilito en la konstruaĵo troviĝis ankaŭ la konsulejo de Usono, sed post la revolucio la domo estis naciigita kaj iĝis librovendejo. La oficejaj ĉambroj de la domo longe estis uzataj de diversaj ŝtataj eldonejoj. Post kiam Vkontakte.ru translokiĝis al la domo, la prilumado de la vitra kupolo estis ekreguligata laŭ la humoro de la ĉefo, Pavel Durov. Dum urba festivalo en 2012 Durov kolektis popolamason ekster la domo, kiam li kaj liaj ĉefaj kunlaborantoj ĵetis kvinmilrublajn monbiletojn el la oficeja fenestro. Tiam li estis sur la pinto de sia kariero. Post kiam li dum la krizo en Ukrainio printempe de 2014 malferme rifuzis kunlabori kun la rusiaj aŭtoritatoj kaj malkaŝi personajn informojn pri ukrainiaj uzantoj de Vkontakte, lin trafis malfavoro, li estis devigita demisii kiel direktoro de sia firmao, kaj li forlasis Rusion.

* * *

La preĝejo Sankta Mikaelo ĉe Meza avenuo estis post la falo de Sovetio redonita al ruslingva luterana paroĥo, sed interne ĝi daŭre parte apektas kiel sovetia oficeja konstruaĵo. La fabriko de sporta ekipaĵo, kiu okupis la ejon dum la ĉefa parto de la sovetia epoko, dividis la altan ĉefan halon de la preĝejo en tri etaĝojn. Plej supre kaj plej sube estis fabrikaj ejoj, en la meza etaĝo la oficejoj. Tie plu restas la malhele blua oficeja koridoro kun la pezaj pordoj. Ankaŭ parto de la fabrikaj maŝinoj longe restis en la preĝejo kvankam la suba parto de la malnova preĝeja halo estis ekuzata kiel ejo por diservoj jam komence de la 1990-aj jaroj, rakontas Tatjana Rjumina, kiu kune kun sia patrino Olga profundiĝis en la historion de la preĝejo kaj la paroĥo.

– Kiam ni venis ĉi tien en 2003, restaĵoj de la fabrika ekipaĵo plu restis ĉi tie, kaj estis ege malpure. Partoj de la preĝejo estis uzataj kiel tenejo por presaĵoj kaj helpsendaĵoj el Finnlando. La sendaĵoj komencis veni en la 1990-aj jaroj, kaj tiam ankoraŭ venadis grandkvante.

La lasta luterana preĝejo en Leningrado kaj en la tuta Sovetio estis fermita en 1938. En Estonio kaj Latvio la luteranaj pastroj estis persekutataj post la komenciĝo de la sovetia okupacio, sed la paroĥoj ne estis tute malpermesataj. En la cetera Sovetio tamen troviĝis neniu luterana paroĥo antaŭ la jaro 1970, kiam la paroĥo en Petrozavodsk en Karelio estis refondita. En 1977 ingriaj finnoj, kiuj de jarcentoj loĝas en la regiono de la nuna Sankt-Peterburgo, ricevis la permeson refondi sian paroĥon en la apuda urbo Puŝkin – la iama Carskoje Selo, la cara somera rezidejo. Longe tamen estis riske esplori la persekutojn kontraŭ la kredantoj. Kiam Tatjana kaj Olga Rjumina en la komenco de la 2000-aj jaroj aliĝis al la ruslingva luterana paroĥo de preĝejo Sankta Mikaelo, ili decidis entrepreni paŝojn antaŭ ol tro malfruos – tiuj, kiuj povis memori la okazaĵojn de la 1930-aj jaroj ja jam aĝis pli ol okdek jarojn.

Arkivaj dokumentoj montris, ke la pastro de la paroĥo, Kurt Muss, en 1930 estis kondamnita al dek jaroj en punlaborejo pro "gvidado de kontraŭrevolucia sekreta organizaĵo". Kiam la Granda Teroro komenciĝis en 1937, li estis mortkondamnita kaj ekzekutita. Kaj ne nur li – ĉiuj liaj proksimaj viraj parencoj same estis ekzekutitaj, rakontas Olga Rjumina.

La frato de la pastro, Erich Muss, diris ke li ne estas kredanto, kaj varbiĝis en la ruĝan kavalerion. Sed tio ne helpis lin, li same estis ekzekutita, rakontas Olga Rjumina.

– La filon de Erich mi fakte trovis en la telefonlibro. Mi vokis plurajn, kiuj havis la nomon Muss, sed ili diris, ke ili ne estas parencoj de la pastro. Tamen estis en la katalogo unu Eriĥ Eriĥoviĉ Muss, li apenaŭ povis esti iu alia ol la filo de nia Erich Muss. Kaj efektive estis tiel. Lin mi renkontis plurfoje kaj intervjuis. Li estis granda viro, sed daŭre tre timis. Li rakontis diversajn aferojn, sed ĝis sia morto li ne kuraĝis iri al la arkivejo de la sekurservo por peti dokumentojn. Li loĝis ĉi tie en Vasilij-insulo, en Naŭa linio. La familio restis ĉi tie ankaŭ dum la sieĝo, sed post la milito ili libervole transloĝiĝis al Kazaĥio por eviti la malsaton.

En Kazaĥio la germanoj el Leningrado estis metitaj en la samajn gardatajn vilaĝojn sendepende de tio, ĉu ili estis ekzilitaj pro sia germaneco aŭ venis libervole. Poste Erich Muss la filo tamen sukcesis forveturi de tie kaj ekstudi en Leningrado, sed tio ne finiĝis bone.

– Li trompis ĉiujn kaj diris, ke li estas estono. Sed poste li estis elĵetita el la instituto kie li studis, kiam evidentiĝis, ke li estas germano. Dum iom da tempo li devis loĝi ĉe Uralo, kaj tie lia onklino Luisa trovis lin.

Erich Muss konservis la adreson de sia onklino Luisa, kiu estis ekzilita al Kazaĥio. Li mem en la komenco de la 2000-aj jaroj daŭre estis tiel neriskema, ke li ne kuraĝis kontakti ŝin, sed tion faris Olga Rjumina. La onklino tamen jam mortis, sed venis respondo de ŝia filo.

– Precize ĝustatempe, ĉar ankaŭ li estis jam aĝa, kaj li mortis en 2008. Sed ni sukcesis korespondi dum kelkaj jaroj. Lia vera nomo estis Lothar Kurt, sed ĝi estis ŝanĝita al Lavrentij, kaj li loĝis en malgranda vilaĝo en norda Kazaĥio. Tie li sidis kaj pripensis, kion fari pri tio, kio restis el la familia arkivo. Li intencis bruligi ĝin.

Olga Rjumina demandis al Lothar Kurt, kial li ne revenis al Sankt-Peterburgo kiam tio iĝis ebla.

– Multaj tamen timis reveni, povis aperi problemoj kun la lokaj aŭtoritatoj, kiam oni volis loĝregistriĝi. Li diris, ke li jam kutimiĝis loĝi tie. Se li revenus, ĉiuj konsiderus lin germano. Kaj se li elmigrus al Germanio, kiel centmiloj da sovetiaj germanoj ja faris post la falo de Sovetio, oni tie konsiderus lin ruso, li diris. Do plej bone resti kie li estis.

La ortodoksa eklezio ne estis malpermesita dum la sovetia tempo, sed ĝi estis penetrita de la sekurservo kaj strikte kontrolata. Post la falo de Sovetio la pozicio de la ortodoksa eklezio rapide fortiĝis, kaj en 2007 ortodoksismo jam komencas iĝi la ŝtata ideologio de la nova Rusio. Ankaŭ en la infana malsanulejo Maria Magdalena la ortodoksa eklezio rekaptis sian pozicion: la malsanuleja preĝejo, kiu en 1918 estis fermita kaj prirabita de la bolŝevistoj, estis denove malfermita, nun en pli taŭga ejo kun propra enirejo rekte de Dua linio. Avtandil Mikava, kiu en 1983 komencis sian karieron ĉi tie kun plankĉifono en la mano, estas ekde 2004 la estro de la tuta malsanulejo. Inter liaj plej fruaj iniciatoj estis la remalfermo de la preĝejo.

– La preĝejo estis rekonsekrita la 20-an de aprilo 2006. Tiu estas grava dato en la historio de la malsanulejo, diras Mikava.

Sur la muro malantaŭ lia dorso pendas granda foto en ora kadro: la estro de la ortodoksa eklezio kune kun la sekulara gvidanto de la lando, prezidento Vladimir Putin. Sur sia vasta labortablo, plej proksime al la seĝo por vizitanto, Avtandil Mikava lokis ikonon en metala ŝirmilo. Ĝi estas turnita fronte al la vizitanto. En la angulo malantaŭ li, apud la malnovmoda, griza telefono kun ciferdisko, troviĝas plia ikono.

En la sovetia tempo la ornamaĵoj en la laborĉambro de la malsanulejestro certe aspektis malsame. Avtandil Mikava tamen asertas, ke li dum sia tuta vivo estas kredanto, ekde kiam la ŝoforo de lia patro en Kartvelio sekrete baptigis lin en preĝejo de la 17-a jarcento, meze de la 1960-aj jaroj, kiam li estis trijara.

– Tion mi daŭre memoras. Mi timis, tie estis ankaŭ multaj aliaj infanoj. Mi plej timis tion, ke ili devis mergi min sub la akvon.

Lia patro aliflanke estis partiestro en grava akvoelektrejo, kaj li apenaŭ povis malferme montri sin kredanto, eĉ se li volus.

– Tio estis tre danĝera. Li povus esti eksigita se iĝus konate, ke li lasis bapti sian filon. Tial mi ne kredas, ke li havis aktivan rolon en la afero. Supozeble tio estis farita kun lia silenta konsento. Li cetere daŭre konservas sian partian membrokarton en la ŝranko. Kaj mia patrino apenaŭ kapablas ĝuste fari la krucosignon.

La malsanulejo, kiun Avtandil Mikava estras, estis inaŭgurita la 24-an de oktobro 1829 en la sama domo inter Dua kaj Unua linioj, kiu daŭre estas la ĉefkonstruaĵo de la malsanulejo. Dum la unua mondmilito la malsanulejo akceptis vunditojn de la norda fronto – tiu parto de la rusia armeo, kiu rekte respondecis pri la defendo de la ĉefurbo. Dum la interna milito oni akceptis vunditajn ruĝgvardianojn el ĉiuj frontoj, kaj dum la sieĝo de Leningrado oni ĉi tie flegis subnutritajn infanojn. Dum la plej malfacilaj periodoj, tuj post la revolucio kaj dum la sieĝo, mankis elektro, akvo kaj ligno por hejtado.

Tamen la malsanulejo neniam estis fermita, rakontas Avtandil Mikava.

– Dum la sieĝo oni devis enterigi mortintojn rekte ĉi tie en la korto de la malsanulejo. Kiam ni fosas profunde, eĉ nun povas okazi, ke ni trovas homajn ostojn. Sed la malsanulejo ĉiam funkciis kaj faris sian laboron, sendepende de tio, kiu havis la potencon. Evidente la malsanulejo trapasis ĉion tion, kion spertis la tuta lando, sed la malsanulejo ne okupiĝu pri politiko, nia tasko estas kuraci. La kuracistoj devas helpi la pacientojn, kaj al kuracisto ne gravas, en kiu partio la paciento membras. Tion ni faris dum ĉiuj tempoj. Sed komprenble ni havas multe pli da ebloj nuntempe, la scienco atingis grandajn progresojn.

* * *

Spite la rapidan ekonomian kreskon kaj la ekspansiantan merkaton de nemoveblaĵoj, Sankt-Peterburgo en 2007 daŭre estas urbo kun pli ol cent mil komunalkoj – pli ol en ajna alia urbo en Rusio. Populara televida serio pri vivo kaj morto en komunalko estas filmata en ĉi tiu jaro, kaj ĝi ricevas la nomon "Vasilij-insulo", ĉar multaj el la malnovaj komunaj apartamentoj troviĝas ĝuste ĉi tie.

En oktobro 2007 la urba konsilio de Sankt-Peterburgo akceptas subvencian programon, kiu celas forigi la komunalkojn. Ĉiuj dezirantoj povu ricevi propran apartamenton ĝis la jaro 2016. Sed tiam daŭre restos pli ol sepdek mil el la cent mil komunalkoj. Ne ĉio iros laŭplane.

Grava kialo estas la ekonomia krizo, kiu trafas la tutan landon en la aŭtuno de 2008, nur kelkajn monatojn post kiam Vladimir Putin provizore transdonas la prezidentan postenon al unu el siaj plej proksimaj kunlaborantoj, Dmitrij Medvedev.

Ke ĉio subite fuŝiĝas kompreneble ne estas unuavice la kulpo de Medvedev, des malpli ĉar Putin daŭre direktas la landon, nun el la ĉefministra posteno. Denove hantas la prezo de nafto. Dum dek jaroj ĉiuj mezuriloj montris supreniran tendencon, sed kiam la monda financkrizo trafas la naftoprezon, la entreprenoj en Rusio denove ade bankrotas. Kaj denove la merkato de nemoveblaĵoj estas plej forte trafita.

Laŭ Aleksandr Dimnikov jam en la komenco de 2008, antaŭ la financkrizo, estis videble, ke la merkato estas superstimulita.

– Tiam multaj konstrufirmaoj klopodis vendi apartamentojn, kiuj pretos nur post jaro kaj duono, je pli altaj prezoj ol kiom kostis similaj apartamentoj en Berlino. Evidente ne troviĝis postulado je tiaj prezoj. La merkato haltis, sed ĉiuj esperis, ke la kresko denove komenciĝos en la aŭtuno.

Tamen okazis la malo, kaj krome eksplodis milito. En aŭgusto 2008 Rusio sendas trupojn trans la limon, en Kartvelion, por subteni la secesian respublikon Sudosetio. Poste kraŝas la naftoprezo, de kiu la rusia ekonomio daŭre tute dependas. La ŝtato ja estas pli forta nun ol antaŭ dek jaroj, kaj ĝi havas rezervajn fondusojn. Neniuj bankoj bankrotas. Sed la bobelo de nerealisme altaj prezoj de nemoveblaĵoj krevas. En Sankt-Peterburgo la prezoj de konstruataj apartamentoj falas je 50 procentoj, kio signifas, ke la laboroj en centoj da konstruejoj haltas – la konstrufirmaoj ne havas kapitalon, kaj ili ne plu povas prunti monon uzante la nekonstruitajn apartamentojn kiel garantiaĵon. Ankaŭ la postulado de komercaj ejoj malaperas, kaj subite multegaj novkonstruitaj domegoj restas malplenaj.

La kraŝo de la naftoprezo estas preskaŭ same drasta kiel dum la tempo de Gorbaĉov, sed ĉi-foje la falo estas provizora. Post du jaroj ĉio estas denove preskaŭ kiel kutime. Sed tamen ne. Ne plu certas, ke la bonaj tempoj revenis por ĉiam.

❖

2017

Pasis cent jaroj

La du policaj hundoj, kiuj gardas la unuamajan demonstracion, estas lacaj kaj soifaj. Jes, policaj. Post preskaŭ cent jaroj kiel milico, la rusiaj ordogardantoj nun denove nomiĝas policanoj. La ŝanĝo okazis dum la mallonga prezidenta periodo de Dmitrij Medvedev, kiu cetere apenaŭ lasis ajnajn rimarkeblajn spurojn.

Post kiam Vladimir Putin reprenis la titolon de prezidento en 2012, Rusio igis sin pario de la internacia politiko, okupante kaj aneksante Krimeon, kiu estas parto de la internacie rekonita teritorio de Ukrainio. Rusio krome staras malantaŭ la separistoj kiuj kreis du sovaĝajn secesiajn respublikojn en orienta Ukrainio. De tri jaroj daŭras la milito inter la separistoj kaj la ukrainia armeo, eĉ se la konflikto nuntempe estas en neintensa fazo.

En Rusio la anekso de Krimeo kaŭzis ke la ekŝrumpantaj subtenciferoj de Putin denove soregis. Pri ĉiuj ekonomiaj problemoj oni povas nun kaze de bezono kulpigi la senkialajn sankciojn de la malamika ĉirkaŭa mondo. Kaj ja aperis bezono, ĉar la monda prezo de nafto insiste restas sur nivelo multe pli malalta ol la rusiaj buĝetistoj deziras.

Mankas mono, kaj sekve ne eblas silentigi la malkontentulojn per altigitaj salajroj, pensioj kaj aliaj socialaj elspezoj. Malgrandaj, sukcesaj militoj estas alia pruvita maniero subteni la popularecon de reĝimoj, sed sur tiu fronto la progresoj en Ukrainio post la anekso de Krimeo ne estas tre bonaj. La loĝantaro de orienta Ukrainio ne akceptis la rusajn liberigantojn kun malfermitaj brakoj. Tie daŭras pozicia milito, kiu jam tedas la rusiajn televidspektantojn. La novaĵoj pri militaj sukcesoj nun anstataŭe venas el Sirio.

Post neatendite granda, tutlanda protesta manifestacio en marto 2017, la regantoj ekzorgis pri la gvida opozicia politikisto Aleksaj Navalnij, kiu kunordigis la manifestaciojn. Eble li vere estas danĝera? Tion ĉiukaze evidente kredas la Kremlemaj huliganoj, kiuj en la fino de aprilo atakis Navalnij ekster lia oficejo kaj ĵetas verdan, korodan likvaĵon sur lian vizaĝon. La unuan fojon li ankoraŭ ŝercis pri simila atako, sed nun la afero estas serioza. La likvaĵo difektis unu lian okulon, kaj li riskas restontan lezon al la vidkapablo. La pasporto de Navalnij estas konfiskita, sed li ricevas permeson veturi eksterlanden por okul-operacio. La aŭtoritatoj eble esperas, ke li ne revenos.

* * *

Estas la 1-a de majo 2017. La lacaj policaj hundoj kuŝas sur la trotuaro apud la ronda, templeca konstruaĵo, kiu estas la metrostacio Ploŝĉad vosstanija, "Placo de la popola leviĝo". La masakro de manifestaciantoj ĉi tie en februaro 1917 ja estis la komenca punkto de la rusia revolu-cio, kiu kondukis al senprecedenca sangoverŝado kaj sepdek jaroj da komunisma diktaturo.

Ĉi tie, sur la Anunciacia placo, iam staris la Anunciacia preĝejo, kiu poste estis eksplodigita por doni lokon al la metrostacio. Oblikve mal-dekstre, sur la muro de la metrostacio super la policaj hundoj troviĝas memortabulo kun bildo de la malaperinta preĝejo, sed ĝin la hundoj kompreneble ne atentas. Ankaŭ ne la policanino kiu prizorgas la hun-dojn kaj ĝuas la printempan sunon. Preterpasantoj haltas por foti la ripozantajn hundojn. Estas la unua de majo, neniu sentas sin urĝita.

La tago de la internacia solidareco de la laboristoj, iam unu el la plej gravaj sovetiaj festotagoj, samkiel multo alia ŝanĝis nomon kaj estis en modifita formo transprenita de la regantoj en la nova, postsovetia Rusio. Diference de la novembra revolucia tago, la unua de majo daŭre estas ruĝa tago en la rusia kalendaro, sed ruĝa nur tiusence, ke ĝi ne estas labortago. Pri internacia solidareco ne plu temas – la oficiala nomo de la tago estas nun "la tago de printempo kaj laboro". La regan-taj koloroj en la oficiala festado estas tiuj de Rusio – blanko, bluo kaj ruĝo. Sed ĉefe bluo, la koloro de la reganta partio, Unueca Rusio.

Antaŭ cent jaroj, la 1-an de majo 1917, la loĝantoj en Petrogrado povis la unuan kaj lastan fojon dum longa tempo libere soleni la unuan de majo precize kiel ili volis – la caro estis detronigita, ĉiuj estis kama-radoj kaj revoluciuloj. Eĉ la dato de la festado iĝis revolucia. La revo-lucia laborista konsilio, la Petrograda soveto, decidis ke la interna-cia festotago de la laboristoj estu solenata en Rusio samtempe kun la cetero de la mondo, kvankam la rusia kalendaro ankoraŭ ne estis modernigita, kaj laŭ ĝi estis nur la 18-a de aprilo.

La fruigita unuamaja festado en 1917 iĝis enorma popola celebrado. Ekde frua mateno la popolamasoj marŝadis direkte al la centro. Estis sune, sed la vento estis malvarma kaj la randoj de Nevo jen kaj jen denove glaciiĝis. Revoluciaj predikantoj kun diversaj politikaj direktiĝoj diskonigis sian mesaĝon en ĉiuj parkoj kaj sur ĉiuj placoj. Sur la placo ĉe la katedralo Sankta Isaako la tribunoj staris tiel dense, ke oni starante en unu loko povis samtempe aŭdi ses diversajn oratorojn, notis la usonano Edward Heald, kiu estis en Rusio por observi la pritrakton de militkaptitoj.

Jam en la sekva jaro la konfliktantaj politikaj mesaĝoj estis forigitaj el la festado – la bolŝevistoj ekhavis la potencon kaj ili decidis, kio estas ĝusta kaj kio malĝusta. Krome la unuan de majo 1918 vere mankis festa etoso en la malsatanta urbo.

Dum sepdek jaroj la partio de Lenino havis la monopolon pri la festotago, kies esenco iĝis simpla: la laborantaj amasoj deklaris siajn fidelecon kaj adoradon al la gvidantoj. La formojn de la solenado oni kopiis de la ortodoksaj ekleziaj procesioj, sed la bildoj de sanktuloj estis anstataŭigitaj per idolportretoj de la revoluciestroj, kiujn la dankaj laboristoj tenis alte dum ili discipline marŝis antaŭen. La plej grandaj kaj multaj estis kompreneble la bildoj de Stalino, ĝis li mortis kaj liaj bildoj estis ŝanĝitaj al tiuj de la aktuale plej granda estro.

Post la malordo de la 1990-aj jaroj ankaŭ la solenado de la 1-a de majo en la 2000-aj jaroj estis denove ordigita. Al la reprezentantoj de urbopartaj administracioj kaj la oficiale sankciitaj sindikatoj estas denove ordonate eliri al Nevskij prospekt por paradi al Palaca placo kaj aŭdi la lokajn estrojn de la reganta partio rakonti, ke ĉio statas bone, sed iĝos eĉ pli bone. Portretoj de Putin tamen ne videblas en la popolamaso, nur flagoj kaj sloganbendoj de lia partio, Unueca Rusio.

Pasis malpli ol monato de post la bombado en la metroo kun dek kvin mortintoj, nur tri haltejojn for de ĉi tie. Ĉe la enirejo de la metroo la polico tralumas grandajn sakojn, sed ekstere, sur la Placo de la popola leviĝo, la etoso estas malstreĉa. La polico baris la straton per ŝnuroj kaj klopodas gvidi promenantojn al la oficialaj transirejoj, sed tuj kiam la alta polica oficiro en sia senmakula parada uniformo turnas la dorson, familioj kun infanĉaroj kaj junuloj sur skutiloj denove elfluas sur la straton. Fine la oficiro kapitulacas – la strato ja estas jam fermita por ordinara trafiko, kaj ŝajnas ke ankoraŭ daŭros iom ĝis la parado komenciĝos.

La longa unuamaja parado havas du klare apartigitajn partojn. Unue en la procesio iros la reprezentantoj de la diversaj urbopartoj kaj municipaj entreprenoj, kiuj montru sian lojalecon al la partio de Putin. Ili plenigas la ĉefstraton de la urbego ĝisrande.

Ordinare ne facilas ricevi permeson manifestacii kontraŭ la potenculoj, sed en la unua de majo plej diversaj grupoj havas la ŝancon aliĝi al la procesio, eĉ se la apartigo estas klara – tiuj, kiuj havas kritikajn vidpunktojn, iras plej laste kaj devas kolektiĝi en flanka strato. Sed kio do estas ĉi tio? Radikala naciisma opozicia grupo ŝajne erare aliĝis al la kolono de la Putinistoj.

La "nacia liberiga movado" NOD opinias, ke Rusio estis koloniigita de Usono, kiu nun direktas la malfortan registaron de Dmitrij Medvedev. Anstataŭ la flago de la Putina partio la fronta flagoportisto plej dekstre tenas la ruĝan flagon de Sovetio, kun serpo kaj martelo. Lia kamarado plej maldekstre havas ruĝan flagon kun blua Andrea kruco – la flagon de la tiel nomata Novorossija. Evidente NOD volas restarigi Sovetion, aŭ almenaŭ aligi al Rusio la plej orientajn partojn de Ukrainio sub la nomo "Novorossija", Nova Rusio.

La longa sloganbendo inter la du flagoportistoj havas la kolorojn de la militpatriotisma Georga rubando, ĝi estas oranĝkolora kaj nigra. La slogano sur la bendo klarigas, kial la liberiga movado tamen rajtas kolektiĝi ĉi tie, kaj ne sur la flanka strato, inter la opoziciuloj. Estas skribite: "Putin estas nia nacia gvidanto".

Antaŭ la metrostacio bone vestita, jam delonge mezaĝa sinjoro kun zorge tondita barbo disdonadas flugfoliojn de NOD. La kovrilo de la gazeteto estas kolore presita kaj ĝin ornamas la titolego "Por la suvereneco de Rusio!" kune kun granda portreto de Putin. La mesaĝo de la movado estas simpla: Rusio estas subpremata de la ĉirkaŭa mondo kaj la registaro estas malforta. Necesas forta estro, kaj la nomo de tiu estro estas Vladimir Putin. La prezidento simple devas ricevi pli da potenco, kaj tio eblos, se oni ŝanĝos la konstitucion per referendumo.

Laŭ la difino de NOD ĉiuj kontraŭuloj de la nacia gvidanto estas perfiduloj, kaj la movado estas konata pro siaj atakoj kontraŭ opoziciaj politikistoj, kiuj kuraĝas kritiki Putin. En februaro 2017 aktivuloj de NOD provis sturmi la kampanjan stabejon de Aleksej Navalnij en Jekaterinburg, skribaĉis "kvina kolono" sur ĝia muro kaj pendigis la flagon de Usono apud la enirejo. NOD havas ankaŭ proksiman kontakton kun alia naciisma movado, kies aktivuloj kulpas pri la lasta atako per koroda likvaĵo kontraŭ Aleksej Navalnij.

Tamen ne multaj volas ricevi la flugfoliojn de NOD. Tiu de la komunistoj – speciala eldono de *Pravda* kun granda, desegnita portreto de Lenino sur la frontpaĝo – havas iom pli da sukceso. La plej longa artikolo en la gazeto resumas paroladon de la eterna partiestro Gennadij Zjuganov, kaj jam ĝia titolo reportas la leganton al la sovetia epoko: "Pri la taskoj de la partio en la batalo kontraŭ antisovetismo kaj rusofobio".

La lasta vorto tamen ne troviĝis en sovetiaj vortaroj, kaj enhave la prediko de Zjuganov ne multe diferencas de la mesaĝo kiun disvastigas la Putinema NOD. La disfalo de Sovetio estis la rezulto de malica okcidenta konspiro kaj Rusio nun estas sub atako de okcidente. Ajnan kritikon de Putin malfacilas trovi en *Pravda*. Aliflanke ĝi enhavas longan artikolon kiu klarigas, kial estis ĝuste, ke Sovetio milite enmiksiĝis en la aferojn de Afganio, plurajn artikolojn pri Lenino kaj por malpezigi la tuton ankaŭ teksteton pri amafero de la lasta caro.

En la oficiala parto de la unuamaja procesio partoprenas grupo de popoldancistoj, kiuj grupiĝas ĉirkaŭ grandega rusa ligna pupo. La dumetra matrjoŝko staras sur la tegmento de aŭto kiu estas kovrita per ruĝa ŝtofo. Jam horon la aŭto staras tute senmova meze de Nevskij prospekt, dum la organizantoj klopodas ordigi la enorman popolamason kaj certigi, ke ĉiuj estas en siaj antaŭdeciditaj lokoj. Sed nun fine ankaŭ la vosto de la kilometron longa kolono malrapide ekmoviĝas antaŭen. La aŭto kun la matrjoŝko startigas sian motoron kaj iom post iom malaperas post la ronda metrostacio. Ĉiujn aliajn sonojn subite superas tiu de peza motorciklo, kiu akcelas sian motoron. Ankaŭ Kremlemaj motorciklistoj estas invititaj partopreni en la festado de la tago de printempo kaj laboro.

Post kelkaj minutoj la polico liberigas la vojon por la opozicia parto de la unuamaja procesio, kiu atendis sur Ligovskij prospekt. Fronte staras la grupo de la rusnaciisma politika klaŭno Vladimir Ĵirinovskij, kiu laŭ sia kutima cirkeca stilo ruliĝas antaŭen sur dudeko da luitaj starveturiloj. Post la Segway-veturiloj sekvas kelkaj biciklaj taksioj, kaj la slogano: "Tio kio bonas por la rusoj bonas por ĉiuj".

– Iru al la infero ĉiuj, ĉu vi aŭdas! krias virino en pensia aĝo de sur la trotuaro al la Ĵirinovski-anoj.

Iom drinkinta juna viro apude ne ŝajnas bone kompreni, kial ŝi koleras.

– Hu, kiel afablaj kaj ĝentilaj la homoj estas ĉi tie, li ironie diras al sia amiko, kun laŭta voĉo.

Tuj li aŭdas konatan melodion kaj komencas kunkanteti: "Mia adreso ne estas strato nek domnumero, mia adreso estas Sovetunio..."

La juna viro ne estis naskita, kiam populariĝis la kanto pri sovetiaj junuloj, veturantaj de unu konstrulaborejo al alia por realigi la laboristan paradizon. La kanto aperis komence de 1972, kaj li konas nur la komencon de la refreno. La daŭrigon aŭdigas la laŭtparolilo sur la tegmento de la aŭto fronte de la komunista parto de la procesio: "Serĉu min en la konstruejoj! Plej gravas ne la privata vivo, sed la rezulto de la labortago!"

La nostalgio pri Sovetio ŝajnas populara ĉe multaj, sed unuavice kompreneble inter la komunistoj. La ruĝan flagon, kiun oni portas antaŭ la procesio, ornamas martelo, serpo kaj granda idolportreto de Lenino. En la unua vico oni portas tutan aron da aliaj komunistaj gvidantoj, de Mao ĝis Che Guevara. Inter ili estas ankaŭ Stalino.

Laŭ opiniesploro de la sendependa instituto Levada, 46 procentoj el la rusianoj havis en januaro 2017 ĉefe pozitivan sintenon al Stalino. 31 procentoj havis ĉefe negativan sintenon, dum la cetero opinis nenion. La simpatio por Stalino almenaŭ post la jaro 2000 neniam estis pli alta. La liphara vizaĝo de Stalino ĉiam pli eksimbolas la iaman grandpotencan epokon de Sovetio. Ĝustatempe por la venkotago, la 9-a de majo 2017, la rusia ŝtata televido ekmontris plian televidserion, en kiu Stalino aperas kiel severa sed justa gvidanto. En alia esploro pri la plej elstaraj homoj dum la tuta mondhistorio, ĉie sur la terglobo, Stalino estis tiu, kiun la rusianoj plej ofte nomis. Sur la dua loko inter la plej elstaraj homoj de la tuta mondhistorio aperis Vladimir Putin.

Pli malantaŭe en la komunista procesio la partoprenantoj iĝas pli aĝaj kaj la portretoj de Stalino pli multaj. "Honoron al la granda Stalino!" krias enorma afiŝo kun portreto de la jam iom grizhara, sed eleganta gvidanto de la Sovetia imperio, sur kies uniformo estas fiksitaj liaj multaj medaloj. La afiŝon portas bone vestita, proksimume 60-jara viro. En la alia mano li tenas la ŝnuron de ruĝa balono, kiun ornamas la serpo kaj martelo de la rusia komunista partio.

La sekva grupo kompletigis siajn ruĝajn flagojn per la blank-flav-nigraj flagoj de la caristoj. La viro kiu iras fronte tenas la rojalistan flagon en unu mano kaj grandan idolportreton de Stalino en la alia. La klarigo de la kombino legeblas en grandaj ruĝaj literoj sur la kvin metrojn longa kaj unu metron alta tuko, kiun oni portas antaŭ la grupo: "Stalino estas ideo! La kredo de la popolo je la ŝtato, la bono kaj la justo!" Malantaŭ la slogantuko videblas plia idolportreto de la Granda Gvidanto kaj Instruisto, la Patro de la Popolo, la Granda Militestro, ĉifoje en blanka parada uniformo.

* * *

La sama viro, en la sama blanka parada uniformo, rigardegas min de sur la muro en la malnova gardista kabano en la sekreta tombejo de la sovetia sekurservo en la vilaĝo Levaŝovo, dudekon da kilometroj norde de Sankt-Peterburgo. Kiam la granda teroro komenciĝis en 1937, la tereno estis barita kaj grandaj amastomboj estis fositaj ĉi tie. La kamionoj navede veturadis el la prizonoj, kie rutinaj mortkondamnoj estis efektivigataj je industria skalo. Kiam la kamiono haltis ekster la alta barilo, la ŝoforo tiris ŝnuron por sonorigi. La sonorilo daŭre pendas ekster la verda gardista kabano.

Laŭ la oficialaj ciferoj de la sekurservo ĉi tie kuŝas 19 450 ekzekutitoj en nemarkitaj tomboj. Neniu scias, kiuj estis entombigitaj ĉi tie, kaj multaj el la viktimoj de la granda teroro en la regiono estis portitaj al aliaj amastomboj, interalie al Koirankangas en fermita armea ekzercejo sur la istmo de Karelio. La amastomboj en Levaŝovo tamen estas la solaj, kiujn oni en la 1990-aj jaroj transformis en memorlokon, kaj ĉi tien venas multaj el la parencoj de la viktimoj de Stalino por memori siajn proksimulojn. Ĉi tie oni ankaŭ starigis memoŝtonon por ĉiuj germanoj de Rusio, kiuj estis ekzekutitaj dum la granta teroro, inter ili ankaŭ la gepatroj de Korina Klodt: Alisa Klodt-Kuskul kaj Vladimir Klodt, kiuj estis ekzekutitaj la 22-an de oktobro 1938.

Mi eniris la gardokabanon por demandi pri la vojo al tiu memorŝtono. La virino en la kabano afable klarigas, kaj vendas al mi kajereton pri la historio de la memorejo.

– Iru dekstren post la ortodoksa kruco, daŭrigu dekstren post la finna memorŝtono, la tutan vojon ĝis la fino de la pado, tie vi trovos la germanan memorŝtonon, ŝi diras.

Mi demandas, ĉu al ŝi ne estas malagrable havi grandan portreton de Stalino sur la muro de la oficejo, se pensi pri la historio de la loko kie ni troviĝas.

– Tute ne, mi alkutimiĝis al tio ke li pendas tie. Ĉi tiu ja estas muzeo pri la krimoj de Stalino, do ni devas havi portreton de Stalino. Tion oni diris al mi.

— 151 —

Ŝi almenaŭ ne defendas la krimojn de Stalino, kaj la muron ne plu ornamas sloganoj de la komunisma partio, kiel antaŭ kelkaj jaroj. Anstataŭe estas pluraj ikonoj en la librobretaro.

Maldekstre staras granda, ladokovrita forno, kiu eble hejtis la gardistan kabanon jam kiam ĝin okupis la buĉistoj de Stalino.

Mi sekvas la gruzokovritan padon preter la ortodoksa kruco. Je okula nivelo sur multaj arbotrunkoj laŭ la vojo vizitantoj fiksis ovalajn, metalajn ŝildojn kun bildoj de malaperintaj familianoj. Juna, serioza viro en bela pelta ĉapo, kiun li zorge metis iom oblikve, sur la dekstran orelon, rigardas en miajn okulojn. Nikolaj Ĥorjonov estas lia nomo. Naskita en 1893. Li estis karelia fiŝisto, rakontas la listo de Memorial pri la viktimoj de Stalino. Arestita la 16-an de novembro 1937, kondamnita pro spionado kaj ekzekutita la 15-an de decembro samjare.

Iom pli distance inter la arboj tri parklaboristoj bruligas rubaĵojn. La radioj de la printempa suno lumigas striojn en la fumo kiu kolektiĝas inter la memorŝtonoj sur la tero. Ĉirkaŭ la finna monumento kreskis tuta arbaro da simbolaj tomboj kun bildoj de la pereintoj. La germana memorŝtono situas plej distance, tuj apud la verda barilo, kiu dividas la tombejon disde la cetera pinarbaro. De la milita flughaveno transe de la vojo aŭdiĝas la bruo de granda helica aviadilo prepariĝanta por ekflugo.

Granda, nigra kruco el metalo. Peza kuŝanta bloko de granito kun nur kelkaj ĉizitaj vortoj. "Al la germanoj de Rusio", en la rusa kaj en la germana, en solidaj majuskloj. Kaj mallonga frazo nur en la germana, en pli ornama skribstilo: "Ihr seid immer mit uns." Vi estas ĉiam kun ni.

* * *

Tamen ne al la amastombo en Levaŝovo Korina Klodt veturas por rememori siajn perditajn gepatrojn. Ŝia memorejo estas la domo en Dua linio, kie ŝi havis sian hejmon kun ili. Tie estis ilia lasta komuna adreso.

Kvankam Sovetio forprenis ŝiajn gepatrojn, Korina Klodt havas multajn bonajn memorojn de la sovetia tempo. Estis ja ankaŭ multo bona en Sovetio, ŝi diras.

– Ni ja ne estis riĉaj, sed ni ĉiuj estis egalaj, kaj la vivo ofte estis amuza. Certe okazis, ke estis malfacile havigi al ni manĝaĵojn, sed iel ni tamen sukcesis, ŝi diras kaj ridas.

Ne indas pripensadi, kia la vivo iĝus se ĉio estus alia, ŝi ŝajnas opinii. Sed tamen pli bonus, se ne okazus la revolucio en 1917.

– Ni perdis tiel multe, tiom da homoj pereis.

Sed spite ĉiujn milionojn, kiujn mortigis Stalino, lia spirito ŝvebas ne nur super la amastombo en Levaŝovo. Ĝin oni retrovas ankaŭ en la sopiro pri forta estro kiu starigos ordon kaj punos la malamikojn de Rusio. La problemojn de la lando kaŭzas tio, ke Vladimir Putin havas tute maltro da potenco, asertas la naciistoj kiuj marŝas kune kun la kolono de la Putina partio. Rusio estas granda lando kiun malfacilas regi, tial oni bezonas fortan estron, diras ankaŭ la malsanuleja estro Avtandil Mikava malantaŭ sia ikonornamita, peza skribtablo en la strato de Tanja.

– Vi povas nomi lin prezidento, ĉefministro, reĝo, estro, kion vi volas. Sed devas esti homo kiu diras: "Metu tion sur miajn ŝultrojn, mi prizorgos ĉion." Se patro venus hejmen ĉiutage kaj rakontus malagrablajn aferojn al la infanoj, tio ne estus amuza. La patro devas diri: "Ne zorgu, infanoj, paĉjo aranĝos la aferojn, ĉio iĝos bona. Jen vi havas dolĉaĵeton, kaj jen dolĉaĵeto por panjo. Kaj morgaŭ vi same ricevos dolĉaĵeton."

Tion devas diri bona estro, eĉ se li scias, ke morgaŭ tute ne estos dolĉaĵeto, opinias Avtandil Mikava.

Sur Nevskij prospekt en ĉi tiu unua de majo 95 000 loĝantoj de Sankt-Peterburgo stariĝis en vico por ricevi dolĉaĵeton. Tiom ili estas laŭ la oficiala cifero de la partio Unueca Rusio. Ĉiukaze ili estas multaj.

Poste venas la komunistoj kun portretoj de sia propra, liphara dolĉaĵdisdonisto, kaj post ili longa procesio de diversspecaj naciistoj, kelkaj kun simboloj kiuj tre similas al svastikoj. Facilas senesperi. Ĉu jen ĉio, kion povas proponi la rusia politiko? Putin, Stalino aŭ la svastiko? Forta estro, kiu disdonas al la popolo dolĉaĵetojn kun amara postgusto?

Sed subite la minacaj sloganoj kaj la severaj mienoj estas kvazaŭ forblovitaj de la printempa vento. Ridetantaj virinoj, viroj kaj infanoj en verdaj ĉemizoj svingas verdajn flagojn kaj portas oranĝkoloran slogantukon kun la vortoj: "La estonteco de la lando estas en viaj manoj". Imagu, eble estas tiel? Eble la vojon de Rusio povas decidi la popolo, ne griza viro kun sako da dolĉaĵoj?

Post la verduloj venas grupo de ĝojaj veganoj, poste granda grupo da eĉ pli ĝojaj feministoj kun violkoloraj slogantukoj kaj plej fronte infanĉaro, anstataŭ portreto de Stalino. Sekvas grupo de anarkiistoj, poste teamo kun ĉielarkaj flagoj kiu protestas kontraŭ la persekutado de gejoj en Ĉeĉenio. Plej laste en la opozicia procesio aperas granda grupo kun la slogano "Ĉi tiu estas nia urbo".

Sed ne ĉiam oni havas tian senton, diras Jevgenia Kulakova, kiu marŝas inter la anarkiistoj. Kiam oni preterpasas la enorman kolonon de municipaj dungitoj kaj aliaj, kiujn oni pelis surstraten por manifestacii por Unueca Rusio, oni facile eksentas ke la urbon posedas ili.

– Sed poste ni trovas unuj la aliajn en la fino de la procesio, marŝas kune kaj bone amuziĝas. Tiam oni fartas bone, eĉ se ni atingas nenion krom montri ke ni ekzistas.

* * *

La strato estas fermita precize ekster la domo de Tanja. La hejtotuboj sub Granda avenuo estas denove ŝanĝataj. Ili devus elteni minimume tridek jarojn, sed pasis nur kelkaj jaroj de kiam ili estis ŝanĝitaj lastfoje. La dommakleristo Aleksandr Dimnikov, la iama fizikisto kiu loĝas en apuda domo, aŭdis ke la tuboj rompiĝis ĉar iu gajnis monon, vendante uzitajn tubojn kiel novajn. Eble jes, sed en Rusio ofte malfacilas scii, kio estas vera kaj kio estas nura fabelo.

Tiel estis ankaŭ pri la oktobra revolucio, kiu devis doni la potencon al la laboristoj kaj la teron al la kamparanoj. Malantaŭ la belaj kulisoj la vero estis tute alia, sed la sistemon oni ŝanĝis nur kiam ĉio jam ekputris kaj likis. La sekvojn de la katastrofo ne estis facile forigi. Por ke ĉio denove funkciu, oni reuzis multajn partojn de la malnova sistemo, kiujn oni devintus jam delonge forĵeti en la rubujon de la historio. Sed iam la rusianoj eble konkludos, ke necesos tute nova sistemo, kaj ne nur kiam temas pri la hejtotuboj en la strato de Tanja.

Ekster la domo de Tanja okazas io. La ŝildo "Vendata" malaperis el la fenestro, kiu iam apartenis al vartejo. Du konstrulaboristoj farbas la fenestrokadrojn per malhele bruna farbo. Unu el ili staras sur alta eskalo, la alia staras sur la trotuaro kaj donas bonajn konsilojn. Ambaŭ ŝajnas veni el foraj partoj de la iama Sovetia imperio. Sed kio do ekestos ĉi tie?

– Iaspeca kliniko, respondas la viro sur la eskalo.

La ejo malplenis dum pluraj jaroj. Eble la posedanto fine aŭskultis la konsilojn de sia makleristo kaj komprenis, ke li devas malaltigi la prezon. La domo, kie la bakejo de la familio Saviĉev iam troviĝis, ja situas tute tro distance de la hodiaŭaj homfluoj, kaj sekve ne uzeblas por butiko. Sur la muro apud la ĵus beligitaj fenestrokadroj estas skribite "Nur Tanja restas". Sub la memortabulo iu metis grandan bukedon da ruĝaj diantoj. Pliaj floroj kuŝas en la fenestraj niĉoj. En la venkotago, la 9-an de majo, multaj pilgrimos ĉi tien por memori tiujn, kiuj pereis dum la sieĝo – en ĉi tiu strato, kaj en ĉiuj aliaj.

En la Rumjancev-parko ĉe la rivero Nevo la herbo finfine ekverdas ĉirkaŭ la obelisko. Ĝi staras ĉi tie ekde 1818 por memorigi pri la venkoj de marŝalo Pjotr Rumjancev en la 18-a jarcento, kiam li regis Ukrainion. "Novfarbita", estas skribite sur ĉiuj parkobenkoj. La blankaj tabuloj brilas de freŝa farbo, sed kiel ofte okazas en Rusio, la farbisto tro pigris por unue forskrapi la malnovan, disflokiĝantan farbon. La rezulto estas io, kio estas nek nova nek malnova – la disfalo daŭras sub la surfaco kaj malhelpas la solidiĝon de la nova tavolo.

La printempa suno varmigas ankaŭ la sfinksojn antaŭ la enorma konstruaĵo de la Artakademio. Post kelkaj tagoj la tuta lando festos la 72-an datrevenon de la venko de Sovetio en la granda patriota milito, kaj nigra submarŝipo, kiu partoprenos la solenaĵojn, estas ankrita en Nevo, tuj antaŭ la nazoj de la sfinksoj. Iliaj mienoj restas ŝtonaj. Ili spertis eĉ pli strangajn aferojn.

Plia turista buso haltas sur la kajo kaj elverŝas ĉinan grupon. La ĉinoj fotadas unuj la aliajn antaŭ la sfinksoj kaj la submarŝipo. Junan paron fotanto aranĝas en komplikan pozon, kun manoj kunligitaj super la kapoj, kvazaŭ ili brakumus ne nur unu la alian, sed ankaŭ la submarŝipon, kiu videblas inter ili. Kiam la fotoj estas faritaj, la turistoj turnas la dorson al la vidindaĵoj, dum momento fingrumas siajn poŝtelefonojn kaj poste defilas al la buso.

La sfinksoj restas. Kaj la homoj kiuj loĝas ĉi tie.

Noto de la aŭtoro

Mi volis rakonti pri cent jaroj da ĉiutaga historio en Rusio tra la vivoj de la loĝantoj en unu domo en la urbo, kie la rusia revolucio komenciĝis antaŭ cent jaroj. Mi elektis angulan domon ĉe Dua linio en SanktPeterburgo, ĉar multe jam estis konata pri la familio Saviĉev, kiu antaŭ la revolucio posedis bakejon en la domo. La titolo de la libro devis iĝi "La domo de Tanja".

Helpe de la loka redakcio de *Novaja Gazeta* en Sankt-Peterburgo mi ekhavis kontakton kun Aleksandr Uralov, kiu loĝas en la iama apartamento de la familio Saviĉev. Li povis rakonti multon pri la kvartalo, kaj mi decidis vastigi la serĉon por ekhavi pli vastan gamon da rakontoj kaj spertoj en la libro. Kiam mi vastigis la perspektivon al la tuta strato, la libron povis eniri Natalja Soboleva, kiu memoras la sieĝon de Leningrado, Korina Klodt, kies gepatroj estis ekzekutitaj dum la granda teroro, kaj multaj aliaj. Jam ne la domo, sed la tuta strato iĝis la protagonisto de la libro.

Inter novembro 2016 kaj majo 2017 mi restadis sume unu monaton en Sankt-Peterburgo kaj intervjuis dekon da homoj kiuj loĝis aŭ laboris ĉe la strato de Tanja aŭ havis alian ligon al la temo, kelkajn el ili pli ol unu fojon. Krom de *Novaja Gazeta* mi ricevis helpon de la homrajta organizaĵo Memorial, de malnovaj amikoj, novaj konatoj kaj la hazardo. Temis do pri tute ordinara loka ĵurnalismo. La vojaĝojn al Sankt-Peterburgo financis ĉefe stipendio de la svedia verkista fondaĵo Sveriges Författarfond.

Kelkaj el la intervjuitoj ricevis multe da spaco en la libro, aliaj aperas nur por tuj malaperi, kaj iuj tute ne estas citataj. Tamen ĉies rakontoj kontribuis al la tutaĵo, kaj ĉi tiuj intervjuoj estis la ĉefa fonto por la libro.

Aldone mi uzis multajn presitajn fontojn.

La libro de Helen Rappaport *Caught in the Revolution – Petrograd 1917* (2016) estas bazita sur multaj pli frue nepublikigitaj dokumentoj, kaj donas bonegan priskribon de tio, kiel la revolucia jaro estis spertata de eksterlandaj diplomatoj, oficistoj kaj ĵurnalistoj kiuj tiam troviĝis en Petrogrado. La libro de Orlando Figes *A People's Tragedy – the Russian Revolution* (1996, nova elektronika eldono 2017) en elstara maniero raportas ne nur pri ĉiuj gravaj detaloj de la revolucia jaro, sed ankaŭ pri la okazaĵoj kiuj kondukis al la revolucio kaj la postaj evoluoj. La libro de Martin Kragh *Rysslands historia – Från Alexander II till Vladimir Putin* (2014) donis grandan helpon rilate la priskribon de la ekonomia evoluo de Sovetio kaj Rusio dum la pasinta jarcento.

Antaŭ ĉio mi tamen uzis ruslingvan literaturon.

Grava fonto de faktaj informoj kaj analizo pri la ĉiutaga vivo en Petrograd-Leningrado de 1917 ĝis la 1960-aj jaroj estis la du ege legindaj verkoj de la historiisto Natalja Lebina: *Sovetskaja povsednevnost: normi i anomalii* (2015) kaj *Povsednevnost epoĥi kosmosa i kukuruzi: destrukcija bolŝogo stilja* (2015). La elstara verko pri loka historio de Galina Nikitenko kaj Vitalij Sobol, *Doma i ljudi Vasiljevskogo ostrova* (2013) donis gravajn fonajn informojn pri multaj konstruaĵoj laŭ la strato de Tanja. La kolekta verko *Petrograd na perelome epoĥ* (2013) kaj la vojaĝrakonto de Vitalij Ŝulgin *Tri stolici* (1927, nova eldono 1991) tre utilis pro la rakontoj de ĉeestintoj kaj pro la detalaj informoj pri la ĉiutaga vivo dum la revolucio kaj la postaj jardekoj.

Vera ormino estis la taglibroj 1916–1918 de la artisto kaj arthistoriisto Alexandre Benois, kiujn lia filino Anna Ĉerkesova transdonis al la instituto de moderna rusa kulturo de la Universitato de Teksaso en Austin komence de la 1980-aj jaroj, kun la kondiĉo ke nenio el la enhavo estu publikigita dum dudek jaroj. La taglibrojn oni fine eldonis en Moskvo en 2003.

Mi uzis kiel fontojn ankaŭ plurajn aliajn presitajn rakontojn de ĉeestintoj kaj rusiajn gazetartikolojn de 1917 ĝis 2017. Ĉiujn citaĵojn mi mem tradukis el la rusa. Ĉiuj intervjuoj nature okazis en la rusa lingvo.

La rusaj nomoj de personoj kaj lokoj aperas ĉi tie laŭ la plej ofta sistemo de Esperanta transliterumado. Virinaj nomoj, kiuj laŭ tiu sistemo devus finiĝi je -ija (Marija, Jevgenija) tamen estas skribataj simpligite: Maria, Jevgenia. En plene Esperantigita formo aperas propraj nomoj kiuj troveblas en *PIV* (ekzemple Stalino, Lenino, Sankt-Peterburgo), kaj krome la nomoj de kelkaj stratoj en Vasilij-insulo, kie loĝas la protagonistoj de la libro (ekzemple Dua linio, Meza avenuo). La nomoj de aliaj stratoj en Sankt-Peterburgo aperas en nacilingva formo (ekzemple Nevskij prospekt). Plene esperantigita estas ankaŭ la nomo de la urbo Komsomolsko-ĉe-Amuro, ĉar Amuro troviĝas en *PIV*. Serpo kaj martelo, kiuj aperas ekzemple sur la flago de Sovetio, estas ĉi tie nomataj ĝuste tiel, laŭ la tradicia lingvouzo registrita interalie en Plena Vortaro kaj Reta Vortaro, kvankam "serpo" laŭ *PIV* havas alian signifon.

Aparte grandan dankon mi direktas al István Ertl, kiu elsarkis el mia manuskripto multajn lingvajn fuŝojn. Ajnaj restantaj eraroj, lingvaj aŭ alispecaj, estas komprenoble miaj.

De la sama aŭtoro aperis ĉe Mondial:

Kalle Kniivilä:
Idoj de la imperio
La rusoj en Baltio

186 p.; ISBN 9781595693198

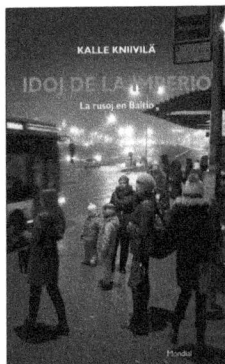

En Estonio, Latvio kaj Litovio loĝas miliono da ruslingvanoj – unu el la plej grandaj minoritatoj de Eŭropa Unio. Kiam la landoj de Baltio sendependiĝis, multaj el la rusoj restis sen civitaneco en ajna lando. Ili ne malofte estas traktataj kiel fremduloj en la lando kie ili naskiĝis aŭ vivis la plej grandan parton de sia vivo. *Kalle Kniivilä veturis tra Baltio kaj parolis kun ruslingvanoj kiuj memoras la duan mondmiliton kaj kun aliaj, kiuj naskiĝis post la falo de Sovetio.*

Kalle Kniivilä:
Krimeo estas nia
Reveno de la imperio

154 p.; ISBN 9781595692948

La anekso de Krimeo fare de Rusio en marto 2014 profunde skuis la mondpolitikon. La Krimea krizo restas prokrasta bombo, kies ĉiuj konsekvencoj ankoraŭ ne superrigardeblas. La anekso estas ankaŭ demando, kiu dividas la loĝantaron. *Kalle Kniivilä veturis en Krimeo kaj renkontis homojn kun tre malsamaj vidpunktoj. La anekso tuŝis malnovajn vundojn kaj starigis novajn liniojn de konflikto inter la krimeanoj. Multaj loĝantoj de Krimeo sopiris ŝanĝon – sed ĉu tiu ĉi estas la ŝanĝo, kiun ili deziris?*

.